거시사회복지실천 시리즈 I

거시사회복지실천 입문편

·법, 행정 그리고 재정·

| 유태균 저 |

INTRODUCTORY MACRO SOCIAL WELFARE PRACTICE

Law, Administration and Finance

학지사

머리말

'타임캡슐을 묻어 두었다가 오랜 시간이 지난 후에 꺼내 보면서 오래전의 자신과 마주한다면 얼마나 멋질까?' 아주 어렸을 때부터 이런 생각을 해 오다 드디어 실제로 그렇게 해 볼 기회를 갖게 되었다. 박사학위논문을 거의 완성할 무렵, 좀 여유가 생겨서 그랬는지 논문에 약간의 형식미를 더할 수 있는 이런 저런 것들을 생각하다가 타임캡슐은 아니지만 나중에 시간이 지난 다음 다시 읽어 보면 좋을 것 같다는 생각에 감사의 글 바로 앞 장에 다음과 같은 글을 남겨 두었다.

For a philosopher who, a long, long time ago, told me,
" … There are two very simple ways to be a brave man.
One way is to be honest with yourself and all others, and
the other way is not to pretend as if you were when you
are, in fact, not at all."

그 후 22년이 지나 교수로서 학생들을 가르친 지 20년째가 되던 해, 누렇게 빛바랜

학위논문 속에 묻혀 있던 이 글과 마주하게 되었다. 어떤 사건이 계기가 되어 사회복지학 교육에 대해서 많은 생각을 하다가 뭔가에 대해 고민할 때마다 책꽂이에 꽂혀 있는 모든 책의 제목을 하나씩 읽어 보는 이상한 버릇 덕분에 타임캡슐을 우연히 발견했던 것이다.

타임캡슐을 꺼내 보는 것은 기쁨으로 가득 찬 경험일 것이라는, 오래전부터 해 왔던 막연한 생각과 그날 글을 읽으면서 저자가 실제로 느꼈던 감정은 매우 달랐다. 그 감정을 단 10%만이라도 말로 설명할 수 있으면 좋으련만 그건 지금도 불가능하다. 머릿속에 떠올릴 수 있는 단어들 중 그 감정과 가장 잘 어울리는 단어는 초라함인 것 같다. 그런데 저자가 그날 느낀 감정은 아니지만 그날 이후 저자의 삶이 어떠했는지는 이미 어떤 사람에 의해 정말 잘 표현되어 있는 것을 발견했다.

> "… 그날 이후 내 삶은 마치 녹은 아이스크림을 냉장고에 다시 넣은 것과 같았다. 모습은 그대로였으나 맛은 전혀 달랐다."
>
> 영화 〈Lazy Hazy Crazy(同班同學)〉(조디 럭 감독, 2015)

논문에 글을 남길 때 약간 쑥스러운 마음에 그 글이 어느 철학자의 말인 것처럼 포장했지만, 사실 그 글은 저자 자신의 생각이었다. 초라해져 있을 미래의 자신을 위해 용기 있는 사람이 되는 비법을 글로 남겨 둔, 막 30세가 되던 해의 자신이 지금의 자신보다 오히려 조금 덜 어리석었던 것 같다는 생각에 저자는 과거의 자신이 해 준 충고를 따르기로 했다.

이 책은 그렇게 해서 쓰게 된 책이다. 사회복지학을 연구하고 교육하며, 그러면서 용감하기까지 한 사람이 되려면 그냥 솔직해지면 되는 것이었다. 그리고 그 솔직함은 저자를 더 자유롭게 만들었다. 저자가 무엇이 계기가 되어 사회복지학 교육과 관련해서 무슨 생각을 했기에 이 책을 쓰게 되었는지 궁금해 견딜 수 없는 독자들을 위해 이 책 제1장의 마지막 부분을 읽어 보면 저자의 경험을 조금 엿볼 수 있다는 것을 미리 살짝 귀띔해 주고자 한다.

이 책을 위해서 귀중한 자료와 경험과 조언을 (그중 상당 부분은 실제로 이 책의 일부가 되어 있다.) 아낌없이 나눠 준 동료 연구자들과 학생들 모두에게 감사한다. 그들 한 사람 한 사람의 얼굴이 머릿속에 떠오를 때마다 저자는 평생 그들에게 감사할 것이다. 마지막으로, 이 책과 『거시사회복지실천 심화편』 그리고 거시사회복지실천 4부작을 완성하기 위해 쓰게 될 마지막 한 권의 책까지 출판하자는 모험에 가까운 제안을 흔쾌히 받아들여 준 (주)학지사에게 진심으로 감사한다. 자신이 이룬 것의 가치를 인정해 주는 자신 외의 존재가 있다는 것은 참으로 행복한 일이다. 비록 그 가치가 자신과 그 존재만이 인정하는 가치일지 모를지라도 말이다.

2024년 2월의 어느 아름다운 저녁을
Rachmaninov Vocalise, Op.34, No. 14와 함께 맞으며
유태균

차례

제8장 재정 / 263

제1장

거시사회복지실천

제1장

거시사회복지실천

행복이 한낱 말장난에 불과한 것인지 아니면 실제로 존재하는 것인지는 솔직히 아직 잘 모르겠다. 그럼에도 불구하고 인간의 삶에 있어서 소중한 것을 꼽으라고 한다면 아마도 행복이 으뜸으로 꼽히지 않겠는가라는 생각이 시간이 갈수록 점점 더 강해져 거의 확신에 가까워지는 것 같다. 그렇기 때문에 우리 모두는 인생을 살면서 행복하기를 원하고 할 수만 있다면 오랫동안 행복했으면 좋겠다는 바람을 갖는다.[1)]

어떤 사회의 구성원 대다수가 이러한 바람 혹은 가치를 공유하고 있다면 그 가치는 사회적 가치로 인정받아 마땅할 것이다. 앞으로 이 책에서 여러 번 언급하겠지만, 우리나라는 우리 모두가 원하는 행복을 가치의 차원을 넘어서서 하나의 권리로 인정하고 있으며, 그러한 사실을 「대한민국헌법」이라고 하는 법의 제10조를 통해 다음과

1) 만일 행복이 인생의 맨 마지막 단계에서 자신의 삶을 총체적으로 되돌아볼 때에만 느낄 수 있는 감정이라면 행복은 우리 인간에게 그다지 큰 의미가 없을 것이다. 왜냐하면 행복감을 느낄 수 있는 시간이 인생의 마지막 몇 시간 또는 며칠에 불과하다면 인생의 나머지 시간은 그저 투자를 위한 시간이거나 희생해야 하는 시간에 불과할 것이니 말이다. 물론 어떤 사람에게는 행복감을 느끼면서 생을 마감할 수 있다는 것이 어쩌면 가장 큰 행복일는지도 모른다. 「베토벤 교향곡 9번」을 들으면서 2018년 5월 10일 자신의 삶을 마감할 자유를 누린 데이비드 구달이 아마도 그런 사람 중 한 사람이 아니었겠는가라는 생각이 든다.

같이 명시하고 있다.

> 제10조 모든 국민은 인간으로서의 존엄과 가치를 가지며, 행복을 추구할 권리를 가진다. 국가는 개인이 가지는 불가침의 기본적 인권을 확인하고 이를 보장할 의무를 진다.

법이 무엇인지는 누가 무엇에 초점을 맞추고 정의하는지에 따라 다르게 정의될 수 있다. 저자에게 있어서 법(실정법)은 어떤 사회 내에서 사회구성원 대다수가 지향하는 가치와 그러한 가치를 실현하는 방법 등에 관한 사회적 합의가 규범화된 것을 말한다.[2] 헌법은 그러한 법 중에서도 국가 공동체의 근간을 밝히는, 그렇기 때문에 그 사회의 법 중 가장 높은 권위를 갖는 법이다. 그러므로 「대한민국헌법」(이하 「헌법」)이라고 하는[3] 최상위법에 모든 국민이 행복을 추구할 권리가 규정되어 있다는 것은 너무도 다행스러운 일이라 하지 않을 수 없다.[4]

행복을 추구할 권리를 기본권으로 규정하고 나서 얼마 지나지 않아 우리 인간은 우리의 삶이 실제로 행복해지려면 헌법뿐만 아니라 조금 더 세속적인 어떤 것이 필요하다는 사실을 깨닫게 되었다. 그리고 오랜 시간에 걸쳐 결코 평탄하지 않은 정치과정을 통해 사회보장이라는 세속적인 도구를 만들어 냈다.

사회보장은 마치 살아있는 생명체처럼 사회라는 맥락 안에서 변화를 거듭하는 도구이다. 행복이 실존과 무관하게 존재하는 본질이 아닌 이상, 행복은 그 행복이 논의되고 규정되는 사회라는 맥락을 떠나서는 생각할 수 없기 때문이다. 그러니 우리의 삶 속에 행복을 실현하기 위해 고안된 사회보장 역시 사회라는 맥락과 함께 변해야만 한다. 그래야만 사회보장을 통해서 우리는 행복을 어느 한 시점에서만이 아니라 언제나 추구할 수 있으며, 더 중요하게는 우리의 행복만이 아니라 앞으로 나타날 후세대의 행복까지 그들의 삶 속에서 실현시킬 수 있기 때문이다.

이러한 맥락에서 볼 때, 저자는 오늘날 한국 사회가 직면해 있는 가장 심각한 문

---

2) 물론 실정법만이 법이라는 의미는 아니다.

3) 이 책에서는 법명은 「 」로 표시하여 법명과 일반 명사를 구분하기로 하겠다.

4) 이 말의 의미를 이해하려면 제3장에서 논의하고 있는 「대한민국헌법」의 연혁을 먼저 이해해야 한다.

제 중 하나는 다음과 같은 생각을 가진 일부 정치인과 시민들이 급변하는 정책 환경에 발맞춰 빠르게 변해야 하는 사회보장을 때로는 '국민 정서'라고 불리기도 하고, 때로는 '민심'이라고 불리기도 하는 상자 속에 가둬 놓고 자신들 말고는 그 어느 누구도 건드리지 못하게 하고 있는 것이라 생각한다.

미래란 법에 명시된 나의 임기를 말하는 것이고,
보다 나은 사회란 내가 권력의 중심에 있는 사회를 말하는 것이며,
더 많은 혜택을 누려야 하지만 부담은 내가 짊어질 수 없다는 모순된 복지 이중성은 나의 권리이며,
다른 사람들이 내 후손들을 괴롭히는 일은 절대 있어서는 아니 되지만 내가 행복할 수 있다면 나는 얼마든지 다른 이의 후손들에게 부담을 떠넘겨도 괜찮다.

최근 들어 사회복지가 주된 정치 어젠다로 급부상하면서 사회보장은 발전커녕 오히려 표를 얻기 위한 도구로 전락하는 것 같아 안타까울 뿐이다.

머지않아 어떤 위험이 우리에게 닥칠 것을 알게 되었다고 한번 생각해 보자. 합리적인 인간이라면 그런 사실을 알고도 그저 가만히 있다가 위험에 처하지는 않을 것이다. 위험으로부터 벗어나기 위해 필요한 조치를 취하는 것이 당연한 이치라면 사회보장도 급변하는 환경에 맞게 변할 수 있어야 한다. 그리고 할 수만 있다면 지금보다 더 낫게 개선하는 것이 당연하다. 안타깝게도 우리의 정치 문화와 제도는 정치인들이 그런 합리적이고 현명한 시민들의 목소리를 외면하더라도 아무것도 무서워할 필요가 없게 만들어 놓은 지 오래다.

거대한 회색 코뿔소 한 마리가 우리 사회를 향해 맹렬히 달려오고 있다. 코뿔소가 점점 더 가까워지는 것을 보면서도 우리는 피하려 하지 않는다. 결국 우리는 코뿔소에게 받혀 버릴 것이다. 기존 사회보장제도 속에서 길러진 면역력 덕분에 우리 세대는 비록 쉽지는 않겠지만 그 충격에서 회복할 수 있다. 그러나 우리가 회복할 수 있게 자신의 삶을 포기하면서까지 우리를 간병해야 하는 혹독한 대가는 후세대가 치를 것이고, 우리는 그 강요된 희생을 인간의 도리라고 부르면서 미화할 것이다.

이러한 현실 인식은 저자로 하여금 사회보장을 바람직한 방향으로 변화시키기 위

해 뭔가 해야 한다는 생각을 갖게 만들었다. 사회복지학자로서 저자는 사회복지실천을 다음과 같이 정의한다.[5)]

사회와 사회구성원의 복지 증진을 목적으로 계획된 변화를 이끌어 내는 노력

그리고 제3장에서 다시 이야기하겠지만, 사회복지실천을 다음과 같이 거시사회복지실천과 미시사회복지실천으로 구분한다.

「사회보장기본법」에 규정된 사회보장을 대상으로 하는 실천	=	거시사회복지실천
사회복지 제공을 목적으로 개인 또는 개별화 가능한 다수 사람을 대상으로 하는 실천	=	미시사회복지실천

거시사회복지실천의 핵심 과제는 현재 벌어지고 있거나 앞으로 벌어질 사회 변화의 양상과 방향을 이해·예측하고 변화하는 사회 환경에 맞게 사회보장을 발전시키는 것이다.

저자는 한 사회의 사회보장을 다음과 같은 복지함수로 이해한다.

사회구성원 간 복지 이익 · 부담 관계	=	f(법, 행정, 재정)

이 함수식에서 종속변수는 사회구성원 간 복지 이익·부담 관계(이하 복지관계)이다. 한 사회의 사회구성원 간 복지관계는 그 사회의 복지 관련 법, 행정 그리고 재정이라는 정책독립변수 중 어느 하나 또는 그 이상이 변하게 되면 새로운 값을 갖게 된다. 즉, 사회구성원 간 복지관계가 독립변수 변화 이전과 다르게 설정되는 것이며,

5) 이에 관한 자세한 내용은 유태균(2020). 사회복지학연구를 위한 논리·비판적 사고. 학지사를 참조하기 바란다.

이러한 복지관계의 변화 또는 재설정이 바로 사회구성원 간 자원(소득, 부 같은)의 재분배인 것이다.

사회보장을 이와 같은 복지관계 함수로 이해하는 데 동의하는 사람들 사이에서는 거시사회복지실천을 정의하기가 매우 수월해진다. 거시사회복지실천은 사회복지 전문인이 행하는 다음과 같은 노력이다.

> 복지관계 함수 $f(\ \ )$의 정책독립변수들의 값을 변화시켜 사회와 사회구성원의 복지 수준을 증진할 수 있는 복지 이익·부담 관계를 이끌어 내는 노력

물론 거시사회복지실천가가 궁극적으로 원하는 것은 복지관계 함수 $f(\ \ )$의 종속변수가 자신이 원하는 값을 갖는 것이다. 그러나 자유민주주의와 자본주의 경제체제를 따르는 사회에서 종속변수의 값은 어느 한 주체에 의해서 결정되는 것이 아니라 복잡한 이해관계로 얽혀 있는 다양한 주체들에 의해서 복지 정치 과정을 통해 결정된다. 거시사회복지실천가는 그 다양한 주체들 가운데 하나일 뿐이다. 또 한 가지 안타까운 것은 복지관계 함수 $f(\ \ )$가 가진 종속변수의 변량에 대한 설명력은 사실 그다지 높지 않다는 것이다. 복지국가 발달사를 통해서 우리는 이러한 사실을 분명하게 확인할 수 있다. 왜 그런가? 그 이유는 위의 함수식이 어느 한 시점에서 사회구성원 대다수가 공유하고 있는 지배적인 분배 정의관에 (이하, 정의관) 대한 조건함수이기 때문이다. 다시 말하면 앞서 말한 세 가지 독립변수인 법, 행정, 재정과 종속변수 간의 관계는 그 사회의 정의관이 특정 값을 가질 때 나타나는 관계라는 말이다. 그리고 한 사회의 지배적인 정의관은 그 사회의 사회보장 실체를 결정하는 가장 중요한 변수이지만 그 변수의 변수값은 개개인의 사회구성원이 결정하는 것이 아니라 모든 사회구성원에게 '주어지는 값'인 외생변수이다.[6]

---

6) 저자가 분배 정의관을 독립변수 또는 정책독립변수로 보지 않고 외생변수로 보는 이유는 분배 정의관이 한 사회의 사회제도나 실정법 등에 의해서 적지 않은 영향을 받기는 하지만 그러한 영향보다는 개인적 성향 같은 선험적인 특성, 문화, 자연법 등에 의해서 그 값이 거의 대부분 결정된다고 생각하기 때문이다.

그러므로 어떤 한 시점에 어떤 한 사회의 사회보장이 왜 어떤 실체를 갖는지를 이해하려면 그 사회의 지배적인 정의관이 무엇인지를 먼저 이해해야 한다. 즉, 전체로서의 어떤 한 사회로 하여금 그 사회 앞에 열려 있는 선택 가능한 무수히 많은 (법, 행정, 재정) 조합 중 특정 조합을 선택하게 하고, 그 특정 조합으로 정의되는 복지함수를 통해 추상적인 사회권을 구체적인 사회보장 급여로 전화하게 만드는, 그 사회의 지배적인 정의관이 무엇인지를 이해하는 작업이 선행되어야 한다는 것이다.[7)]

이처럼 정의관이 외생변수이다 보니 사실 거시사회복지실천가가 할 수 있는 것은 복지함수 $f(\quad)$의 정책독립변수 각각의 변수값을 우리가 선호하는 값을 갖게 하는 것이 전부이다. 그러나 그것이 우리가 할 수 있는 전부인 이상 우리는 최선을 다해야 한다. 이 말은 거시사회복지실천이 이끌어 내야 하는 변화는 지난 19세기와 20세기의 역사 경험을 통해 형성된 다음과 같은 정형화된 구조를 가진 사회보장을 '최적의 것'으로 받아들이고 사회보험과 공공부조와 사회서비스를 변화시켜 사회보장에 대한 미세한 조정을 하는 것에서 그치는 것이 아니라 필요하다면 변화된 환경에 맞는 21세기형 사회보장을 만드는 일종의 패러다임 전환적 변화까지도 거시사회복지실천의 과제로 받아들여야 한다는 것을 의미한다.

사회보장	=	사회보험+공공부조+사회서비스

이와 같은 개념화로는 거시사회복지실천을 이해하기 어렵다고 느끼는 독자들을 위해 다른 방식으로 거시사회복지실천을 한번 설명해 보기로 하겠다.[8)] "현재 내가 받고 있거나 앞으로 받게 될 사회보장 급여는 어떤 과정 거쳐 나 개인에게 제공되는가?" 저자를 포함해서 우리가 한 번쯤은 스스로에게 던져 봤음직한 질문이다. 이 질문에 대한 답은 [그림 1-1]에서 어느 정도 찾을 수 있다.

---

7) 그리고 그렇게 하려면 당연히 정의(justice)에 관한 이해가 필요하다. 저자가 이 책에 이어서 거시사회복지실천 심화편I : 정의, 권리 그리고 분배를 쓴 이유는 바로 그 때문이다.

8) 이 부분의 내용은 유태균(2023). 사회복지학 연구를 위한 논리·비판적 사고. 학지사, pp. 26-29의 내용임을 밝힌다.

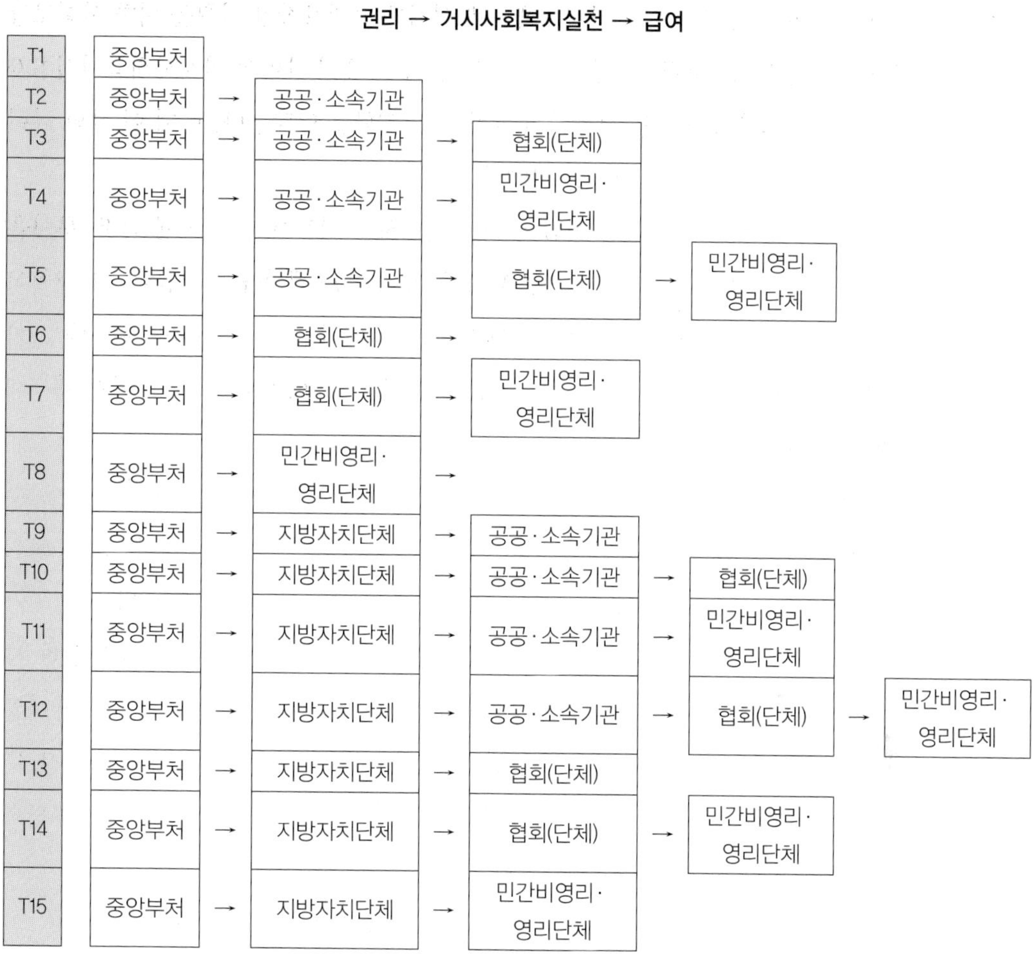

[그림 1-1] 사회보장정책수행체계

출처: 최현수(2020). 사회서비스 일자리개념 유형별 통계 산출방안. 미간행 회의자료, p. 5의 내용을 수정·보완 및 재구성함.

[그림 1-1]의 T1~T15 각각은 사회보장사업이 수행되는 체계이다. 이들 15가지 유형의 사회보장사업수행체계는 모두 중앙정부에서 출발하여 수급자(그림에는 나와 있지 않지만)까지 이어지는 체계이다. 우리나라 사회보장 급여 중 대부분은 이 15가지 유형의 사업수행체계 중 어느 하나 또는 그 이상을 통해 생산되고 수급자에게 제공되고 관리된다.[9)]

9) 이 15가지 유형으로 모든 사회보장 급여를 포괄할 수 있다는 것은 절대 아님을 미리 말해 둔다.

저자는 이 15가지 유형의 사업수행체계 전체를 사회보장권 실현을 위한 사회보장 정책 수행체계라고 부른다. 결론부터 말하자면, 이 체계 안에서 거시사회복지실천가는 법, 행정 그리고 재정을 적절히 조합해 내는 역할을 담당한다. 이제 이 말의 의미를 좀 더 자세하게 설명해 보기로 하겠다.

사회보장권, 즉 사회보장을 받을 권리를 실현하기 위해서 우리는 맨 먼저 "무엇을 어떻게 할 것인가?"라는 질문에 대한 답을 골자로 하는 계획을 수립한다. 그 계획이 바로 정책(계획으로서의)이다. 정책은 계획 그 자체이기도 하고, 계획을 실행에 옮기는 과정이기도 하고, 그러한 과정을 통해 얻어지는 결과이기도 하다. 그렇기 때문에 정책은 Plan이고, Procedure or Action이며 동시에 Product이다.[10]

계획으로서의 정책은 실행이 궁극적인 목적이므로 실행되어야 한다.[11] 정책을 수립하고 나면[12] 우리는 정책 내용에 명시된, 누군가에 의해 행해져야 하는 모든 행위에 정당성을 부여해 줄 근거를 마련해야 한다. 그 근거는 다름 아닌 법이다.

법 제정 또는 개정을 통해서 근거가 마련되면 우리는 그것에 근거하여 다양한 사회보장 사업을 [그림 1-1]의 체계들을 통해 수행함으로써 필요한 사회보장 급여를 생산하여 수급권자에게 제공한다. 당연히 그 과정에서 우리는 체계 내의 다양한 주체들 간에 권한과 책임을 나누고 그들 각자가 자신이 수행해야 할 업무를 효과적으로 수행할 수 있게 관리해야 한다. 이러한 모든 행위가 바로 행정이다.

[그림 1-1]의 체계가 작동하려면 법과 행정 외에 필요한 것이 또 한 가지 있다. 인간이 살아 움직이기 위해서 끊임없이 혈액이 공급되고 순환되어야 하는 것과 마찬가지로 사회보장 사업체계가 작동하기 위해서는 끊임없이 재력이 공급되고 순환되어

---

10) Neil Gilbert와 Paul Terrell은 정책의 본질을 직접적으로 논한 것은 아니지만 정책을 분석할 때 정책을 산물(product), 과정(process), 성과(performance) 측면에서 분석할 수 있다고 말하였다. 자세한 내용은 남찬섭 · 유태균 역(2007). **사회복지정책론: 분석 특과 선택의 차원**. 나눔의 집. pp. 25-28을 참조하기 바란다.

11) 물론 어떤 목적하에 아무것도 하지 않기로 한 것도 정책이며 아무것도 하지 않는 행위가 바로 그 정책을 실행하는 것이다. 어떤 행위를 해야 할지 하지 말아야 할지에 관한 생각 자체를 하지 못하기 때문에 아무것도 하지 않는 것과 아무것도 하지 않아야 하는 합리적인 이유가 있기 때문에 아무것도 하지 않는 것은 다른 것이다.

12) 엄밀히 말하면 '이 정도까지 결정했으면 됐다는 생각이 들면'이라고 표현해야 할 것 같다. 왜냐하면 최근에는 '도대체 뭐가 결정되었다고 이걸 정책이라고 하지?'라는 생각이 들 정도의 그저 '의지 천명'에 가까운 너무도 많은 계획이 정책이라는 이름으로 발표되기 때문이다.

야 한다. 재정, 즉 필요한 재력을 마련하고 관리하는 행위는 법, 행정과 함께 사회보장 관련 정책을 실행하는 데 없어서는 안 될 필수 요소이다.[13)]

이제 독자들이 [그림 1-1]의 맥락을 이해했다면 저자는 거시사회복지실천을 사회보장 정책수행과정(법, 행정, 재정)에의 참여라고 정의할 수 있다. 즉, 거시사회복지실천이란 다음과 같다.

> 사회복지 전문가가 사회보장사업 수행체계 내의 한 주체로서 사회보장권이라는 추상적인 권리를 구체적인 급여로 전환하는 사회보장 정책수행과정(법, 행정, 재정)에 참여하여 펼치는 노력

물론 거시사회복지실천의 궁극적인 목적은 사회와 사회구성원의 복지 증진이다. 다시 말해서, 일반적인 사회복지실천과 거시사회복지실천의 DNA 구조는 기본적으로 동일하다는 것이다. 다만 사회복지실천은 '실천의 차원'이라는 변형 인자에 의해 세 가지 차원의 것으로 다양화된다. 그럼 이번에는 실천의 차원을 소개함으로써 거시사회복지실천 개념에서 다시 한번 모호함을 제거하고자 시도해 보기로 하겠다.

저자는 사회복지실천을 [그림 1-2]와 같이 세 가지 차원으로 구분한다.[14)] 이 세 가지 실천 차원 중 개인·소집단 차원을 차원 1이라고 부르기로 하겠다. 차원 1은 개인 또는 익명성이 존재하기 어려울 정도로 작은 규모의 소집단을 실천의 대상으로 하기 때문에 대상의 구체성이 매우 높다. 차원 1에서 사회복지 전문인이 이끌어 내기 위해 노력하는 계획된 변화는 개인·소집단의 복지 수준 향상을 최우선 혹은 일차적 목적으로 하며, 변화의 방향, 정도, 내용 및 결과는 대상과 (대상을 둘러싼) 환경 가운데 대상에 더 직접적이다. 그리고 개인이나 소집단을 대상으로 하는 실천인 만큼[15)] 차원 1의 실천가가 가장 필요로 하는 지식은 개인·소집단에 관한 것이며, 실천 과정에서 개별성과 특수성이 가장 주된 원리로 작동한다.

---

13) 거시사회복지실천 입문서인 이 책의 부제가 '법, 행정, 재정의 이해'인 이유는 바로 이 때문이다.

14) 이 부분의 내용은 유태균(2020). 사회복지학 연구를 위한 논리·비판적 사고. 학지사. pp. 26-29의 내용 임을 밝힌다.

15) 전통적으로 개별사회사업(복지)이나 임상사회사업(복지)라고 불리는 사회복지실천 영역은 바로 이 첫 번째 차원에 해당한다.

[차원 1]
- 개인·소집단 차원
- 주된 원리: 개별성, 특수성
- 개인 및 소집단의 문제해결 및 욕구충족, 상담, 개별적 개입

[차원 2]
- 인구·욕구 집단 차원
- 주된 원리: 내적 보편성 및 외적 특수성
- 특정 인구집단 및 욕구집단(노인, 아동, 장애인 등)의 문제해결, 욕구 충족, 이익 대변, 집단으로서의 개인에 대한 개입, 정책

[차원 3]
- 정책·제도 차원
- 주된 원리: 보편성
- 복지사상, 철학 및 원리 제시, 복지정책 및 제도 비교, 정책분석(과정/선택분석)

[그림 1-2] 사회복지 실천의 세 가지 차원

출처: 유태균(2023). 사회복지학연구를 위한 논리·비판적 사고. 학지사. p. 24.

두 번째 차원인 차원 2는 인구·욕구 집단 차원이다. 특정 인구학적 특성 또는 사회적 특성을 공유하는 익명성이 높을 수밖에 없을 정도로 다수인 개인, 집단 또는 조직으로 구성된 집단이 실천의 대상이다. 이 차원에서는 계획된 변화를 이끌어 내기 위한 사회복지 전문인의 노력이 구체적 개인·소집단보다는 대상 전체의 복지 증진에 맞추어진다. 따라서 차원 2의 실천가에게는 대상이 공유하고 있는 인구학적 특성이나 욕구에 관한 지식이 상대적으로 더 중요하다. 주된 실천 원리는 대상 내적 영역에서는 보편성이고 대상 외적 영역에서는 특수성이다.

사회복지실천의 마지막 차원은 절대다수의 사회구성원 또는 사회 전체를 대상으로 하는 정책·제도 차원의 실천이다. 차원 3의 실천은 사회를 구성하고 있는 절대다수의 개인 또는 조직 모두의 삶에 영향을 미치는 정책이나 제도에 대한 직간접적 개입을 통해 궁극적으로는 전체 사회, 즉 사회구성원 모두의 복지 수준 증진을 최우선 목적으로 한다. 따라서 이 차원에서 활동하는 사회복지 전문가들이 필요로 하는 지식은 사회, 법, 제도, 정책 등에 관한 지식이며 가진 주된 실천 원리는 보편성이다.

이 세 가지 차원의 사회복지실천 모두는 궁극적으로 '사람'을 위한 것이며, 그렇기 때문에 본질적 목적에는 차이가 없다. 그러나 이들 간에는 대상 구체성, 대상 포괄

〈표 1-1〉 세 가지 사회복지실천 차원의 특성

기준	기준의 내용	차원 1	차원 2	차원 3
대상 구체성	대상을 확인 또는 구분할 수 있는 정도	상	중	하
대상 포괄성	대상의 규모 또는 범위	하	중	상
결과 직접성	실천 결과와 대상 간의 관련성 정도	상	중	하
실천 원리	개별성, 특수성, 보편성, 일반성	개별성 특수성	내적 보편성 외적 특수성	보편성 일반성

출처: 유태균(2023). 사회복지학연구를 위한 논리·비판적 사고. 학지사. p. 26.

성, 결과 직접성 및 실천 원리에 있어서 차이가 존재한다.

차원 1은 대상 구체성과 결과 직접성이 세 가지 차원 중 가장 높은 반면에 대상 포괄성은 가장 낮다. 결과의 직접성은 "실천 결과가 실천 대상의 삶에 어느 정도의 관련성을 갖는가?"라는 기준이다. 결과의 직접성은 차원 1이 다른 차원에 비해 가장 높은데, 이 이유는 대상의 구체성이 가장 높기 때문이기도 하지만 실천의 범위가 가장 좁기 때문이기도 하다.

차원 1과 정반대 특성을 갖는 실천 차원은 정책·제도 차원의 실천이다. 차원 3은 대상의 포괄성은 세 가지 차원 가운데 가장 높다. 정책이나 제도는 결국 절대다수의 사회구성원에게 영향을 미칠 목적에서 만드는 것이기 때문이다. 반면에 대상의 구체성과 결과의 직접성은 가장 낮다. 차원 2는 네 가지 기준 모두에 있어서 차원 1과 차원 3의 중간적 특성을 갖는다. 인구·욕구 차원은, 차원의 이름이 말해 주듯이, 실천의 대상이 개인보다는 크고 전체 사회구성원보다는 작다. 따라서 실천 차원 2가 중간 특성을 갖는다.

거시사회복지실천은 이러한 사회복지실천의 세 가지 차원 중 차원 1보다는 차원 1 또는 차원 2에 가까운 실천이다. 즉, 거시사회복지실천은 대상 포괄성이 상 또는 중에 해당하는 사회 또는 다수의 사회구성원에 대해서, 보편성과 일반성 내지는 내적 보편성과 외적 특수성을 실천 원리로 하여 행하는 계획된 변화를 이끌어 내기 위한 노력이다.

> 대상 포괄성이 상 또는 중에 해당하는 사회 또는 다수의 사회구성원을 대상으로 하고, 보편성과 일반성 내지는 내적 보편성과 외적 특수성을 실천 원리로 하여 행하는, 복지 증진을 목적으로 한 계획된 변화를 이끌어 내기 위한 노력

지금까지 제시한 세 가지 버전의 거시사회복지실천 정의는 전적으로 저자 개인의 주장이며, 학문적으로나 정치적으로나 많은 시간과 노력을 들여 정제하고 세련해야 할 생각이다. 이제 세 가지 버전 중 어느 것을 통해서든 저자가 말하는 거시사회복지실천이 어떤 것인지 어느 정도 이해했기 바라면서, 마지막으로 왜 거시사회복지실천에 관심을 갖는 것이 중요한지 그리고 이 책이 거시사회복지실천과 어떤 관계에 있는지를 설명하면서 이 장에서의 논의를 마치기로 하겠다.

독자들을 지루하게 만들 수 있다는 위험을 감수하고라도 먼저 이 이야기를 해야 할 것 같다. "왜 거시사회복지실천을 택하셨나요?" 사람들로부터 자주 받았던 질문이다. 구체적인 내용은 조금씩 달랐지만 핵심은 동일했다. 이 질문을 받을 때마다 저자는 항상 다음과 같은 이야기를 답을 대신하여 말해 준다. 저자가 학부과정을 거의 마칠 무렵 공부를 더 해 보겠다고 마음먹은 후 지금은 고인이 되신 은사 앞에서 했던 말이다.

> "만일 제가 사회복지사로서 매일매일 한 사람의 클라이언트를 위한 사회복지실천을 하면 10년이 지나도 3,650명 정도의 삶에 도움을 주는 데 그치겠지요. 물론 제가 매일 성공한다면 말이지요. 그런데 제가 만일 우리 사회의 모든 구성원에게 적용되는 법이나 정책이나 제도를 만들거나 개선할 수 있다면 저는 한 달 아니 하루에도 수백만 명의 삶을 더 나은 삶으로 만들 수 있을 것입니다. 저는 후자 방법에 더 큰 매력을 느낄 뿐만 아니라 후자 방법이 더 효율적인 방법이라고 생각합니다. 그렇기 때문에 저는 거시 영역을 공부해 보고 싶습니다."

저자는 지금도 이 생각을 그대로 가지고 있기에 거시사회복지실천가로서 사회보장 정책 과정에 참여하는 기회를 가질 때마다 큰 기쁨(물론 미시사회복지실천과 달리

한 번의 잘못된 판단만으로도 수많은 사람들의 삶에 악영향을 미칠 수 있기에 엄청난 부담이 따르기도 하지만)을 느낀다. 그런데 언제부터인지 그런 기회를 접할 때마다 저자는 '왜 사회보장에 대한 사회의 관심은 더 높아가는데 정책 과정에 참여하는 사람들 중에서 사회복지학 전문가의 수는 시간이 갈수록 오히려 점점 더 적어지는 것 같지?'라는 생각을 하게 되었다. 단순한 느낌이 아니라 실제로 나타나고 있는 현상이다. 이제 이 책의 머리말에서 "어떤 한 사건이 계기가 되어 이 책을 쓰게 되었다."라고만 말하고 넘어갔던 그 계기가 무엇인지 밝힐 때가 온 것 같다.

"사회복지학과 교수님인데 이런 부분에 대해서도 상당히 많이 알고 계시네요? 학부에서는 ○○학을 전공하셨나요?"

> "제가 왜 이런 말씀을 드리냐 하면요. 제가 잘 몰라서 그럴 수 있는데요. 사회복지학을 전공하신 분들과 이야기를 하면 참 좋은 사람들이라는 느낌은 드는데 뭔가 구체적인 방안을 제시하기보다는 주로들 가치 오리엔티드된 이야기를 많이 하시는 것 같더라구요."

다른 영역의 전문가들이 사회복지 전문가에 대해 한 가감 없는 평가이다. 말한 사람들은 생각 못했겠지만, 이 말들은 저자로 하여금 사회복지학 교육자로서의 저자의 삶을 비판적으로 돌아보게 한 계기가 되었다. '명색이 사회복지학자라고 하는 나는 도대체 여태까지 거시사회복지실천에 관한 어떤 교육을 해 왔고 어떤 전문가들을 키워서 사회로 내보내고 있었는가?'라는 고민을 하지 않을 수 없었다.

이 고민은 '사회복지학 전공생들이 대학 이전의 교육 과정에서 사회에 관해서 어떤 것들을 배우고 대학에 들어오는가?'라는 질문으로 이어졌고, 답을 찾기 위해 저자는 중·고등학교에서 사용하는 사회탐구 영역의 교과서들을 구해 읽어 보았다. 그 과정에서 저자는 대학에서 사회복지학 교육을 위해 사용하는 교육 자료(주로 교과서 형식의 책들)와 사회복지학 교과목지침서에 대해서 전에는 생각해 본 적이 없는 여러 가지 것들을 생각해 보는 매우 놀랍고도 귀중한 경험을 하게 되었다.

저자의 경험의 본질은 그해부터 시작해서 3년에 걸쳐 가졌던, 졸업을 앞둔 4학년

학생들과의 솔직한 대화를 통해서 더욱 분명해졌다. 두 가지 것에 대한 깨달음이었다. 한 가지는 그동안 저자가 해 왔던 교육이 매우 어처구니없는 짓이었다는 사실에 대한 깨달음이었고, 다른 한 가지는 전문가를 양성하기 위해서는 '입문, 심화, 응용'이라는 3단계 교육이 필요하며 우리가 쓰고 있는 교육 자료 중에 제일 부족한 것이 입문단계 교육을 위한 자료라는 것에 대한 깨달음이었다.

이러한 깨달음은 '그렇다면 도대체 왜 나는 기초 지식도 제대로 가르친 적이 없었으면서 학생들이 4년 교육과정을 마치기만 하면 전문가가 될 것이라고 생각했을까?'라는 질문으로 이어졌다. 많은 사회복지학 교육자와 연구자들이 이 질문에 대한 답을 알고 있을 것이라 생각한다. 저자를 포함한 우리는 전문가 양성보다는 사회복지사 1급 국가고시 응시생 준비에 거의 모든 시간과 자원을 쏟아부어 왔던 것이다. 한 손에는 사회적 필요에 부응하기 위해서라는 스스로가 스스로를 위해 써 준 면죄부를, 그리고 다른 한 손에는 전문가 여부는 자격증 유무에 의해 규정된다는, 완전히 틀린 말은 아니지만 어리석은 생각을 움켜쥐고서 말이다.

더 솔직하자면, 저자는 그간 사회복지사 1급 국가고시 필수과목 목록 안에 저자가 원하는 과목을 밀어 넣기 위해 사투를 벌여 왔던 것이다. 사실 그 필수과목 중 한 과목만 손에 거머쥐면 세상에 부러울 것이 없으니 전문가 양성을 위해 더 나은 교육을 고민해야 할 필요성이 무엇이겠으며 교과목 지침을 개편한다한들 바뀔 것이 무엇이겠는가? 권력 다툼의 아레나에서 살아남겠다고 싸우는 것은 정치인들이나 폴리페서나 시민운동가들만이 아니었다. 저자 역시 검투사 중 한 사람이었다.[16] 현실 앞에 드리워져 있던 가식의 베일을 거두자 이러한 현실이 저자를 향해 맹렬히 달려오는 회색 코뿔소로 보이기 시작했다.

그런데 그것이 전부가 아니었다. 실습은 비영리기관에서만 해야 하고 비영리기관

16) 지난 10년 동안 무엇이 바뀌었는지를 눈으로 직접 확인해 보면 쉽게 이해할 수 있다. 종종 대학에서 학문(사회복지학을 포함해서)을 가르치는 사람들은 "공부는 스스로 하는 것이야."라고 말하곤 한다. 맞는 말이다. 다행히도 그 말을 통해 전달하고자 하는 의미가 "배우는 사람이 판단해야 할 것을 자신이 판단해 놓고는 자신의 판단을 교리로 받아들일 것을 배우는 사람들에게 강요하지 말라."는 것이라면 백 번 천 번 맞는 말이다. 그런데 만일 '공부는 스스로 하는 것'이라는 말이 어린아이의 앞에 한글 자모음 판을 내던지면서 "난 바쁘니까 네가 스스로 한글을 깨우쳐라."라고 하는 것과 다르지 않다면 그런 무책임한 말을 하는 사람들에게 사회는 "제발 교육 말고 다른 일을 하라."라는 말을 서슴지 말고 해 줘야 한다. 나는 과연 어떤 교수였는가?

중에서도 사회복지사가 있는 곳만을 실습지로 인정하는 현실이 부당하다는 학생들의 목소리에도 저자는 상황을 바꿔 보려는 시도조차 하지 않았다. 그 현실을 문제적 상황이라고 생각하지 않았기 때문일 것이다. 그러나 반지름이 10cm인 원 안에 서 있는 사람에게 세상을 향해 나아갈 것을 독려하면서 "단, 이미 가 본 곳으로만 움직일 수 있습니다."라고 말하는 것과 "이 원 밖으로 절대로 못나갑니다."라고 말하는 것이 과연 다른 것이겠는가?

기득권을 지키려는 인간의 본능은 인간으로 하여금 참으로 무서운 일들을 자행하게 한다. 남이 우리에게 그런 짓을 해도 가만있지 말아야 할 것인데 왜 저자를 포함한 많은 사회복지 전문가가 스스로를 옥죄는 행위를 묵인 내지 조장해 왔는지 이해하기 힘들었다. 340개에 가까운 공공기관에는 (그들이 매일매일 하고 있는 일들이 사회복지실천인지 아닌지 여부와 상관없이) 사회복지사가 없으므로 실습 현장으로 인정될 수 없고, 사회적경제는 비영리와 영리의 중간쯤 되는 부문이 아니므로 그들이 무슨 일을 하든 사회복지와 관계가 없다는 것이다. 한마디로 말해서 저자는 다음과 같은

> 사회복지실천을 명확하게 정의하기는 어렵지만, 개인과 얼굴을 맞대지 않으면, 취약계층이 아니면, 사회복지법인이 아니면, 비영리적 활동이 아니면 사회복지실천이 아니라고 생각하는 것이 여러 가지 현실을 고려해 볼 때 편하므로 이제까지 해 왔고 지금 하고 있는 것에 그냥 만족하자는 생각

또 한 마리의 회색 코뿔소와 마주하고 있었던 것이다. 우리 사회에 변해야 함에도 불구하고 정치 논리에 사로잡혀 변하지 못하는 것은 사회보장제도만이 아니었던 것이다. 이 두 번째 회색 코뿔소도 나를 향해 달려오고 있지만 저자는 그저 바라보고 있었을 뿐이다.

이제까지는 그래 왔다고 하더라도 그럼 지금부터는 어떻게 할 것인가? 다행스럽게도, 저자는 그때 미래의 자신을 위해 과거의 자신이 남겨 둔 충고를 접할 수 있었다.[17] 당연히 두 마리 모두로부터 피하기로 했다. 저자가 내린 결론은 사회복지사

17) 이 말의 의미가 궁금한 독자는 이 책의 머리말을 읽어 보기 바란다.

1급 자격 국가고시라는 "Dark Force"로부터 벗어나야 한다는 것이었다. 국가고시 필수·선택 과목이라는 창살을 뚫고 국가고시 대비 교육이라는 감옥에서 가까스로 탈출한 다음, 두 가지 작업을 시작했다.

먼저, 대학에서 사회복지학 교육을 위해 사용하고 있는 교과서의 내용을 분석했다. 사회복지실천 차원 중에서 미시사회복지실천을 위한 교육은 그나마 상황이 조금 나은 편(문제는 분명히 있지만)이었다. 상대적으로 많은 교과목이 미시사회복지실천에 맞춰져 있기 때문인 것 같다. 더 큰 문제는 거시사회복지실천을 위한 교과서들이었다.[18]

오래 숙고했음에도 불구하고 여러 사람이 읽을지 모르는 책에서 실제로 하려니 정말 많은 용기가 필요한 말이 하나 있다. 다른 사람이 아닌 저자 자신에 대한 비난이다. 의도한 것인지 어쩌다 보니 그리된 것인지는 모르겠으나 거시사회복지실천가를 위한 교육은 「사회복지정책론」 과목에서부터 시작한다. 이 입문 과목을 위한 교과서로는 '사회복지정책론' 또는 이와 유사한 제목을 가지고 있으면서 사회복지학 교과목 지침서에 제시된 지침을 책의 구성에 충실히 반영한 책들이 사용된다.

이 책들이 거시사회복지실천 교육을 위한 입문서로서 적절한가? 이 책들은 약간의 차이는 있으나 거의 공통적으로 복지국가 발달사, 정책형성 과정, 가치와 이데올로기 그리고 약간의 사회보장제도 소개를 그 내용으로 하고 있다. 물론 4년이라는 대학교육 기간 중 주어진 시간이 고작 한 학기뿐임을 고려하면 이러한 구성은 최적의 선택이라 할 수 있다.[19] 그러나 10년 뒤를 생각하고, 그리고 거시사회복지실천을

---

18) "거시사회복지실천이라는 말은 없습니다!" 저자가 이 책을 준비하는 과정에서 자주 들었던 충고이다. 그때마다 저자는 "혹시 '노동의 상품화'나 '시장의 실패'라는 말을 처음 들었을 때도 그 말을 처음 한 사람에게 방금 저에게 한 말과 똑같은 말을 했나요?"라고 되물었다. 물론 비유를 위해 저자가 예로 선택했던 개념이나 용어는 상대방이 누구인가에 따라 달랐다. 그러나 대화를 마치고 나서는 항상 같은 생각이 머릿속에 머물렀다. 언제부터인지 그리고 왜 그런지는 모르겠으나 어떤 주장이 '무슨 그런 말을 하는가?'와 '정말 통찰력과 독창성이 뛰어나다.'라는 반응 중에서 어느 반응을 접하게 될지는 주장의 내용보다는 그 주장을 하는 사람의 인종 또는 그 주장이 어떤 언어로 세상에 소개되는지에 의해 거의 좌우되고 있는 현실이다. 우리가 쓰고 있는 사회복지학 교과서들 속에 바로 그러한 현실이 고스란히 녹아 있다.

19) 이러한 내용 구성은 많은 지식과 경험을 가진 선배 그리고 동료 학자들이 오랜 시간에 걸쳐 만들고 수정하고 다시 만드는 과정을 반복하여 만들어 낸 결과물이다. 비록 저자의 눈에 그것이 아쉬움이 있는 어떤 것으로 보일지라도, 그들의 노고가 없었다면 사회복지학 교육은 오늘날과 같은 체계를 갖추지 못했을 것이기에 이 책을 빌려 그들에게 존경과 감사의 마음을 표하고자 한다.

위해 필요한 지식이 무엇인지 생각해 보면, 최선의 선택은 분명 아닌 것 같다. 또한 사실 이 책들의 제목이 왜 사회복지정책론인지도 잘 이해하기 어렵다. 사회복지정책론이라는 제목에 걸맞으려면 지금의 내용이 틀렸다는 말을 하는 것이 아니라 지금의 내용이 사회복지정책과 어떤 논리에서 어떤 관련성을 가지고 있는지를 사회복지학을 교육하는 저자 스스로가 이해하기 힘들다는 말이다.

물론 사회복지정책론을 예로 들었을 뿐 다른 거시사회복지실천 과목들도 상황은 크게 다르지 않다. 무엇을 먼저 가르치고 무엇을 나중에 가르쳐야 할지, 과목들 간에 어떤 연계성이 있는지, 과목명을 달리할 정도로 내용이 상호 배타적인지, 대학생이 되는 순간 우리 인간은 기초 지식 없이도 무엇이든 이해할 수 있는 초인적인 존재가 된다고 믿고 책을 쓰는 것인지, 이들 과목에서 가르치는 내용과 전문성 간의 관계는 누가, 언제, 어떻게 검증해 본 적이 있는지, 없다면 우리는 어떤 확신을 갖고 있기에 이제까지 하던 교육을 그대로 하는지 등등.

두 마리의 회색 코뿔소가 맹렬히 달려오는 것을 지켜보면서 저자가 내린 결론은

> "거시사회복지실천 교육이 이제까지 어떻게 이루어져 왔고 왜 지금 같은 현실에 직면하게 되었는지에 대해서 더 이상 연연하지 말고 내가 할 수 있고, 해야 한다고 생각하는 것을 하자."

였다. 저자는 사람들에게 우리의 행복과 직결된 사회보장이라고 하는 거시실천영역이 오래전부터 존재해 왔음을 일깨우고, 그 실천의 현장이 어디인지 소개하고, 그 현장에서 활동할 전문성 있는 사회복지실천가를 양성하는 데 필요한 지식과 경험을 사회복지학뿐만 아니라 관련된 다양한 학문 분야에서 찾고, 정리하고, 단계적으로 차근차근히 소개하는 행동을 하기로 마음먹었다.

왜 그런 행동이 필요한가? 동어 반복이겠지만, 두 가지 이유를 제시할 수 있다. 첫째, 사회복지학을 전공하는 미래의 전문가들 중에서 적어도 일부를 나중에 사회보장정책 과정에서 다른 분야의 전문가들과 어깨를 나란히 하고 일할 수 있는 사회복지전문가가 될 수 있게 준비시켜야 하기 때문이다. 그 준비를 마친 전문가는 얼마든지

1급 사회복지사가 될 수 있다고 확신한다. 그러나 1급 사회복지사라고 해서 모두가 그 전문가가 될 수는 없다는 것도 저자는 확신한다.

둘째, 궁극적인 이유이다. 현세대와 미래세대 모두를 위한 더 나은 사회를 만들기 위해 사회보장 정책 과정에 참여하는 것은 사회복지 전문가의 의무이기 때문이다. 그 의무를 저버리는 것은 복지국가는 다른 전문가들에 의해 만들어지는 것이라 말하면서 사회복지학 스스로가 자신의 존재 가치를 내던져 버리는 것과 다를 바 없다. 지금으로부터 반세기 전에 장준하 선생이 『사상계(思想界)』를 통해서 했던 말을 기억한다.

"못난 조상이 되지 맙시다!"

저자는 못난 선대 사회복지 전문가, 못난 선대 사회복지 연구자, 못난 선대 사회복지 교육자 중 그 어느 것도 되고 싶지 않다.

이 책은 저자가 국가고시 대비 교육 감옥에서 탈출에 성공한 다음 시작한 두 번째 작업의 산물이다. 이 책은 저자가 생각하는 거시사회복지실천 3부작(trilogy) 중 에피소드 1에 해당하는 입문편으로서, 부제가 말해 주듯이, '법, 행정, 재정의 이해'에 주안점을 두고 있다. 이 책의 성격을 굳이 기존 교과서에 빗대어 소개하자면, 이 책은 거시사회복지실천가들을 위한 '인간행동과 사회환경' 정도에 해당하는 책이라 할 수 있다.[20] 실천 대상으로서의 인간을 이해하는 데 기초 지식이 필요하듯이, 실천 대상으로서의 사회보장을 이해하는 데도 기초 지식이 필요하다. 마치 수학 교육을 위해서 구구단부터 먼저 가르치고, 국어 교육을 위해 한글 자모음부터 가르치는 것처럼, 거시사회복지실천 교육을 위해서는 법과 행정과 재정에 관한 기초 교육이 우선되어야 한다.

이 책에 이어서 저자는 두 편의 책 『거시사회복지실천 심화편』과 『거시사회복지실천 응용편』 더 쓸 계획이다. 심화편에서는 전문성 있는 거시사회복지실천을 위해 반

20) 저자가 보기에 '인간환경과 머릿속 환경'이라고 표현하는 것이 좀 더 정확한 표현인 것 같다.

드시 필요하지만 입문편에서 다루기는 다소 무리라고 판단되어 이 책에 포함시키지 않았던 지식과 정보를 소개할 것이다. 마지막 응용편에서는 우리의 실제 삶 속에서 이미 벌어졌고 현재 벌어지고 있는 다양한 사회보장 관련 사건과 이슈들을 입문편과 심화편을 통해 얻은 지식과 정보를 토대로 분석하고 비판적으로 이해하는 데 초점을 맞출 것이다.

저자는 얼마 전부터 "교육이 무엇이라고 생각하는가?"라는 질문에 교육은

> 자신이 좋아하는 것, 하고 싶은 것, 잘하는 것을 찾아가는 인생 여정에서 이따금씩 찾아오는 불안감이라는 허기와 불확실성이라는 갈증을 달래는 데 필요한 지식과 경험을 나눠 주고 나눠받는, 가장 크고 강력한 부가가치를 창출하는 행위

라고 답한다. 내가 과연 좋아하는지, 하고 싶은지, 잘하는지 여부와 전혀 상관없이 좋아해야 하는 것, 해야 하는 것, 잘해야 하는 것을 그마저도 나 아닌 누군가가 자격시험이라는 기준을 가지고 정해 놓고는 그와 관련된 지식과 경험만 선별하여 주입하는 것을 전문 교육이라고 여기던 시대는 이미 지난 세기에 끝났다는 것을 이제 저자도 사실로 받아들인다.[21)]

그런 교육으로는 21세기 사회가 요구하는 전문가를 키울 수 없다. 즉, 그런 교육을 통해 만들어진 전문가가 가진, 인간 공동체를 행복하게 만들 수 있는 역량은 높을 수 없다는 것이다. 결국 사회복지학은 인간 공동체 안에 인간의 존엄성을 구현하고 우리 인간 공동체가 더 큰 행복을 누리기 위해 필요한 바람직한 변화를 이끌어 내기 위해 등장한 학문이지 않은가? 모르긴 해도 더 역량 있는 전문가에 의해 대체되어 존재가치를 잃은 전문가를 전문가로 인정할 만큼 21세기 사회가 관용적이지는 않을 것이다. 이 책은 저자가 해 보고자 하는 교육을 위한 아직 거칠기 짝이 없는 도구이다.

---

21) 아마도 30-50 클럽 회원국 중에서 아직도 그런 교육을 고집하는 국가는 우리나라를 포함해서 많아야 두세 개 국가가 전부일 것이다. 교육은 획일화와 평준화를 지향하면서 "도대체 왜 사회 혁신이 기대만큼 일어나지 않는가?"하고 의아해하는 현 정부나 사회복지 교육자는 CPU가 없는 컴퓨터 앞에서 도대체 왜 이 컴퓨터가 작동하지 않느냐고 묻는 사람들과 다를 바가 없어 보인다.

지금까지 거시사회복지실천의 개념, 거시사회복지실천의 중요성 그리고 이 책과 거시사회복지실천 간의 관계에 관한 소개와 설명을 마쳤으니, 제1장에서 저자가 해야 할 일은 다 했다고 생각된다. 이제 이 책에 대한 평가와 이 책의 나머지 장들을 더 읽을지 여부는 독자 여러분에게 맡기기로 하겠다.

제2장

법, 거시사회복지실천의 출발점

1. 우리나라의 법 체계
2. 입법절차
3. 법률의 입법절차
4. 명령의 입법절차
5. 자치법규의 입법절차
6. 법령의 개정·폐지 절차
7. 위임입법
8. 입법과정 예시

제2장

법, 거시사회복지실천의 출발점

우리가 잘 알고 있듯이, 사회는 다양한 이해관계를 가진 구성원들로 이루어져 있다. 한 사회의 구성원들 사이에 어느 한 시점에 존재하는 특정 이해관계는 (그것이 바람직한 이해관계인지 여부를 떠나서) 그 사회의 구성원들이 복잡한 정치 과정을 통해 도달하게 된 일종의 균형 상태이다. 거시사회복지실천은 그 본질이 변화이기 때문에 거의 모든 경우 그 사회가 가지고 있는 기존 이해관계라는 균형 상태에 변화를 가져오기 마련이다. 항상 그러하듯이 균형을 깨뜨리는 변화는 저항을 불러일으키기 마련이고 거시사회복지실천 또한 예외가 아니기에 기존 이해관계를 유지하고자 하는 구성원들로부터의 저항에 부딪히게 된다. 파레토 효율을 이룰 수 없는 한 저항과 갈등은 거시사회복지실천에 있어서 변수가 아니라 늘 존재하는 상수로 여겨져야 한다.

이러한 저항을 극복하기 위해 거시사회복지실천은 변화를 일으키려는 노력에 정당성과 강제성을 부여해 줄 수 있는 명분 또는 근거를 필요로 한다. 법치국가에서 그 명분 또는 근거는 다름 아닌 법이다. 법[1]은 사회 주체들 간의 관계를 규율하는 규범

1) 여기서 말하는 법은 모든 법, 즉 법규범을 말한다.

이며, 기존 이해관계에 변화를 가져오는, 새로운 사회적 합의로서의 변화에 정당성을 부여하고, 그러한 변화를 위해 자원을 (재)분배하고, 변화에 대한 저항을 굴복 내지 설득시킬 수 있는 근거이다. 따라서 변화를 이끌어 내기 위한 모든 행위는 반드시 법에 근거하여 정당성을 확보해야 한다. 물론 설령 법에 근거하더라도 계획된 변화를 이끌어 내기란 여간해서는 쉽지 않은 것이 현실인 만큼 거시사회복지실천에 있어서 법적 근거는 필수 요소 중에서도 으뜸가는 요소라고 하겠다. 거시사회복지실천가가 되기 위한 첫걸음을 법의 이해에서부터 시작해야 하는 이유는 바로 이 때문이다.

1. 우리나라의 법 체계

우리나라의 법은 다음과 같은 체계를 가지고 있다. 이 체계는 각각의 법 형식이 법규범으로서의 존재 근거를 무엇으로 하고 있는가, 다시 말하면 무엇을 법규범으로서의 존재 근거로 삼고 있는가를 중심으로 법 형식 상호 간에 형성된 위계체계이다.

이 5단계 체계는 종종 4단계로 단순화되기도 하는데, 4단계 위계체계는 [그림 2-1]의 제3단계와 제4단계를 '명령'으로 묶어 제1단계 헌법, 제2단계 법률, 제3단계 명령,

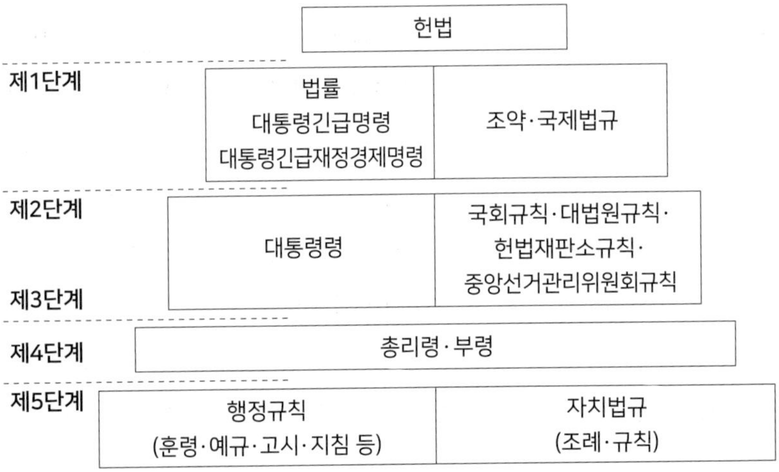

[그림 2-1] 우리나라 법의 위계

출처: 한국법제연구원(https://elaw.klri.re.kr/kor_service/struct.do). 법령구조.

제4단계 자치법규로 구분하는 체계이다. 이 장에서는 4단계 체계에 준하여 우리나라 법의 체계를 살펴보기로 하겠다.

1) 헌법

헌법은 주권자인 국민이 직접 인정한 법규범이며, 그렇기 때문에 한 국가의 헌법은 그 국가의 최상위 법규범이다. 헌법은 국민의 권리와 의무, 국민의 기본권, 국가 기본조직, 통치작용, 경제 질서 및 선거관리 등에 관한 기본적인 사항을 규정하는 국가의 기본법이다.

헌법은 모든 하위법령의 제정과 개정의 기준과 근거가 되기 때문에 헌법 외의 모든 다른 법 형식은 헌법보다 위계상 하위에 있게 된다. 만일 법률이나 명령 등이 헌법에 위배된 경우 헌법재판소는 헌법의 규정과 헌법 전문, 헌법 속에 담긴 기본이념에 대한 해석을 통하여 당해 법령의 위헌 여부 등을 결정한다.

2) 법률

법률은 헌법이념을 구현하기 위해 입법권을 가진 국회가 정립하는 법규범이다.[2)] 법률은 헌법에서 법률로 정하도록 위임한 사항과 국민의 권리의무에 관한 사항을 규정한다. 법률은 형식적 의미의 법률과 실질적 의미의 법률로 구분할 수 있는데, 여기서 말하는 법률은 형식적 의미의 법률을 말한다.

이 책에서는 일반적 용례를 따라 형식적 의미의 법률은 '법률'로 표기하고 실질적 의미의 법률은 '법' '법규' 또는 '법규범'으로 표현하기로 하겠다. '법령'도 법규 못지않게 자주 사용되는 용어이다. 법령은 일반적으로 헌법을 제외한 나머지 모든 법규범, 즉 법률, 대통령령, 총리령·부령 및 자치법규 모두를 일컫는다. 이 책에서도 법령을 그러한 의미를 나타내는 용어로 사용하겠다.

2) 「대한민국헌법」 제40조는 "입법권은 국회에 속한다."라고 규정함으로써 국회입법의 원칙을 선언하고 있다.

글상자 2-1 법률의 형식적 의미와 실질적 의미

- **형식적 의미의 법률**

  [그림 2-1]의 법체계도에서 그 지위가 헌법보다는 하위이고 명령보다는 상위인 법규범으로서 국민의 대의기관인 의회에 의해 정립되는 법규범을 말한다.

- **실질적 의미의 법률**

  '법 일반'을 의미하는 것으로서 우리가 법치주의, 법해석, 법철학 등이라 말할 때 법은 바로 이 실질적 의미의 법률을 뜻한다. 종종 실질적 의미의 법률을 형식적 의미의 법률과 구분하기 위해 법, 법규 또는 법규범으로 표현한다.

법률은 헌법 다음의 국법이기 때문에 법률이 상위 법규범인 헌법에 위반되면 법원은 법률의 적용을 거부한다. 이를 상위법 우선의 원칙이라 하는데, 이 원칙은 헌법과 법률 간 관계에만 적용되는 것이 아니라 모든 법들 간 관계에 적용된다. 따라서 [그림 2-1]의 모든 하위법은 그 내용이 상위법과 저촉되는 경우 상위법 우선의 원칙이 적용되어 그 적용이 법원에서 거부된다.

3) 명령

명령이란 행정기관이 정립하는[3] 법규범을 총칭하는 것이다. 법률은 의회가 정립하는 것이 원칙이지만 의회가 법률로 정해야 할 사항을 스스로 정하지 아니하고 의회 외의 기관에 입법권한을 위임하여 법을 정립하게 할 수 있다. 이를 위임입법(delegated legislation)이라고 하는데, 위임입법의 근거는 「헌법」 제75조, 제95조, 제114조 등에 명시되어 있다.[4]

위임입법이면서 의회 이외 기관 중 행정기관이 헌법에 근거하여 입법권한을 위임받아 명령을 정립하는 것을 행정입법이라고 한다. 행정기관뿐만 아니라 헌법기관도 명령을 정립할 수 있다. [그림 2-1]에 제시되어 있듯이, 헌법기관이 정립하는 국회규

3) 법을 제정·개정하는 것을 법 정립이라고 한다.

4) 위임입법에 대해서는 이 장의 뒷부분에서 자세하게 논의하기로 하겠다.

칙·대법원규칙·헌법재판소규칙 및 중앙선거관리위원회규칙 등도 각각 법률의 규정에 벗어나지 않는 범위 안에서 일정한 사항을 규정할 수 있고 그 지위가 법률보다 높을 수 없다는 점에서 명령인 대통령령의 지위와 유사한 지위를 갖는다.[5]

글상자 2-2 명령의 종류

- **정립 기관별 구분**

  명령은 대통령령, 총리령, 부령 등으로 구분된다. 행정부의 수반인 대통령은 행정기관으로서[5] 대통령령을 발할 수 있다. 대통령령의 작용범위는 행정부의 행정작용 전반에 걸쳐 있다. 총리 또한 총리령을 발할 수 있다. 총리령은 행정부의 부처 중에서 국무총리 직속기관인 기획예산처, 법제처, 국가보훈처 등의 소관사항에 관하여 제정된다. 행정 각부의 부의 장관 역시 소관사항에 관하여 부령을 발할 수 있다.

- **정립 목적별 구분**

  명령은 정립 목적에 따라 위임명령과 집행명령을 구분한다. 위임명령은 입법기관인 국회로부터 행정기관이 입법 권한을 위임받아 법률이 위임한 범위 내에서 제정되는 법규범의 성격을 가진 명령이다. 위임명령을 법규범을 가진 명령이라는 의미에서 법규명령이라고 부르기도 하고, 법률의 위임범위 내에서 만들어진 명령이라는 뜻에서 법률종속명령이라고 부르기도 한다. 또 법률의 내용을 보충하기 위해 만든 성격의 명령에 초점을 두고 보충명령이라고 부르기도 한다. 집행명령은 법규범으로서의 성격을 갖지 않는 명령이다. 법규성이 없음을 나타내기 위해 행정명령 또는 행정규칙이라고도 부른다. 집행명령은 주로 상위법을 시행하는 데 필요한 절차나 형식을 정하기 위한 명령으로서 행정 조직 내부에서 적용되기 위해 제정된 규범이다.

- **실정법상 구분**

  명령은 실정법상 용어로 구분하면 시행령과 시행규칙으로 구분한다. 시행령은 법률의 시행을 위해 대통령이 발하는 명령으로서 위임명령과 집행명령 모두를 포함한다. 시행규칙은 법률과 대통령령의 시행을 위해 제정하는 총리령과 부령을 말하며 역시 위임명령과 집행명령 모두를 포함한다.

5) 조직뿐만 아니라 사람도 행정기관에 포함된다.

4) 자치법규

자치법규란 지방자치단체가 집행하는 사무와 관련된 법규범을 말한다. 지방자치단체는 「헌법」 제117조 규정에 따라 입법권을 갖는다. 지방자치단체는 법령의 범위 내에서 그 권한에 속하는 모든 사무에 관하여 자치법규를 정립하는 위임입법을 할 수 있다.

자치법규는 조례와 규칙으로 구분된다. 조례는 지방자치단체의 의회인 지방의회가 법령의 범위 내에서 소관 사항에 관하여 제정한다. 규칙은 지방자치단체의 장이 법령과 조례에 반하지 않는 범위 내에서 소관 사항에 관하여 제정한다.

지방자치단체가 정립하는 자치법규 외에 [그림 2-1]에 나타나 있는 훈령·예규·고시 등과 같은 행정규칙도 그 위임법령과의 관계에 있어서는 하위의 법령인 자치법규에 해당한다.

5) 조약 및 행정협정

법 체계의 범위를 국제법 법 형식을 포함하는 수준으로 확대할 경우, 조약과 행정협정이 포함된다.

지금까지 살펴본 다섯 가지 형식의 법규범에 조약 및 행정협약을 포함하여 그 내용을 간략하게 정리하면 〈표 2-1〉과 같다.

〈표 2-1〉 법 형식별 특성

헌법	국민의 기본권, 국가의 기본조직 등을 규정하는 국가의 기본법이면서 최상위 법
법률	국회의 의결을 거쳐 제·개정되고 공포된 법(형식적 의미)
명령	국회의 의결을 거치지 않고 행정기관에 의해 제·개정된 법으로서 사실상 법률의 내용을 보충하는 법. 일반적으로 법규명령이라 함 • 위임명령: 법률에서 구체적으로 범위를 정하여 위임받은 사항에 관하여 발하는 법규명령 • 집행명령: 법률이나 상위명령을 집행하기 위해 필요한 사항을 결정하는 법규명령. 모법에 규정이 없는 새로운 사실을 규정할 수 없고, 모법이 소멸되면 소멸되고, 모법이 변경되면 변경된 부분에 관련된 한도 내에서 집행명령의 효력도 변경됨

규칙	국회, 중앙행정기관 및 기타 특수 국가기관이 법률이 정한 사항에 관하여 제정하는 법
자치 법규	지방자치단체가 자치권에 의거하여 제정하는 법. 지방의회가 제정하는 조례와 지방자치단체장이 제정하는 규칙이 있음
조약	국제법의 법형식의 일종으로서 국제관계에 해당하는 사항에 관하여 문서로서 행해진 국가 간의 합의. 국내법상 국회의 동의를 얻어 대통령이 체결하고 비준함. 이러한 절차를 거쳐 공포된 조약은 국내법 중 법률과 동일한 효력을 가짐
행정 협정	조약이나 법률에 의해 위임된 사항을 정하거나 조약을 시행하기 위해 필요한 세부적 사항을 행정부가 단독으로 국회의 동의 없이 체결하는 법. 국내법 중 명령과 동일한 효력을 가짐

2. 입법절차

1) 헌법의 입법절차

(1) 헌법의 제정

우리나라의 최초 헌법은 1948년 7월 17일 제정되었다. 앞서 살펴본 바와 같이 모든 법은 입법기관인 의회에 의해 정립되는 것이 원칙이기 때문에 헌법 제정을 위해서는 먼저 국회가 구성되어야 했다. 이를 위해 우리나라는 1948년 2월 27일 UN 총회에서 UN의 감시가 가능한 지역 내에서 총선거를 실시하여 정부를 수립하기로 결정하였다. 이 결정에 따라 1948년 5월 10일 UN의 감시하에 우리나라 최초의 국회위원 선거가 실시되었으며, 이 선거를 통해 198명의 국회의원으로 구성된 제헌국회가 탄생하였다.

이렇게 탄생한 제헌국회는 이승만을 의장으로 선출하고 우리나라 최초 헌법인 제헌 헌법 제정 작업에 착수하였다. 제헌 헌법은 5월 10일 치러진 총선으로부터 2개월이 조금 넘는 짧은 기간 동안 〈표 2-2〉와 같은 과정을 통해 제정되었다.

〈표 2-2〉 제헌 헌법 제정과정

시기	제정 작업
1948. 5. 10.	총선거로 제헌국회가 구성되어 헌법 기초 작업 착수
1948. 6. 3.	전문위원 10명과 헌법기초위원 30명으로 헌법기초위원회 구성 헌법기초위원회에서 의원내각제와 양원제를 골자로 한 초안 작성
1948. 6. 23.	대통령제와 단원제를 골자로 한 변경안 국회 상정
1948. 7. 12.	법안 국회 통과
1948. 7. 17.	대통령이 서명·공포. 공포된 날로부터 효력 발생

제헌 헌법은 전문(前文)과 10장 103조로 구성되었으며 국민의 기본권, 3권 분립, 정부 형태 등을 포함한 다음과 같은 내용이 담겨 있다.

- 국민의 기본권 보장
- 대통령제
- 국회단원제
- 국회에 의한 대통령 간선제
- 헌법위원회
- 통제경제

한 가지 안타까운 것은 제헌 헌법의 제1조와 제2조에 "대한민국은 민주공화국"이며 "대한민국의 주권은 국민에게 있고 모든 권력은 국민으로부터 나온다."는 것이 명시되어 있었음에도 불구하고 정작 제헌 헌법의 제정과정 중에는 국민투표를 통해 주권자인 국민의 의견을 묻고 반영하는 과정이 없었다는 사실이다. 한 국가의 주권은 그 나라 국민에게 있기에 국가의 근간인 헌법에 대해 국민의 의견을 묻는 것은 당연히 지켜졌어야 하는 원칙이었다. 우리나라 헌법사에서 이 원칙은 제헌 헌법이 제정된 후 14년이 지난 후에야 비로소 지켜지게 된다.

(2) 헌법 개정 연혁

1948년 7월 제정된 헌법은 「헌법」 제1호이고 현행 헌법은 「헌법」 제10호다. 이는 우리나라 헌법이 제정 이후 오늘날까지 총 9차례 개정되었음을 의미한다. 지난 9차례의 헌법 개정의 시기, 과정 및 주된 내용은 〈표 2-3〉과 같다.

〈표 2-3〉 「대한민국헌법」 개정 연혁

시기	건국헌법 (1948. 7. 17.)	제1차 헌법개정 (1952. 7. 7. 발췌개헌)	제2차 헌법개정 (1954. 7. 7. 사사오입개헌)	제3차 헌법개정 (1969. 6. 15.)
과정	• 1948년 5·10선거에서 선출된 198인의 의원으로 구성된 국회에서 헌법 제정 및 공포(1948. 7. 17.)와 1948년 8월 15일 대한민국정부수립 선포 • 대통령제와 단원제 채택, 의원내각제 중에서 국무원제와 국무총리제 반영	• 1950년 5월 총선 야당의 국회다수석 차지로 이승만 대통령 재집권을 위해 건국헌법의 대통령 간선제 규정을 직선제로 개정 시도 • 정부개헌안 및 국회개헌안은 모두 부결되었으나, 여야당개헌안을 가미한 발췌개헌안이 통과됨	• 이승만 대통령 장기집권을 위해 대통령 중임규정을 수정할 필요가 있었음. 제1차 헌법개정안은 당초 부결(국회 재적민원 중 2/3가 안 되는 135명 찬성)되었지만 사사오입의 수학적 계산방법을 동원하여 통과시킴	• 1960년 4·19 혁명 후 의회에서 헌법개정
내용	• 전문, 10장, 103조로 구성 ① 민주공화국, 국민주권, 기본권 보장, 사기업에 있어서 근로자의 이익분배균점권(제5차 개정 때 삭제), ② 단원제 국회, ③ 대통령과 부통령 임기 4년(1차에 한하여 중임)으로 국회에서 선출, ④ 대통령의 법률안거부권 및 법률안제출권 허용, ⑤ 부서제도, ⑥ 국무총리는 대통령이 임명(국회의 승인을 얻어야 함), ⑦ 국무원, ⑧ 가예산제도, ⑨ 통제경제를	• 발췌개헌의 문제점 ① 공고되지 않은 헌법안이 통과된 점, 국회에서 토론의 자유가 보장되지 않은 점, 의결이 강제되었다는 점에서 위헌으로 볼 수 있음 ② 대통령을 직선으로 선출하면서 국무원 불신임제를 도입함으로써 체계정당성을 무시한 사례임	• 주요 내용 ① 초대 대통령 중임제한 철폐(부칙), ② 주권의 제약, 국가안위에 관한 중대사항을 국회가결 후 다시 국민투표에 회부, ③ 국무위원에 대한 개별적 불신임제 채택, ④ 대통령 궐위 시의 부통령의 대통령직 승계의 제도, ⑤ 특별법원(군법회의)에 대한 헌법상 지위 부여, ⑥ 자유시장경제체제로의 전환, ⑦ 국무총리제의 폐지, ⑧ 헌법개정의 한계에 대한	• 주요 내용 ① 내각책임제의 채택, ② 국민의 기본권 강화(검열제, 허가제 금지, 개별적 법률 유보 대신에 일반적 법률유보조항 등), ③ 정당조항의 신설, ④ 헌법재판소의 설치, ⑤ 대법관의 선거제 실시, ⑥ 중앙선거관리 위원회의 헌법기관화, ⑦ 공무원의 신분 및 정치적 중립성 보장, ⑧ 경찰의 중립, ⑨ 지방자치단체장의 선거제 실시, ⑩ 제1차 개정 때 규정상 있

〈계속〉

	주축으로 함, ⑩ 헌법개정은 국회의 의결로 가능, ⑪ 헌법위원회, ⑫ 탄핵재판소, ⑬ 자연자원의 원칙적 국유화 등 정당조항과 통일 조항 없음.		명문규정 설정, ⑨ 헌법개정안에 대한 국민발안의 허용 등	던 양원제 실시, ⑪ 본질내용침해금지조항
시기	**제4차 헌법개정 (1960. 11. 29. 부칙개정)**	**제5차 헌법개정 (1962. 12. 26.)**	**제6차 헌법개정 (1969. 10. 21. 3선개헌)**	**제7차 헌법개정 (1972. 12. 27.)**
과정	• 반민주주의자 처벌을 위한 형법불소급원칙에 대한 예외의 헌법적 근거 요구	• 1961년 5월 16일 군사정변으로 국가재건최고회의가 구성되고 같은 해 6월 6일 국가재건비상조치법이 제정·공포됨 • 이에 따라 구 헌법은 국가재건비상조치법에 저촉되지 않는 범위 내에서 효력을 가지게 됨 • 개헌안은 1962년 11월 국가재건최고회의 의결을 거쳐, 1962년 12월 17일 국민투표에 의해 확정, 12월 26일에 공포, 1963년 12월 17일에 효력 발생	• 1967년 8월 7일 당시 여당인 민주공화당 의원 122명이 박정희 대통령의 3기 연임을 위한 개헌안을 제출하고 국회의 결과 국민투표를 거쳐 개정됨	• 박정희 대통령은 1971년 12월 27일 국가보위에 관한 특별조치법을 제정하여 초헌법적인 국가긴급권 행사를 가능케 함 • 1972년 10월 17일에는 국가보위에 관한 특별조치법에 의거하여 비상조치를 단행(10·17 비상조치) • 10·17 비상조치로 국회가 해산되었고, 정치활동이 중지됨. 같은 해 12월 17일에는 유신헌법이 공포됨
내용	• 형법불소급 원칙에 대한 예외로서 3·15 부정선거의 주모자들을 처벌하기 위한 헌법적 근거를 마련하기 위해 개정 진행 ① 1960년 3·15 부정선거에 관련된 자 및 4·19 혁명을 탄압코자 살상행위를 한 자를 처벌할 특별법 제정근거, ② 반민주행위자와 부정축재자 처벌을 위한 특별법 제정근거, ③ 이	• 주요 내용 ① 헌법전문이 최초로 개정(4·19혁명과 5·16군사정변의 이념이 새 헌법의 정신적 기반이라는 점을 첨가), ② 인간 존엄권조항 신설, ③ 대통령제로의 환원, ④ 단원제 국회, ⑤ 헌법재판소 폐지, 위헌법률심사권을 대법원에 부여, ⑥ 극단적인 정당국가를 지향(정당의 추천이 없으면	• 주요 내용 ① 대통령의 계속 재임을 3기로 연장, ② 대통령에 대한 탄핵소추의 정족수를 가중(50인 이상의 발의, 재적 2/3의 찬성을 얻도록 요건 강화), ③ 국회의원 정수의 상한을 250명으로 확대, ④ 국회의원의 국무위원 겸직 허용	• 전문, 126조, 부칙으로 구성 ① 주권 행사방법을 처음으로 규정, ② 기본권을 실정권으로 약화, 각종 기본권 보장 제한·축소시킴(구속적부심제도 폐지, 임의성 없는 자백이 증거능력 부인 조항의 삭제, 재산권의 수용 등에 따른 보상을 법률에 위임함, 군인·군무원 등의 이중 배

〈계속〉

	들 사건을 처리하기 위한 특별재판소와 특별검찰부를 둘 수 있다는 것을 내용으로 함 • 문제점 소급입법으로 참정권과 재산권을 제한할 수 있게 한 점에서 위헌 여부 논란이 많았음	대통령·국회의원에 출마할 수 없었고 당적을 변경하면 의원직을 상실케 함), ⑦ 법관의 임명에 법관추천회의의 제청을 따르게 함, ⑧ 헌법개정에 필수적 국민투표제 도입, ⑨ 탄핵심판위원회 설치, ⑩ 경제과학심의회와 국가안정보장회의 신설	• 문제점 대통령 계속 재임을 3기로 연장함으로써 장기집권의 계기를 만듦	상청구를 금함, 노동3권의 범위를 크게 제한함), ③ 통일주체국민회의를 신설하여 대통령과 국회의원 1/3을 선출하고 국회가 제안한 개헌안을 의결하도록 함, ④ 대통령 임기 6년, 중임이나 연임제한규정을 두지 않음, ⑤ 대통령은 긴급조치권, 국회해산권, 국회의원 정수의 1/3의 추천권, 국민투표부의권, 모든 법관의 임명권 행사, ⑥ 국회회기단축, 국정감사권 부인, ⑦ 헌법개정절차 이원화 등

시기	제8차 헌법개정 (1980. 10. 27. 제5공화국 헌법)	제9차 헌법개정 (1987. 10. 29. 제6공화국 헌법)
과정	• 1979년 10·26 사태와 12·12 쿠데타, 1980년 5월 17일 전국계엄확대조치를 거쳐 국가보위비상대책위원회를 설치하고 국회활동을 정지시킴, 또한 5·18 광주민주항쟁을 무력으로 진압하여 권력을 공고히 함 • 전두환이 1980년 9월 1일 통일주체국민회의에서 대통령으로 선출된 후 헌법개정작업을 진행하고 국민투표를 거쳐 1980년 10월 27일에 공포·발표됨	• 1987년 6·10 민주화항쟁으로 대통령 직선제로 개헌방향이 확정지어짐 • 이에 따라 여야 간의 8인 정치회담을 구성하여 헌법개정을 논의, 1987년 9월 17일에 전문과 본문 제130조 및 부칙 제6조에 달하는 개헌안을 확정하여 여야 간 합의개헌에 성공
내용	• 전문, 131조, 부칙 10조로 구성 ① 전통문화의 창달, 재외국민 보호, 정당보조금 지급, 국군의 국가의 안전보장조항 신설(국토방위의 신성한 의무는 건국헌법 때부터 존재), ② 기본권 조항은 제3공화국 헌법으로 복귀함, 행복추구권·연좌제 금지·사생활비밀·환경권·적정임금 조항 신설, 구속적부제의 부활, 언론·출판의 사회적 책임, 평생교육, 형사피고인의 무죄추정이 규정됨, ③ 통일주체국민회의를 폐지하고 대통령선거를 선거인단에 의한 간선제	• 전문, 본문 19장, 130조, 부칙 6조로 구성 ① 기본권 보장의 강화, ② 대통령의 국민 직접선거제 채택, 임기 5년 단임, ③ 대통령의 권한 축소(국회해산권 삭제, 비상조치권을 긴급명령권(긴급재정·경제처분 및 명령권으로 변경), ④ 국회의 지위와 권한을 강화(국정감사권 부활, 회기제한 삭제, 정기회를 100일로 연장, 임시회의소집을 쉽게 함), ⑤ 헌법위원회를 폐지하고 헌법재판소를 설치, ⑥ 구속이유 등고지제도 신설, ⑦ 범죄피해자구조청구권 신설, ⑧ 쾌

〈계속〉

	로 함, ④ 대통령의 권한을 유신헌법에 비하여 대폭 축소(긴급조치권을 비상조치권으로 변경하고 남용방지책을 둠), 임기를 7년 단임으로 함, ⑤ 전직 대통령의 예우조항, 국정자문회의, 평화통일 정책자문회의를 둠, ⑥ 국정조사권 신설, ⑦ 일반법관의 임명을 대법원장이 하도록 함, ⑧ 대법원에 전담부 설치근거 및 행정심판의 헌법적 근거를 명시하고, 징계처분에 의한 법관면직규정을 삭제, ⑨ 경제질서에 대한 공법적 규제를 확대(독과점 규제와 조정, 소비자 보호, 국가표준제도, 중소기업의 보호·육성 등), ⑩ 헌법개정절차를 일원화(국민투표로만 확정시킬 수 있음)	적한 주거 생활권, 최저임금제, 모성보호, 대학의 자율성 신설, ⑨ 총강에 '국군의 정치적 중립성' '정당의 목적도 민주적일 것'이 새로 추가, ⑩ 대통령의 비상조치권, 대통령의 국회해산권, 국회의 국무위원해임의 결권의 폐지

출처: 권순현(2017). 위드헌법. 박영사. pp. 24-30에서 발췌·요약함.

2) 헌법 개정절차

「헌법」은 제10장에 헌법 개정에 관한 규정을 두고 있다. 헌법 개정을 발의할 수 있는 권한을 가진 제안권자는 국회 또는 대통령이다. 단, 대통령이 헌법 개정을 제안하는 경우, 임기연장 또는 중임변경을 위한 헌법 개정은 그 개정 제안 당시의 대통령에 대하여는 효력이 없다(「헌법」 제128조2항). 헌법 개정안이 발의되면 〈표 2-4〉와 같은 개정 절차가 진행된다.

〈표 2-4〉 헌법 개정 절차

① 제안	대통령은 국무회의의 심의를 거쳐(「헌법」 제89조3호), 국회는 재적 과반수 또는 대통령의 발의로 헌법개정안을 제안한다(「헌법」 제128조).
② 공고	제안된 개정안은 대통령이 20일 이상의 기간 동안 이를 공고하여야 한다(「헌법」 제129조).
③ 국회의결	국회는 개정안이 공고된 날부터 60일 이내에 의결하여야 하며, 의결은 재적의원 3분의 2 이상의 찬성을 얻어야 한다(「헌법」 제130조1항). 헌법개정안은 일반법률처럼 수정·통과시킬 수 없고, 그 표결은 기명투표로써 하며 공개한다.
④ 국민투표	국회를 통과한 개정안은 30일 이내에 국민투표에 붙여 국회의원 선거권자 과반수의 투표와 투표자 과반수의 찬성을 얻은 때에 헌법 개정이 확정된다(「헌법」 제130조2항, 3항). 이 절차는 국민이 최종적인 헌법개정권자이기 때문에 필요한 절차이다.
⑤ 공포	헌법 개정이 확정되면 대통령은 이를 즉시 공포하여야 한다(「헌법」 제130조3항).

3. 법률의 입법절차

법률안의 제안권자는 국회, 정부, 국회 위원회이다. 「헌법」 제40조는 입법권은 국회에 속한다는 국회입법의 원칙을 규정하고 있다. 이 원칙에 근거하여 국회를 구성하고 있는 국회의원은 법률안(이하 법안)을 발의할 수 있다. 국회의원이 법안을 발의하고 입법하는 것을 의원입법이라고 한다.

국회 위원회도 그 소관에 속하는 사항에 관하여 법안을 입안하여 위원장 명의로 제출할 수 있으며, 이를 의원발의법안의 범주에 포함시킨다(「국회법」 제51조). 국회의 위원회는 상임위원회와 상설특별위원회 그리고 특별위원회 세 종류가 있다(「국회법」 제35조). 2022년 기준 17개 상임위원회와 1개 상설특별위원회를 포함한 다수의 특별위원회가 운영되고 있다.

〈표 2-5〉 국회 위원회 현황(2022년)

종류	위원회 명(위원정수)
상임위원회(17)	국회운영위원회(28), 법제사법위원회(18), 정무위원회(24), 기획재정위원회(26), 교육위원회(16), 과학기술정보방송통신위원회(20), 외교통일위원회(21), 국방위원회(17), 행정안전위원회(22), 보건복지위원회(24), 문화체육관광위원회(16), 농림축산식품해양수산위원회(19), 산업통상자원중소벤처기업위원회(30), 환경노동위원회(16), 국토교통위원회(30), 정보위원회(12), 여성가족위원회(17)
상설특별위원회(1)	예산결산특별위원회(50)
특별위원회(5)	윤리특별위원회(12), 언론·미디어제도개선특별위원회(18), 정치개혁특별위원회(18), 중앙선거관리위원회(문상부)선출에관한인사청문특별위원회(13), 국회2030부산세계박람회유치지원특별위원회(18)

출처: 대한민국국회(http://www.assembly.go.kr/assm/assemact/committee/committee01/assmCommittee/committeeUserList.do). 위원회 현황.

〈표 2-6〉 국회 위원회별 소관 업무(2022년)

국회운영위원회(겸임상임위원회) • 국회운영에 관한 사항 • 「국회법」 기타 국회규칙에 관한 사항 • 국회사무처, 국회도서관, 국회예산정책처, 국회입법조사처 소관에 속하는 사항 • 대통령비서실, 국가안보실, 대통령경호실 소관에 속하는 사항 • 국가인권위원회 소관에 속하는 사항	**법제사법위원회** • 법무부 소관에 속하는 사항 • 법제처, 감사원, 고위공직자범죄수사처, 헌법재판소, 법원·군사법원의 사법행정에 관한 사항 • 탄핵소추에 관한 사항 • 법률안·국회규칙안의 체계·형식과 자구의 심사에 관한 사항
정무위원회 • 국무조정실, 국무총리비서실 소관에 속하는 사항 • 국가보훈처 소관에 속하는 사항 • 공정거래위원회 소관에 속하는 사항 • 금융위원회 소관에 속하는 사항 • 국민권익위원회 소관에 속하는 사항	**기획재정위원회** • 기획재정부 소관에 속하는 사항 • 한국은행 소관에 속하는 사항
교육위원회 • 교육부 소관에 속하는 사항	**과학기술정보방송통신위원회** • 과학기술정보통신부 소관에 속하는 사항 • 방송통신위원회 소관에 속하는 사항 • 원자력안전위원회 소관에 속하는 사항
외교통일위원회 • 외교부 소관에 속하는 사항 • 통일부 소관에 속하는 사항 • 민주평화통일자문회의 사무에 관한 사항	**국방위원회** • 국방부 소관에 속하는 사항
행정안전위원회 • 행정안전부 소관에 속하는 사항 • 인사혁신처 소관에 속하는 사항 • 중앙선거관리위원회 사무에 관한 사항 • 지방자치단체에 관한 사항	**문화체육관광위원회** • 문화체육관광부 소관에 속하는 사항 • 문화재청 소관에 속하는 사항
농림축산식품해양수산위원회 • 농림수산식품부 소관에 속하는 사항 • 해양수산부 소관에 속하는 사항	**산업통상자원중소벤처기업위원회** • 산업통상자원보 소관에 속하는 사항 • 중소벤처기업부 소관에 속하는 사항 • 특허청 소관에 속하는 사항
보건복지위원회 • 보건복지부 소관에 속하는 사항 • 식품의약품안전처 소관에 속하는 사항	**환경노동위원회** • 환경부 소관에 속하는 사항 • 고용노동부 소관에 속하는 사항

국토교통위원회 • 국토교통부 소관에 속하는 사항	**정보위원회** • 국가정보원 소관에 속하는 사항 • 「국가정보원법」 제4조1항제5호에 규정된 정보 및 보안업무의 기획·조정 대상부처 소관의 정보예산안과 결산심사에 관한 사항
여성가족위원회 • 여성가족부 소관에 속하는 사항	**예산결산특별위원회(상설특별위원회)** • 예산안·기금운용계획안 및 기금결산 심사
윤리특별위원회(특별위원회) • 의원의 자격심사·징계에 관한 사항 • 윤리심사자문위원회를 둠	

출처: 대한민국국회(https://www.natv.go.kr/renew07/asm/ifa/org_06_01_18.jsp). 상임위원회 종류 및 소관; 「국회법」 제37조.

「헌법」은 국회뿐만 아니라 정부에게도 법안 제출권을 부여하고 있다(제52조). 정부가 법안을 발의하여 입법하는 것을 정부입법이라고 한다. 정부입법은 일반적으로 중앙정부 행정기관이 법안을 마련하여 국무회의의 심의를 거친 후 대통령의 재가를 얻어 국회에 제출하는 방식으로 이루어진다.

법률의 입법절차는 의원입법인지 정부입법인지에 따라 달라지는데, 정부입법이 의원입법에 비해 입법절차가 더 까다롭다. 정부입법을 기준으로 법률의 입법절차를 도식화하면 [그림 2-2]와 같다.

법률의 입법절차는 법안을 국회에 제출하기 이전까지의 절차와 그 이후 절차로 크게 이분할 수 있다. 의원입법과 정부입법은 [그림 2-3]에 나타나 있는 바와 같이 국회 제출 이전까지의 절차에 차이가 있고, 그 이후 절차는 동일하다.

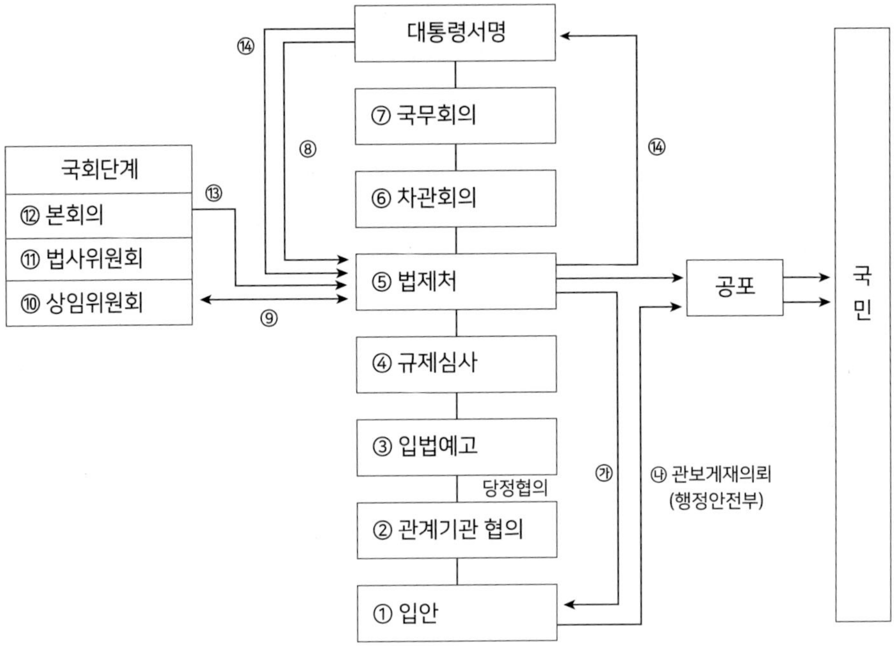

법령별 입법절차

- 법률: (①~⑮)
- 대통령령: (①~⑧)→⑮
- 총리령:(①~④)→⑮
  (총리령의 경우 국무총리의 결제를 거친 후 관보 게재 의뢰함)
- 부령: (①~④)→㉮→㉯

[그림 2-2] 법령별 입법절차

출처: 한국법제연구원 법령번역센터(https://elaw.klri.re.kr/kor_service/step.do). 입법절차.

1) 국회 제출까지의 절차

(1) 의원입법 경우

의원발의는 의원이 법안을 직접 기초하기도 하고, 정부 또는 제3자가 기초하여 제공하는 법안을 근간으로 하여 의원이 입안하기도 하며, 정부가 마련한 안을 의원을 통하여 제출하기도 하는 등 다양한 형식으로 이루어진다. 국회위원회의 법안 발의도 의원발의에 포함된다.

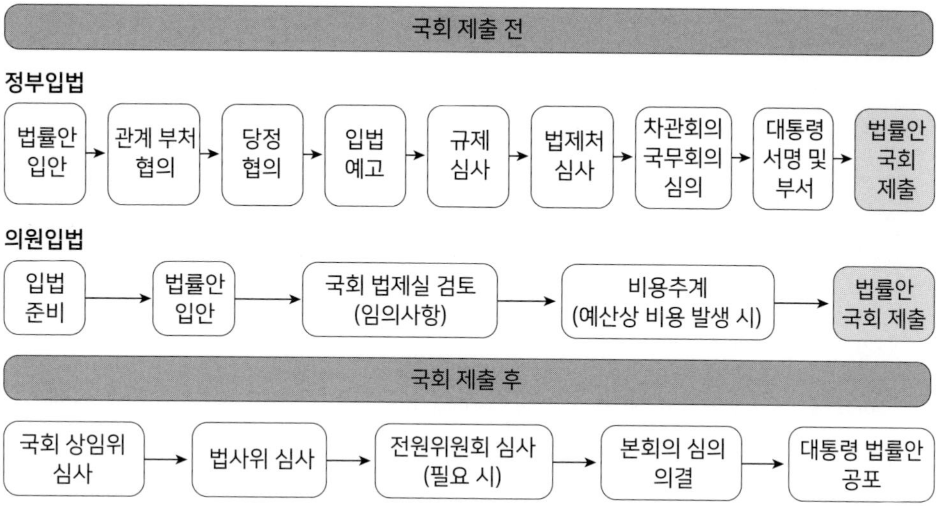

[그림 2-3] 의원입법과 정부입법의 입법절차 비교

출처: 법제처 법제업무정보(https://www.moleg.go.kr/menu.es?mid=a10105020000). 입법과정안내. 정부입법절차.

〈표 2-7〉 국회 제출까지의 의원입법 절차

① 입법준비	• 의원 개인의 입법동기, 의원이 속한 정당 내 정책기구의 결정 또는 정당지도부의 지시 등에 의해 입법을 추진한다. 일반적으로 정당들은 정책위원회 등 정책을 심의·결정하는 기구와 분야별 당전문위원을 두고 정책을 개발한다. • 위원회안은 보통 상임위원회에서 제안하나 특별위원회에서 제안하는 경우도 있다.
② 법률안 입안	• 입법정책의 방향과 목적, 실현 수단을 판단하고 법안의 구체화를 진행한다. • 일반적으로 국회법제실의 법제관에게 의뢰하지만 그 외에 정부 또는 제3자가 기초한 안을 근간으로 의원이 입안하거나, 외부전문가에게 의뢰하거나, 법률전문가를 정책보좌관으로 채용하여 입안하거나, 의원의 소속정당 정책실무부서에서 입안한 법률안을 당내절차를 거쳐 발의하기도 한다. • 여당의 경우, 정부와의 당정협의를 거친다.
③ 법제처 심사 (임의사항)	• 법안의 형식, 헌법이념 및 상위법과의 위반 여부, 타 법률과의 중복·충돌 여부, 입법 내용의 적법성 등 실질적인 사항을 심사하며, 필요시 원안을 수정·보완한다. 법제처장의 결재로 심사 완료된다. • 의원입법의 경우 법제처 심사는 임의사항이다.
④ 비용추계	• 법안이 예산 또는 기금상의 조치를 수반하는 경우, 예상되는 비용에 대한 국회예산정책처의 비용추계서를 작성한다.

⑤ **국회 제출**	• 발의의원은 법안에 발의 이유를 붙이고 발의자 포함 10인 이상의 찬성자가 연서(連署)하여 국회의장에게 제출한다. 발의의원이 2인 이상인 경우, 대표발의의원 1인을 명시한다. • 발의자는 당초에 법안을 기초하거나 입법을 주도해 온 의원이 되는 것이 일반적이나 당의 정책부서 등에서 기초하여 입법이 추진된 경우 법안의 소관상임위원회 소속의원이나 법안의 내용과 직간접으로 관련 있는 의원 중에서 맡는 경우가 많다.

출처: 법제처 법제업무정보(https://www.moleg.go.kr/menu.es?mid=a10105020000). 입법과정안내. 입법절차.

(2) 정부입법 경우

중앙정부의 행정기관이 법안을 발의하는 정부입법의 경우, 의원입법에 비해 법안을 국회 제출하기까지 더 까다로운 절차를 거친다.

〈표 2-8〉 국회 제출까지의 정부입법 절차

① **법률안 입안**	• 법률 소관 중앙행정기관이 어떤 정책을 결정하고 그 정책의 시행과 관련하여 입법이 필요하다고 판단하는 경우 법률안을 입안한다.
② **관계기관협의**	• 입안된 법률안은 그 시행 과정에서 타 기관의 원활한 협조를 위해 해당 법률안의 내용과 관련이 있는 다른 기관의 장에게 보내 그 의견을 수렴한다.
③ **당정협의**	• 정부가 추진한 정책의 입법배경 및 필요성을 정당에 설명하고 상호 입장의 차이를 조정하여 법률안을 수정·보완한다. • 고위당정협의회의회(국무총리와 여당대표 참여) 또는 부처별 당정협의회(정부부처의 장과 여당정책위원회 의장 참여)를 통해 이루어진다. 법률에 의한 의무절차는 아니지만 오랜 입법관행으로서 국무총리훈령인 「당정협의업무운영규정」(제4조 1항)이 이를 규정하고 있다.
④ **입법예고**	• 관계기관과의 협의를 거치면서 당초의 원안을 수정하거나 보완하여 법률안을 확정하면 법률안의 내용을 국민에게 미리 예고·공개하여 국민의 의견을 수렴한다. 통상 40일 이상의 예고 기간을 둔다. • 관계기관과의 협의를 거쳐 확정된 안을 입법예고하는 것이 보통이지만, 법률 소관 중앙행정기관의 판단하에 두 절차를 동시에 진행할 수도 있다.
⑤ **규제심사 및 기타 심사**	• 입법예고 시 제출된 의견을 검토하여 수정·보완된 법률안은 대통령 직속 기구인 규제개혁위원회의 규제심사를 받는다. • 규제심사 외에 부패영향평가, 통계기반정책평가, 성별영향분석평가 등 각종 평가도 법제처에 심사를 요청하기 전까지 받아야 한다. 이러한 일련의 절차를 마치고 나면 법제처에 심사를 의뢰하게 된다.

⑥ 법제처 심사	• 법률안의 형식적 사항, 헌법이념 및 상위법과의 위반 여부, 다른 법령과의 중복 내지 충돌 여부, 입법 내용의 적법성 등 실질적인 사항을 심사하여 필요하다면 원안을 수정·보완한다. • 또한 법리적인 문제에 대한 검토, 알기 쉬운 법률 만들기 검토 등을 거친다 • 법제처장이 결재함으로써 법제처 심사가 완료된다.
⑦ 차관회의 심의 국무회의 심의	• 법제처 심사를 마친 법률안을 국무회에 상정하기에 앞서 차관회의를 통해 사전 심의한다. 단, 긴급한 의안이거나 헌법 제89조 제16호에 규정된 사안의 경우, 차관회의를 생략할 수 있다. • 국무회의에서 주무부처의 장관이 제안 설명을 하고 토의를 거쳐 의결한 후 국무총리 및 관계 국무위원이 부서(副署)한다.
⑧ 대통령 재가	• 국무총리와 관계 국무위원이 부서한 법률안에 대통령이 서명한다(부서: 법률이나 대통령의 국무에 관한 문서에 국무총리와 관계 국무위원이 함께 서명하는 일 또는 서명).
⑨ 국회 제출	• 법률안을 국회에 제출한다.

출처: 법제처 법제업무정보(https://www.moleg.go.kr/menu.es?mid=a10105020000). 입법과정안내. 정부입법절차.

2) 국회 제출 이후 절차

법안의 국회 제출 이후의 입법절차는 의원입법과 정부입법 모두 동일하다.

〈표 2-9〉 국회 제출 이후 입법 절차

① 상임위원회 심사	• 국회의원과 정부로부터 국회에 제출된 법안은 국회의장이 본회의 보고한 후 그 의안의 소관 상임위원회에 회부하여 심사하게 한다. • 소관 상임위원회는 법안을 심사하고 의결한다. 상임위원회는 법안에 대한 예비적 심사기관으로서 심사 결과를 본회의에 보고하여 본회의 의결을 위한 판단자료를 제공한다. • 상임위원회 심사 절차: 위원장이 입법예고 → 위원회 회부 → 15일 숙려기간 → 위원회 상정 → 제안자 취지 설명 → 전문위원의 검토·보고 → 대체 토론(제안자 질의응답을 포함하여 안건 관련 문제점·당부사항 등에 대한 토론 및 수정방향 제시) → 소위원회 심사·보고(소위원회 심사가 실질적 심사) → 축조(逐條)심사(한 조항씩 낭독하면서 심사) → 찬반 토론 → 표결

② 법제사법위원회 심사	• 소관 상임위원회가 채택한 법안에 대해 법제사법위원회가 체계심사와 자구심사를 실시한다(체계심사는 법률의 형식 정비를 목적으로 위헌 여부, 타 법률과의 저촉 여부, 조항 간 모순 등을 심사, 자구심사는 법률 용어 정비를 위한 심사로서 법규의 정확성, 용어의 적합성, 통일성 등을 심사).
③ 전원위원회 심사 (필요시)	• 필요 시 국회 본회의에 앞서 의원 전원이 참석하여 법안에 대해 심사를 실시할 수 있다. 전원위원회는 재적의원 4분의 1 이상의 요구로 개회되며, 하루 두 시간씩 이틀간 열릴 수 있다. • 전원위원회는 본회의에 수정안을 낼 권한이 있으며, 재적의원 4분의 1 이상 출석과 출석의원 과반수의 찬성으로 의결한다.
④ 본회의 심의 · 의결	• 법사위 또는 전원위원회 심사를 거친 법안을 국회 본회의에 회부한다. • 법안에 대해 소관 위원회 위원장으로부터 심사 보고를 듣고 의원들의 질의·토론을 거쳐 법안에 대해 재적의원 과반수 출석과 출석의원 과반수 찬성으로 의결한다.
⑤ 대통령 재가 또는 거부권 행사	• 법제처는 의결된 법안을 공포안으로 작성하여 정부로 이송하여 국무회의에 상정한다. • 국무회의 심의·의결을 거친 공포안에 대해서 국무총리 및 관계 국무위원 부서를 거쳐 대통령이 서명하거나 대통령이 거부권을 행사할 수 있다. 즉, 대통령은 의의가 있을 시 법안이 정부로 이송된 후 15일 이내에 국회에 법안 재의(再議)를 요구할 수 있다. • 국회는 대통령이 재의를 요구한 날로부터 5일 이내에 법안을 재의결해야 한다. 국회가 재의결하여 통과된 법안에 대해서 대통령은 거부권을 행사할 수 없다.
⑥ 법률 공포	• 법제처가 대통령이 서명한 법안을 관보에 법률로 게재함으로써 공포한다.

출처: 법제처(https://www.moleg.go.kr/menu.es?mid=a10105020000). 입법과정안내.

4. 명령의 입법절차

1) 대통령령

대통령의 명령은 행정입법으로서 그 입법절차에서 국회의 심의를 필요로 하지 않는다. 대통령령을 시행령이라고 한다. 시행령은 어떤 법률을 시행하는 데 필요한 규정을 주요 내용으로 한다. 시행령은 법률 입법의 경우와 달리 법안 국회 제출, 국회의 심의·의결, 정부 이송 등의 절차 없이 국무회의에서 심의·의결하면 곧바로 법제처를 통해 공포할 수 있다.

2) 총리령 · 부령

총리령과 부령은 각각 국무총리와 행정 각부의 장관이 발하는 명령으로서 시행규칙이라고 한다. 시행규칙은 시행령, 즉 대통령령의 시행에 관하여 필요한 사항을 주된 내용으로 한다. 총리령과 부령 역시 행정입법이며 국회의 심의뿐만 아니라 차관회의·국무회의의 심의도 필요로 하지 않는다. 따라서 법제처 심사가 끝나면 심사안과 심사확인증을 송부 받아 법제처 관보에 게재함으로써 공포절차를 마치게 된다.

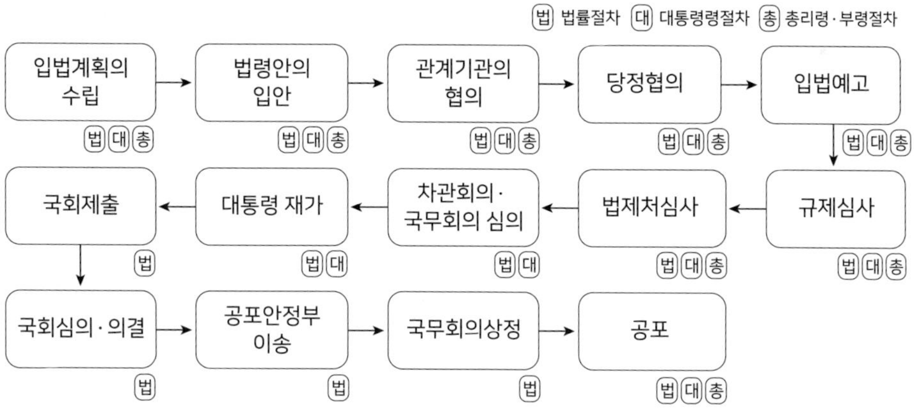

[그림 2-4] 법률, 대통령령, 총리령·부령 입법절차 비교

출처: 정부입법지원센터(http://www.lawmaking.go.kr/lmGde/govLm#guide01).

5. 자치법규의 입법절차

자치법규는 지방자치단체의 소관 사무에 관하여 지방의회 또는 지방자치단체의 장이 법령의 범위 안에서 정립하는 법규범으로서 조례와 규칙이 있다. 지방자치단체의 입법권한은 「헌법」과 「지방자치법」에 명시되어 있다. 「헌법」은 제117조1항을 통해 "지방자치단체는 주민의 복리에 관한 사무를 처리하고 재산을 관리하며 법령의 범위 안에서 자치에 관한 규정을 제정할 수 있다."고 규정하고 있다.

자치법규의 입법절차는 「지방자치법」, 「행정절차법」의 관련 규정을 따르는 것이 일반적이지만, 「지방자치법」 등에 규정되지 않은 사항에 대해서는 지방자치단체가 법령의 범위 안에서 그 사무에 관하여 조례를 제정할 수 있다(「지방자치법」 제22조).[6)]

이처럼 자치입법권의 관점에서 지방자치단체가 자율적으로 그 기준을 마련하여 운영할 수 있기 때문에 모든 지방자치단체가 따라야 하는 절차는 사실상 없다고 보아야 한다. 다만, 자치법규 입법절차를 이해하기 위해서 지방자치단체들이 따르고 있는 대표적인 두 가지 입법절차를 살펴보면 [그림 2-5] 및 [그림 2-6]과 같다.

1) 조례의 입법절차

「지방자치법」은 조례안 발의권자로서 지방의회, 지방의회 위원회, 지방자치단체의 장을 규정하고 있고, 주민에게도 간접발안 형태로 발의권을 부여하고 있다(제22조, 제23조, 제24조). 지방의회는 재적의원 5분의 1이상 또는 의원 10인 연서를 통해 조례안을 발의할 수 있다.

지방자치단체의 장은 「지방자치법」 제23조에 의해 법령이나 조례가 위임한 범위에서 그 권한에 속하는 사무에 관하여 규칙을 제정할 수 있다. 주민은 주민직접참정제도인 주민의 조례 제정·개폐청구의 경우, 일정 수 이상의 주민이 간접발안 형태로

6) 행정안전부(2022). 2022 자치법규 업무매뉴얼. pp. 9-10.

발의할 수 있다.

이 세 자치법규 입법권자 중 역할이 가장 두드러진 주체는 지방자치단체장이다. 〈표 2-10〉에 따르면, 광역, 기초 여부에 상관없이 모든 지방자치단체에서 단체장의 조례안 발의 비율이 의원발의에 비해 압도적으로 높은 것을 알 수 있다.

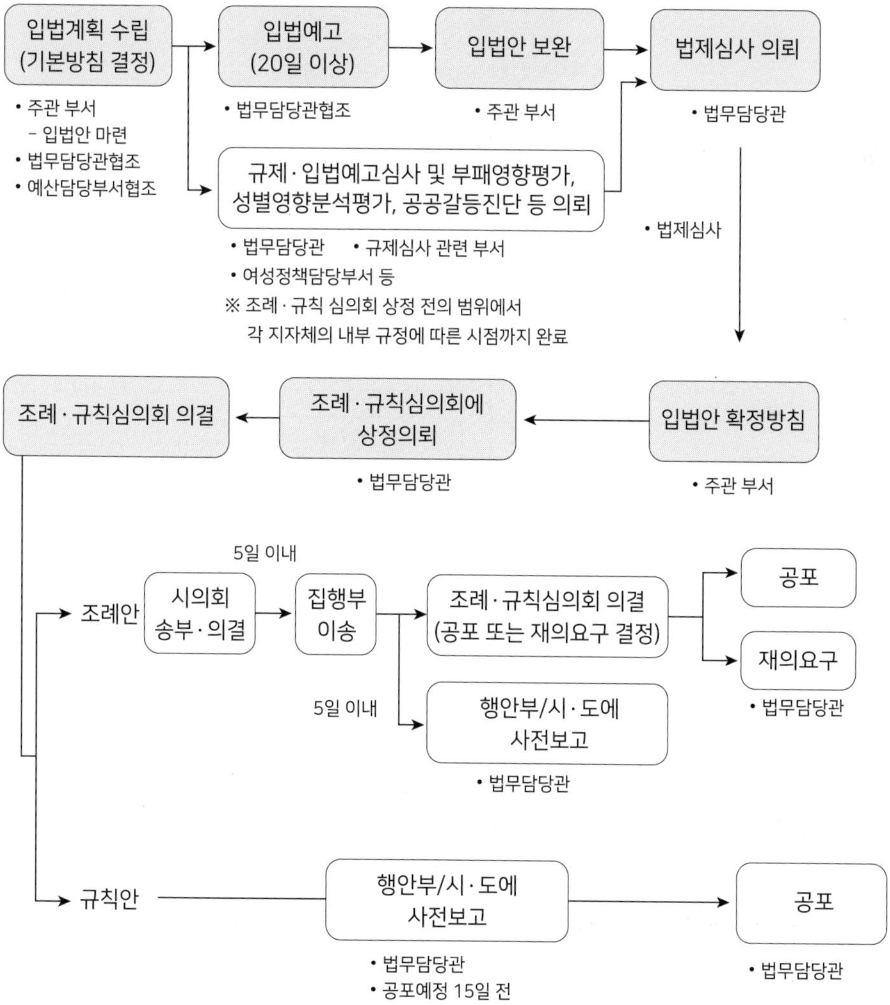

[그림 2-5] 자치법규 입법절차 I

출처: 행정안전부(2022). 2022 자치법규 업무매뉴얼. p. 12.

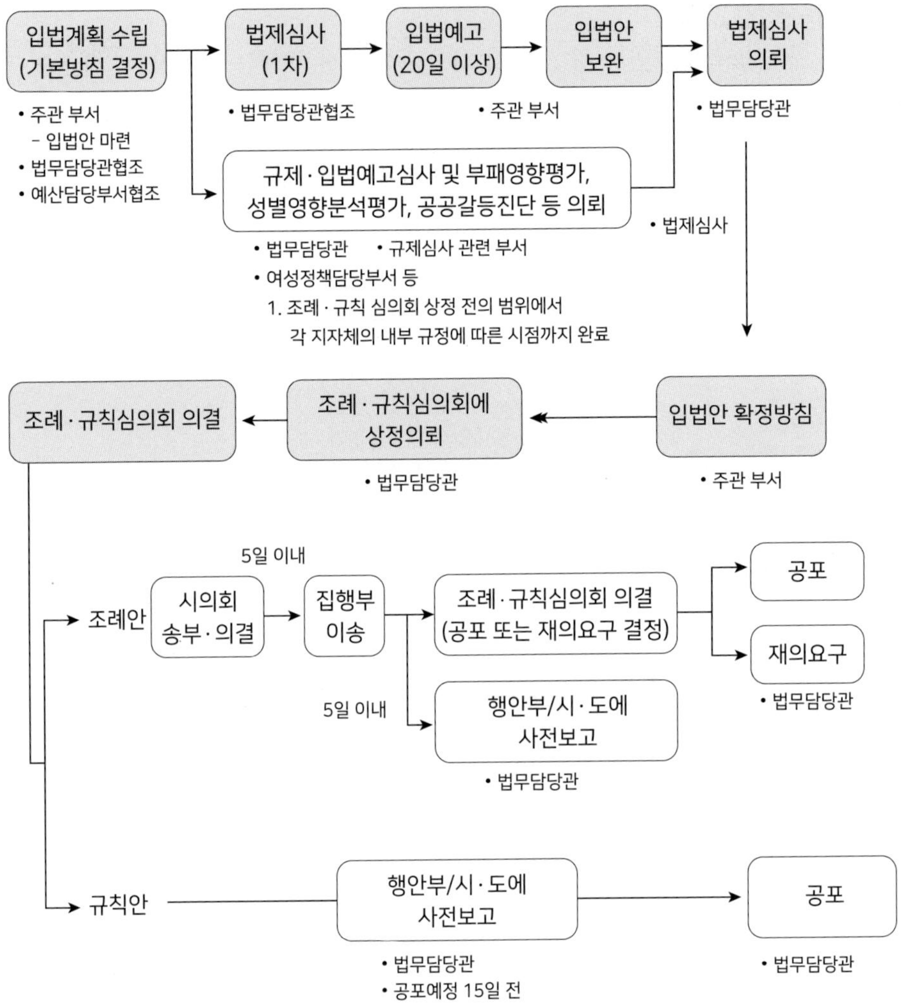

[그림 2-6] 자치법규 입법절차 II

출처: 행정안전부(2022). 2022 자치법규 업무매뉴얼. p. 13.

특히 주목해 볼 필요가 있는 부분은 기초지방자치단체의 경우, 과연 지방의회가 입법주체로서의 역량을 갖고 있다고 볼 수 있는지 여부에 대해 진지하게 생각해 볼 필요가 있을 정도로 지방의회의 역할이 지방자치단체장의 역할에 비해 작다는 점이다. 현 정부 출범 이후 분권화에 대한 논의가 다시 이루어지고 있는 만큼 분권화와 지방자치의 장기적 발전을 위해서라도 입법 관련 역량을 강화하기 위한 지방의회 스스로의 노력이 시급하다고 하겠다.

〈표 2-10〉 조례안 발의 현황(2017-2021)

구분		계	단체장 발의	의원 발의	의원 발의율(%)
합계		123,365	84,545	38,820	31.5
시·도 합계		17,262	6,548	10,714	62.1
시·군·구 합계		106,103	77,997	28,106	26.5
2021	계	28,908	17,355	11,553	40.0
	시·도	4,102	1,163	2,939	71.6
	시·군·구	24,806	16,192	8,614	34.7
2020	계	25,651	17,050	8,601	33.5
	시·도	3,762	1,443	2,319	61.6
	시·군·구	21,889	15,607	6,282	28.7
2019	계	25,253	16,401	8,852	35.1
	시·도	3,402	1,113	2,289	67.3
	시·군·구	21,851	15,288	6,563	30.0
2018	계	21,249	17,386	3,863	18.2
	시·도	2,602	1,463	1,139	43.8
	시·군·구	18,647	15,923	2,724	14.6
2017	계	22,304	16,353	5,951	26.7
	시·도	3,394	1,366	2,028	59.8
	시·군·구	18,910	14,987	3,923	20.7

출처: 행정안전부(2021). 2021 조례·규칙 현황.

조례안의 입법절차는 크게 1) 조례안의 입안 및 발의, 2) 조례안의 의회심의 의결, 3) 조례안의 공표 및 효력발생의 세 단계의 절차를 거치는데, 발의주체가 누구인지에 따라 첫 번째 단계인 조례안의 입안 및 발의 절차에 차이가 있다.[7)]

7) 행정안전부(2022). 2022 자치법규 업무매뉴얼. p. 10.

(1) 지방의회 의원발의

지방의회 의원이 조례안을 발의하는 경우는 앞서 살펴본 법률의 입법절차와 매우 유사한 절차에 따라 입법이 추진된다.

○ 조례안 입안 및 발의

- 지방의회는 재적의원 5분의 1 이상 또는 의원 10명 이상의 연서를 통해 조례안을 발의할 수 있다. 지방의회의장은 발의된 조례안을 20일 이상 입법예고 해야 한다.
- 의원이 발의하는 조례안의 경우, [그림 2-5]와 [그림 2-6]의 절차 중 입법계획 수립, 규제심사·부패영향평가·성별영향평가 등 집행부 내부 심사, 조례규칙 심의회의 심사과정을 거치지 않는다. 즉, 의원이 발의한 조례안은 바로 의회에 회부된다.

○ 의회심사 의결

- 의회에 회부된 조례안에 대해 의회 소관위원회의 심사가 이루어지고 이어서 본회의의 심의 절차가 진행된다. 입법예고를 마친 조례안에 대해서 지방의회는 재적의원 과반수 출석과 출석의원 과반수 찬성으로 의결한다.
- 조례안이 지방의회에서 의결되면 의장은 의결된 날로부터 5일 이내에 지방자치단체장에게 이를 이송해야 한다.

○ 조례안 공표 및 효력발생

- 지방자치단체장 중 시·도지사는 이송된 날로부터 역시 5일 이내에 행정안전부장관에게, 시장·군수 및 자치구의 구청장은 시·도지사에게 그 전문(全文)을 첨부하여 각각 보고해야 한다. 보고를 받은 행정안전부 장관은 이를 관계 중앙행정기관의 장에게 통보해야 한다.
- 지방자치단체의 장은 이송 받은 날부터 20일 이내에 조례안을 공포하거나 이의가 있을 시 이송된 날부터 20일 이내에 이유를 첨부하여 지방의회에 재의를 요구할 수 있다. 지방의회는 재의가 요구된 날부터 10일 이내에 조례안에 대해 재적의원 과반수 출석과 출석의원 3분의 2 이상의 찬성으로 의결을 해

야 하며 전과 같은 의결을 하면 그 조례안은 조례로서 확정된다.

- 단, 지방자치단체의 장은 의회에 의해 재의결된 조례안에 대해서 공익 저해, 상위법령 위반, 과다 예산 소요 등의 이유가 있다고 판단될 경우, 재의결된 날부터 20일 이내에 대법원에 제소(提訴)하거나 집행정지결정을 신청할 수 있다.
- 지방자치단체의 장뿐만 아니라 주무부장관도 문제가 된다고 판단되는 조례안에 대해서 지방자치단체의 장에게 제소를 지시하거나 집행정지결정 신청을 할 수 있다. 만일 지방자치단체의 장이 제소지시에 응하지 않을 경우는 위 기간이 지난날부터 7일 이내에 직접 제소할 수 있다.

〈표 2-11〉 조례안에 대한 재의요구 및 대법원 제소 건수(2011-2021)

연도	2011	2012	2013	2014	2015	2016	2017	2018	2019	2020	2021
재의요구	50	27	42	27	23	21	20	22	34	23	31
제소	9	8	9	10	1	2	2	1	0	3	3

출처: 행정안전부(2021). 2021 지방자치단체 조례·규칙 현황.

(2) 지방자치단체장 발의

지방자치단체의 장이 발의하는 경우는 지방자치단체 간 다소 차이가 있을 수는 있으나 보통 [그림2-6]의 모든 절차를 따른다. 이는 법률 입법절차에서 정부가 법률안을 발의한 경우 의원발의와 달리 더 까다로운 절차를 거치는 것과 동일하다.

지방자치단체장이 발의한 조례안은 소관부서에서 입법계획을 수립하고 관계기관과의 협의를 거친다. 그런 다음 규제심사, 부패영향평가 등의 심사를 거치고 입법예고 되어 주민의 의견을 수렴한다. 그 다음은 법제심사를 거쳐 조례규칙심의회에 상정되어 심사를 받은 후 지방의회의 심의·의결을 받는다.

(3) 주민 발의

주민의 청구에 의해 조례의 제성·개정·폐지가 이루어질 수도 있는데(「지방자치법」 제15조) 주민이 청구한 조례의 제정·개정·폐지는 지방자치단체의 장을 통해 발의된다. 주민 중 조례의 제정·개폐를 청구할 수 있는 청구권자는 19세 이상의 주민으로서 다음의 범위에서 지방·자치단체의 조례로 정하는 19세 이상의 주민 수 이상의 연서(連署)로 해당 지방자치단체의 장에게 조례를 제정하거나 개정하거나 폐지할 것을 청구할 수 있다.

- 시·도와 인구 50만 이상 대도시는 19세 이상 주민 총수의 1/100 이상 1/70 이하
- 시·군 및 자치구는 19세 이상 주민 총수의 1/50 이상 1/20 이하

지방자치단체의 장은 주민 청구를 수리한 날부터 60일 이내에 지방의회에 청구를 부의(附議)해야 한다.

주민의 조례 제정·개정·폐지청구 경우, [그림 2-6]의 절차 중 '조례·규칙심의회상정의뢰' 이전의 절차는 생략되며 '조례규칙심의회 심의·의결' 대신 '청구요건심사를 위한 심의'에서부터 입법 절차가 시작된다. 이하의 절차는 동일하다.

2) 규칙의 입법절차

규칙은 지방자치단체의 장이 제정하는 자치법규로서(「지방자치법」 제23조) 입안 및 공포절차는 지방자치단체의 장이 발의하는 조례안과 기본적으로 같다. 다만, 규칙은 지방의회의 의결을 거치지 않는다는 차이가 있다. 또한 조례의 경우는 지방의회에서 이송된 날부터 5일 이내에 사전보고가 이루어져야 하는 것과 달리 규칙은 공포예정 15일 전에 사전보고가 이루어져야 한다.

3) 국민의 입법 참여

국민의 입법 참여는 간접 민주주의의 단점을 보완하여 민주주의를 발전시키고 지방자치의 발전을 도모하는 데 있어서 더없이 중요한 요건이다. 그렇기 때문에 국민

의 입법 참여 방법을 이해하는 것은 매우 중요하다. 우리나라의 경우, 국민의 입법 참여는 주민투표와 앞서 살펴본 조례 제정·개폐청구와 같은 직접적인 방법과 입법예고, 입법촉구 등의 간접적인 방법을 통해서 이루어진다.

○ 주민투표

지방자치단체의 장은 주민에게 과도한 부담을 주거나 중대한 영향을 미치는 지방자치단체의 주요 결정사항 등에 대하여 주민투표에 부칠 수 있다(「지방자치법」 제14조).

○ 조례의 제정 및 개폐 청구

지방자치단체의 조례로 정하는 19세 이상의 주민 수 이상의 연서(連署)로 해당 지방자치단체의 장에게 조례를 제정하거나 개정하거나 폐지할 것을 청구할 수 있다(「지방자치법」 제15조).

○ 입법예고

입법예고는 법률안을 만든 후 일정 기간 국민의 의견을 수렴하는 시간을 갖게 함으로써 법률안 입안 단계에서 국민이 참여할 수 있게 하는 제도이다. 「행정절차법」은 국민의 권리와 의무 또는 일상생활과 밀접한 관련이 있는 법령 등을 제정하거나 개정 또는 폐지하고자 할 때에는 입법에 앞서 그 내용을 국민에게 예고하고, 이해관계인으로부터 의견을 제출받아 이를 반영함으로써 국민의 입법 참여기회를 부여하며, 입법의 민주화와 법령의 합리성 제고를 도모하고 있다(제41조, 제45조). 또한 「지방자치법」에서도 제66조의2를 통해 지방의회는 심사대상인 조례안에 대하여 5일 이상의 기간을 정하여 그 취지, 주요 내용, 전문을 공보나 인터넷 홈페이지 등에 게재하는 방법으로 예고할 수 있게 규정하고 있다.

○ 입법촉구

국민은 특정 사안에 있어 입법의 필요성을 제기하고 그 방향과 취지를 제시할 수 있다. 이는 행정부나 입법부에 대한 국민(일반국민, 이익집단, 전문가, 시민단체 등 포함)의 의견서 제출이나 청원으로 나타날 수 있고, 정당에 대한 압력 또는 집회, 시위의 방법으로 나타날 수도 있다.

○ 입법청문회

입법청문회는 법률안 입법심사단계에서 국민의 입법참여를 목적으로 하는 제도로서 청문위원회에서의 토론내용을 기록으로 보존하며 국민이 언제나 손쉽게 구할 수 있도록 한다.

글상자 2-3 주민투표의 예: 무상급식 지원범위에 관한 서울특별시 주민투표

무상급식을 둘러싼 진보와 보수 간의 오랜 갈등은 2010년 12월 1일 무상급식 조례안이 서울시의회를 통과하여 2011년 서울시 예산 20조 6천억 원 중 무상급식 예산 695억 원이 신설되면서 되돌릴 수 없는 국면으로 접어 들었다. 무상급식 지원범위에 관한 서울특별시 주민투표는 서울특별시의회의 무상급식 조례에 대해 반대하는 서울시민 80만 명의 청구와 그 당시 서울특별시장이었던 오세훈 시장의 주민투표 발의로 2011년 8월 24일에 실시된 주민투표이다.

무상급식은 1989년 저소득층 초등학교 결식아동에 대한 무상급식을 제공하면서 시작되었는데, 1997년 IMF 외환위기 이후 2008년 금융위기를 거치면서 빈곤아동 중 중식 지원대상이 계속해서 증가했다. 그러던 중 2008년 이명박 정부로 정권교체 이후 친환경무상급식이 화두가 되면서 '무상급식' 논의가 교육감의 주요 공약으로 떠오르게 되었으며, 2010년 3월 16일 정부와 그 당시 여당이었던 한나라당도 무상급식을 점진적으로 늘리겠다고 발표했다.

그러나 오세훈 서울시장이 당선되면서 한나라당은 무상급식 반대 기조로 돌아섰다. 당시 교육감은 진보적 성향인 곽노현이었고, 서울시의회는 야당이었던 민주당이 3분의 2를 차지했다. 2010년 서울시의회는 '무상급식조례안'을 통과시켰고, 오세훈 시장은 이를 거부하며 시의회 출석을 하지 않았다. 오세훈 시장은 1월 10일 무상급식 전면 실시 여부를 주민투표로 결정하자고 제안하였으나 의회는 거부하였다.

이에 오세훈 시장은 2011년 2월 8일 보수 성향의 160여 개 시민사회단체로 구성된 '복지포퓰리즘 추방 국민운동본부' 공동 대표 3인에게 전면 무상급식 반대 주민투표를 시행하기 위한 청구인 대표자 증명서를 교부하고 청구 대상과 취지 등을 공표하였다. 서울시가 교부 사실을 공표하면 청구인 대표자는 이날로부터 180일 동안 서울지역 주민투표 청구권자 총수의 5%인 41만 8천 명의 서명을 받아 청구해야 했다.

서울시는 2011년 6월 16일 청구인 대략 80만 명으로 무상급식 주민투표 청구서를 제출하였고, 2011년 7월 12일 무상급식 투표 서명 67% 유효(대략 55만 명)을 발표하고 8월 1일 주민투표를 발의하였으며 주민투표일을 24일로 확정했다. 주민투표는 2011년 8월 24일 오전 6시부터 오후 8시까지 실시되었으며 최종투표율은 25.7%에 그쳐 주민투표 성립조건인 33.3%를 넘기지 못했다. 무상급식 투표율이 미달할 경우 사퇴하겠다는 입장을 밝혔던 오세훈 시장은 26일 사퇴했고, 2011년 11월, 무상급식은 모든 초등학생을 대상으로 실시되기 시작했다.

출처: 미디어오늘(http://www.mediatoday.co.kr/news/articleView.html?idxno=136677). 오세훈은 왜 무상급식 전쟁에서 패배했나; 위키백과(https://ko.wikipedia.org/wiki/서울시의_무상_급식_정책_논란 등의 내용을 재구성함). 서울시의 무상 급식 정책 논란.

6. 법령의 개정·폐지 절차

법령을 개정하거나 폐지하는 방식은 법률의 입법방식과 동일하다. 왜냐하면 법령을 제정하거나 개정 또는 폐지하는 것은 입법작업의 결과가 제정, 개정, 폐지라는 차이가 있을 뿐 법률안을 새로 만든다는 것에서 있어서는 본질적으로 아무런 차이가 없기 때문이다.

1) 법령의 개정

법령을 개정하는 방식은 일부개정과 전부개정이 있다. 일부개정은 말 그대로 법령의 내용 중 일부분만을 바꾸는 것이고, 전부개정은 법령의 전체를 바꾸는 것이다. 일부개정 방식은 다시 흡수개정 방식과 증보개정 방식으로 나뉜다.

흡수개정이란 개정 대상이 되는 기존 법령과 새로운 개정 법령의 관계에서 개정 내용이 기존 법령의 내용에 흡수되는 방식이고, 증보방식은 개정 법령이 독립적으로 존재하는 것이다. 우리나라는 흡수개정 방식을 따른다.

〈표 2-12〉 법령 개정의 종류

일부개정	흡수개정: 개정 내용이 기존 법령의 내용에 흡수되는 방식
	증보개정: 개정 법령이 독립적으로 존재하는 방식
전부개정	전부개정: 기존 법령 내용의 상당 부분 또는 근본적인 부분을 바꾸거나 새로운 체제로 정비해야 할 필요가 있을 때 법령 전체를 바꾸는 방식
	폐지개정: 기존 법령을 폐지하고 신 법령을 제정하는 방식

출처: 정부입법지원센터(http://www.lawmaking.go.kr/lmKnlg/jdgStd/info?astSeq=97&astClsCd=).

법령을 개정할 때 일부개정할지 전부개정할지는 법령 부분의 분량, 중요도, 정비의 필요성 등에 따라 결정된다. 전부개정 방식은 다음과 같은 경우 선택한다.[8)]

- 기존 조문의 3분의 2 이상을 개정하는 경우. 다만, 용어나 표현을 바꾸기 위해 정리 차원에서 개정해야 할 사항이 많아진 경우에는 일부개정 방식으로 할 수 있다.
- 법령의 핵심적 부분을 근본적으로 개정함과 아울러 상당한 부분에 걸쳐 이와 관련된 사항을 정비할 필요가 있는 경우
- 제정된 후 장기간이 지나 법문에 나타난 용어와 규제의 태도가 전체적으로 보아 현실과 맞지 않고, 여러 차례 개정을 거듭한 결과 삭제된 조항과 가지번호가 붙은 장·절·조·호가 많아 새로운 체제로 정비할 필요가 있는 경우

법령을 전면적으로 개편해야 할 경우 전부개정 또는 폐지·제정 방식을 통해 법령을 개편한다. 전부개정 방식은 해당 법령의 전부를 개정하는 것이고, 폐지·제정 방식은 기존 법령을 대체하는 새 법령을 제정하면서 해당 법령의 부칙에서 기존 법령을 폐지하는 방식이다.

일반적으로 기존 법령과 신 법령 간의 제도상 동질성을 강조할 필요가 있을 때에는 전부개정 방식을 취하고, 제도 그 자체가 신구 양 법령 간에 전면적으로나 본질적으로

8) 정부입법지원센터(http://www.lawmaking.go.kr/lmKnlg/jdgStd/info?astSeq=97&astClsCd=).

변경될 때에는 폐지·제정 방식을 취한다. 법령을 전부개정하거나 폐지·제정할 때 특별한 규정이 없으면 원칙적으로 종전의 부칙 규정은 모두 실효되는 것으로 본다.

글상자 2-4 폐지·제정 방식의 법령 개편 예

1995년 12월 30일 제정된 「사회보장기본법」(법률 제5134호)은 사회보장에 관한 국민의 권리와 국가 및 지방자치단체의 책임을 정하고 사회보장제도에 관한 기본적인 사항을 규정하기 위해 제정된 법으로서 4장 35조와 부칙으로 구성되어 있다. 이 법은 기존의 「사회보장에 관한 법률」을 대체하기 위해 만들어진 법으로서 「사회보장기본법」의 부칙에는 이 법이 제정됨에 따라 기존 법률이 폐지된다는 내용이 다음과 같이 명시되어 있다.

> ㅁ 부 칙
> ①(시행일) 이 법은 공포후 6개월이 경과한 날부터 시행한다.
> ②(폐지법률) 「사회보장에 관한 법률」은 이를 폐지한다.

7. 위임입법

1) 위임입법의 필요성 및 장단점

의회 이외 행정기관에 입법권한을 위임하여 법을 정립하게 하는 위임입법의 필요성은 사회가 점점 더 빠르게 변하고 분화되면서 전문적·기술적 사항이 증가하고, 경제·사회 상황의 변화에 따라 신속한 대처가 필요한 입법 분야가 증가함에 따라 커져왔다. 위임입법은 더 높은 전문성을 가진 주체로 하여금 더 신속하게 변화하는 사회가 필요로 하는 법률을 정립하게 할 수 있다는 분명한 장점을 가지고 있다.

그러나 「헌법」은 의회입법의 원칙을 규정하고 있기 때문에 입법권의 전부 또는 일부를 포괄적으로 위임하는 것은 국회가 입법부로서 그 본질적 기능을 스스로 포기하는 것이므로 허용되지 않는다. 따라서 위임입법을 하려면 구체적으로 범위를 정하여 포괄적·일반적 위임이 되지 않도록 해야 한다. 과도한 위임입법은 자칫 입법부와 행정부의 분립이 모호해지는 결과를 초래할 수도 있고, 행정부의 입법부 기능의 일부를 수행함에 따라 행정부의 실질적인 권한이 비대해지는 결과를 초래할 수도 있기 때문이다.

법률의 경우, 위임입법의 부작용은 적어도 외형적으로는 아직 우려할 만한 수준은 아닌 것으로 보인다. 예를 들면, 제20대 국회의 경우, 총 발의 법률안 중 약 95%가 국회와 국회 위원회를 통해 발의된 법률안이어서 정부입법은 그 수준이 매우 낮은 것으로 나타나고 있다.

〈표 2-13〉 14~21대 국회 발의주체별 발의 법률안 수, 가결 법률안 수 및 가결률

	의원발의 법률안			정부발의 법률안			A/(A+B)
	발의(A)	가결*	가결/발의	발의(B)	가결*	가결/발의	
제14대국회 (1992~1996)	321	167	52.0%	581	561	96.5%	35.6%
제15대국회 (1996~2000)	1,144	687	60.0%	807	737	91.3%	58.6%
제16대국회 (2000~2004)	1,912	1,028	53.7%	595	551	92.6%	76.3%
제17대국회 (2004~2008)	6,387	2,886	45.1%	1,102	880	79.8%	80.4%
제18대국회 (2008~2012)	12,220	4,890	40.0%	1,693	1,288	76.0%	87.8%
제19대국회 (2012~2016)	16,729	6,628	39.6%	1,093	803	73.4%	93.8%
제20대국회 (2016~2020)	23,047	8,061	35.0%	1,094	738	67.5%	95.5%
제21대국회 (2020~2024)	14,104	3,859	27.4	479	239	50.0%	96.7%

* 대안반영 법률안이 포함된 수치이다. 대안반영 법률안이란 위원회의 법률안 심사결과 그 법률안의 내용을 일부 또는 전부 반영한 위원회 대안을 제안하는 대신, 본회의에 부의하지 않기로 한 법률안으로서 실질적으로는 가결 법률안과 차이가 없다.

출처: 국회의안정보시스템(http://likms.assembly.go.kr/bill/main.do).

그러나 〈표 2-13〉의 통계만으로 위임입법에 따른 부작용의 수준을 가늠하는 것은 사실 무리이다. 왜냐하면 정부발의 방식으로 추진해야 할 사항이지만 행정부처 간에 조정이 어렵거나 긴급히 법안을 처리해야 하는 등의 경우, 정부입법에 적용되는 까다로운 절차를 피하고 입법에 소요되는 시간을 줄이기 위해 의원발의 형식을 빌려 법률안을 발의하는 경우가 있기 때문이다. 즉, 위의 〈표 2-13〉에 제시된 의원발의 법안 중에는 실제로는 정부가 입안했지만 의원발의 형식을 빌려 여러 가지 까다로운 절차를 우회한 경우(물론 그 비율은 알 길이 없지만)가 포함되어 있을 수 있다는 것이다.[9]

또한 의원발의와 정부발의의 가결률을 비교해 보면 의원발의 법안 중 일부(물론 그런 경우는 없거나 있어도 극히 드물겠지만)는 법률 제정·개정이 실제 목적이기보다 의정활동 실적을 의식한 법안일 수 있는 가능성도 완전히 배제하기에는 의원발의 법안의 가결률이 상대적이기는 하지만 너무 낮게 나타나고 있다.

아울러 또 한 가지 간과하지 말아야 할 것은 법률 못지않거나 더 중요할 수 있는 시행령과 시행규칙은 모두 행정기관에 의해 행정입법이 된다는 사실이다. 어쩌면 입법부와 행정부의 실질적 권한을 비교하기에 더 타당한 기준은 발의 법률안의 수보다 정책 과정에 누가 더 많은 영향력을 행사할 수 있는지 여부일 수 있다.[10]

법률은, 설령 입법부를 구성하고 있는 국회의원들의 전문성과 기술적 역량이 행정부에 비해 떨어지고, 그들의 사고방식이 사회변화의 속도를 따라잡지 못하며, 그들 개개인의 이익이 공익보다 우선시될지라도, 국민의 대표기관인 의회가 정립하는 것이 마땅하다. 왜냐하면 민주국가의 주권은 국민에게 있고, 스스로의 미래를 결정할 책임도 국민에게 있으며, 더 나은 국민의 대표를 뽑아야 하는 사회적 책임도 결국 국민에게 있기 때문이다.

그렇기 때문에 필요하다면 누군가는 입법부에 사회보장과 관련된 전문성을 제공

9) 〈표 2-13〉에 따르면, 제15대 국회부터 그 이전과 달리 의원입법이 정부입법을 앞지르는 현상이 나타나기 시작하는 것을 알 수 있다. 어쩌면 이러한 역전 현상이 의원발의 형식을 빌린 우회 현상이 제15대 국회부터 심해지기 시작했음을 말해 주는 것일는지도 모른다.

10) "The devil is in the details(악마는 세부사항 속에 숨어 있다)."라는 말이 괜히 사람들 사이에서 이야기되는 말은 아니기 때문이다.

하여 입법에 참여하고 때로는 입법주체로서 사회보장과 관련된 법을 제정·개정·폐지하는 역할을 담당함으로써 우리나라의 사회보장제도를 더 나은 방향으로 발전시켜야 한다. 그러한 역할은 거시사회복지실천가의 역할 중 하나임에 틀림이 없다. 그리고 이 또한 우리가 법과 입법과정을 이해해야 하는 이유 중 하나이다.

2) 위임 시 고려사항

법률에 근거하여 어떤 정책을 시행하고자 할 때 정책 시행을 위해 입법 조치가 필요한 경우, 어떤 사항을 법률에서 직접 규정하고 어떤 사항을 명령에 위임할 것이며, 명령으로 위임하는 경우에도 대통령령과 총리령·부령 중 어느 것에 어떻게 위임할 것인지 등을 판단해야 한다.[11]

〈표 2-14〉 법령별 소관사항 예시

법령	소관사항 예시
법률	• 헌법에서 법률로 정하도록 한 사항 • 국민의 권리의무에 관한 사항
대통령령	• 법률에서 위임한 사항 • 법률을 집행하는 데 필요한 사항 • 각 부처에 공통되는 사항 • 행정기관의 조직에 관한 사항 • 권한의 위임·위탁에 관한 사항 • 국정의 통일적 추진집행을 위한 기본방침에 관한 사항
총리령·부령	• 법률·대통령령에서 위임한 사항 • 법률·대통령령을 집행하는 데 필요한 사항 • 복제·서식 등에 관한 사항 • 각 부처가 단독으로 업무를 수행할 수 있는 사항 • 절차적·기술적 사항
자치법규*	• 상위법령에서 위임한 사항 • 각 지방자치단체가 법령을 집행하는 데 필요한 사항

* 자치법규 예시는 저자가 작성함.

** 출처: 법제처(https://www.moleg.go.kr/menu.es?mid=a10105030000). 법령입안심사기준.

11) 박영도(2011). 국민 참여와 사회적 협의에 의한 법령입안 및 정비방안. 한국법제연구원.

일반적으로는 하위법령으로 규정하는 사항 중에서 상대적으로 더 중요한 사항은 대통령령으로 정하고, 총리령·부령은 덜 중요한 사항을 정한다. 예를 들면, 국민의 권리·의무와 관련된 실체적인 사항 중 위임사항을 정하거나 각 부처 공통 사항 또는 여러 부처와 관련되는 사항은 대통령령으로 규정하는 것이 바람직한 반면, 행정처분의 기준이나 서식과 같은 단순한 절차에 관한 사항, 기술적 사항 또는 각 부처가 단독으로 업무를 수행할 수 있는 사항 등은 총리령·부령으로 정하는 것이 바람직하다.[12)]

8. 입법과정 예시

1) 국회와 정부

(1) 사회적기업육성법 제정(의원발의)[13)]

○ 제정 이유

최근 우리나라는 과거의 고성장 추세가 둔화되고, 산업구조의 변화로 우리 경제의 고용창출능력이 저하되면서 새로운 일자리 창출이 시급한 시대적 과제로 대두되고 있음.

또한, 급속한 고령화, 가족구조의 변화, 여성의 경제활동 참여 증가, 양극화의 심화로 간병·가사 지원, 보육, 복지 등 사회서비스에 대한 국민들의 수요가 급속히 증가하고 있으나 충분한 공급이 이루어지지 못하고 있으며, 특히 빈곤층 등 취약계층의 경우 취업과 사회서비스의 혜택으로부터 소외되어 사회통합에 장애요인이 되고 있음.

따라서 최근의 경제·사회 변화에 대응하여 우리 사회에 부족한 사회서비스의

---

12) 물론 몇 개 부처에만 관련된 사항인 경우 관련 부처가 공동으로 발령하는 이른바 공동부령의 형식으로 규정하는 방법도 있다. 이 부분은 박영도(2011). 국민 참여와 사회적 협의에 의한 법령입안 및 정비방안. 한국법제연구원을 참고하기 바란다

13) 대한민국국회. 의안정보시스템. 의안현황. 제262회 국회(정기회) 국회본회의회의록(https://likms.assembly.go.kr/bill/billDetail.do?billId=038487).

공급을 확대함과 동시에 새로운 일자리도 창출하는 것은 더불어 잘 사는 사회 실현을 통해 지속적인 경제성장을 뒷받침하고 미래 사회에 대비하는 국가적 전략과제라 할 것임.

사회적기업의 육성을 통해 우리 사회의 보다 다양한 분야에서 필요한 서비스를 제공하게 함으로써 취업취약계층에 대한 소비성 지원 정책에서 벗어나 지속가능한 일자리를 창출하고 복지수준 향상의 계기를 마련하는 것이 절실히 필요한 때임.

이에 새로운 일자리를 창출하여 생산활동을 통해 수익을 올리면서, 저소득층에 대한 사회서비스 제공 등 사회적 목적을 추구하는 사회적기업이 우리 사회에서 의미 있는 대안 자리매김할 수 있도록 제도적 지원체계를 구축하기 위해 이 법을 제정하고자 함.

○ 제정안 발의자: 새누리당 진영 의원 등 34명

○ 제정과정

1. 2005. 12. 9. 진영 의원 등 34명이 「사회적기업의 설립 및 육성에 관한 법률안」 공동발의
2. 2006. 3. 23. 우원식 의원 등 17명 「사회적기업 지원법안」 공동발의
3. 제262회 정기국회 제4차 법안심사소위원회에서 2번의 두 법안을 심사한 결과, 위 2건의 법률안은 각각 본회의에 부의하지 아니하기로 하고, 각 법률안의 내용을 통합·보완하여 「사회적기업 육성법안」(대안)을 위원회안으로 제안하기로 함
4. 제262회 국회(정기회) 제13차 환경노동위원회는 법안심사소위원회장으로부터 심사보고를 받고 법안심사소위원회의 심사결과를 받아들여 「사회적기업 육성법안」(대안)을 위원회안으로 제안하기로 함
5. 법사위 체계자구심사 회부: 2006. 11. 27., 수정가결: 2006. 12. 6.
6. 제262회 제18차 국회본회의 상정, 원안가결: 2006. 12. 8.
7. 정부이송: 2006. 12. 21.
8. 공포: 2007. 1. 3.
9. 시행: 2007. 7. 1.

(2) 국민기초생활보장법 개정(의원발의)[14)]

○ 개정 이유

2000년 10월 종합적인 빈곤대책으로 국민기초생활 보장법이 시행된 이후, 생활이 어려운 사람에게 최저생계를 보장함으로써 빈곤을 완화하고 자립을 지원해 왔으나, 소득인정액이 최저생계비 이하인 경우에는 각종 급여가 지급되는 반면, 탈수급의 경우 지원이 전무한 상황이 발생하는 등 현행 제도의 한계로 인하여 다양한 복지욕구에 대응하지 못해 사각지대가 발생하고 탈수급을 저해하는 문제가 발생하고 있어, 기초생활보장제도를 효과적이고 효율적인 맞춤형 빈곤정책으로 전환하여 지원대상을 확대하고 일할수록 유리한 급여체계를 마련함으로써 탈수급 유인을 촉진하고 빈곤예방기능을 강화하는 한편, 현행 제도의 운영상 나타난 미비점을 전반적으로 개선·보완하려는 것임.

○ 개정안 발의자: 유재중 의원 등 10명(2013. 5. 24.)

○ 개정과정

1. 유재중 의원이 총 10명의 위원을 대표하여「국민기초생활보장법 일부개정법률안」을 대표발의: 2013. 5. 24.
2. 보건복지위원회 소관위원회: 회부 2013. 5. 27., 상정 2013. 6. 17., 처리 2014. 12. 4. 대안반영폐기

(3) 기초연금법 제정(정부발의)[15)]

○ 제정 이유

국가재정의 지속가능성을 확보하면서 노인세대를 위한 안정적인 공적연금제도를 마련하여 65세 이상의 노인 중 소득기반이 취약한 70퍼센트의 노인에게 기초연금을 지급함으로써 노인 빈곤 문제를 해소하고 노인의 생활안정과 복지 증

14) 대한민국국회. 의안정보시스템(https://likms.assembly.go.kr/bill/billDetail.do?billId=PRC_X1A3I0O5W2W4F1P7B2C7T4Q1I9A7S1). 의안현황. 제262회 국회(정기회) 국회본회의회의록.

15) 대한민국국회. 의안정보시스템(https://likms.assembly.go.kr/bill/billDetail.do?billId=ARC_A1N3O1P1L2D5P0D9H4A4R3O6L2A9J5). 의안현황. 제262회 국회(정기회) 국회본회의회의록.

진에 기여하려는 것임.

○ 제정안 발의자: 정부(보건복지부)

○ 의안 발의 과정

1. 2013. 3. 20. 노사, 지역, 세대 등 각 계층별 대표성을 지닌 기관의 추천을 의뢰하여 위원 선정+(보건복지부, 기획재정부) 차관급 정부위원, 경제·사회복지 연금전문가 자문위원 본회의 7회, 자문위원·실무자회의 6회
2. 2013. 7. 17. 국민 행복연금위원회의 합의문 발표: 정부는 이를 기초연금 개정안 주요내용 비교·검토 및 분석

○ 제정과정

1. 발의: 정부(보건복지부) 2013. 11. 25 제안
2. 입법예고 2013. 10. 2.~10. 22.
3. 영향평가: 2013. 10. 4.~10. 22. 〈부패영향평가〉(국민권익위원회) 입법예고 내용에 대한 평가—부패유발요인 없음 판정—원안가결
4. 〈통계기반 정책평가〉(통계청) 2013. 10. 7.~10. 11. 실질, 예비 "통계지표활용 권고"
5. 〈규제심사〉 2013. 11. 4. 규제개혁 법무담당관의 자체 규제심사 통과 → 규제개혁위원회 심의결과: "비(非)중요"(확인증 수령 후 법제처 제출)

   ** 신규규제 내용: 공무원 등 기초연금지급제외/연금의 신청 시 자료제공 요구에 대한 내용에 인적사항 추가/지급정지 해외체류 180일 이상의 경우 기초연금 지급 → 60일 이상

   ** 비중요: 해당 규제심사 내용에 대해 온라인 투표로 위원 과반수 이상 의결
6. 심사의뢰(법제처): 2013. 11. 4. 심사의뢰 요청

   ** 제정 내용과 영향평가, 규제심사 확인증 첨부
7. 법제처 심사(법제처 합동심사회): 법령안 접수: 2013. 11. 5. 법제처 법인접수 법령안 심사: 2013. 11. 12. 심사완료

   ** 합동심사회: 기획조정관, 각 국장, 법제관과 처장 또는 차장이 지명하는 사람으로 구성-토론 진행(제정, 전부개정하는 법률안 등 상정)

8. 차관, 국무회의 심의 의결: 차관회의: 2013. 11. 15. 44회 차관회의 원안 의결

국무회의: 2013. 11. 19. 49회 국무회의 원안 의결

9. 국회제출: 2013. 11. 22. 국회 제출

10. 국회심의의결: 소관위원회 심의(보건복지위원회)

회의명	회의 결과
2013. 11. 26. 위원회 회부	
2014. 2. 13. 제322회 국회(임시회) 제1차 전체회의	상정/제안설명/검토보고/대체토론/소위회부
2014. 3. 6. 제322회 국회(임시회) 제5차 법안심사소위	상정
2014. 3. 11. 제322회 국회(임시회) 제6차 법안심사소위	상정
2014. 5. 2. 제324회 국회(임시회) 제1차 법안심사소위	상정

** 법안심사소위 전문위원 심태규 체계자구심사: 특이 문제점 없음 → 원안가결

2014. 5. 2. 제324회 국회(임시회) 제2차 전체회의(본회의) 상정/소위심사보고/축조 심사/찬반토론/의결(수정가결)

** 제정 법률안에 대한 공청회가 있어야 하지만, 위원회 의결로 생략 가능 → 축조심사 전병헌 의원 외 32명의 수정안(유재중 법안심사위원장 수정동의) → 양승조 위원의 의결 반대 → 찬성 11인, 반대 3인으로 의결

11. 본회의 심의

회의명	회의결과
2014. 5. 2. 제2차	수정 가결

**법안심사소위원회와 본회의가 같은 날 열림

12. 정부이송: 2014. 5. 9.

13. 공포: 2014. 5. 20.

폐지: 기초노령연금법

2) 지방자치단체

(1) 서울특별시 인권기본조례 일부개정조례안(의원발의)[16)]

○ 개정 이유

서울시는 2013년 1월 시민의 인권보호 및 증진을 위하여 시민인권보호관 제도를 운영해 오고 있으나, 시민인권보호관은 인권침해와 관련한 상담 신청 등이 접수되었거나 시장 또는 서울시 인권위원회가 의뢰한 경우에만 조사할 수 있도록 제한하고 있어 시민인권보호관이 인지한 인권침해사안에 대하여도 조사하여 서울시가 적극적으로 시민의 인권보호 및 증진에 기여할 수 있도록 하려는 것임.

○ 개정안 발의자: 새누리당 김현기 의원 등 14명 공동발의

○ 소관위원회: 행정자치위원회(서울특별시의회 기본조례 제33조 2항)

○ 개정과정

1. 개정안 공동발의: 김현기 의원 등 14명 공동발의, 2015. 7. 7.
2. 소관위원회 회부: 2015. 7. 8., 행정자치위원회
   * 입법예고(2015. 7. 10. ~ 7. 17.) 결과: 의견 없음
3. 소관위원회 상정 및 심사: 2015. 9. 8., 처리결과 원안가결
4. 국회 본회의 심사보고: 2015. 9. 18.
5. 본회의 상정: 2015. 9. 18.
6. 개정안 의결: 2015. 9. 18., 처리결과 개정안가결
7. 공포번호 및 공포일 미선정

---

16) 서울특별시의회사무처. 서울시의회회의록. 제261회 서울특별시의회(정례회)보건복지위원회회의록. 서울특별시의회사무처. 서울시의회회의록. 제261회 서울특별시의회(정례회) 본회의회의록(http://ms.smc.seoul.kr/CLRecords).

(2) 대전광역시 성평등 기본조례 일부 개정 조례안(지방자치단체장발의)[17)]

○ 개정 이유

「양성평등기본법」의 입법 취지에 맞게 명칭을 변경, 성소수자 관련 조항을 삭제

'성평등' 용어를 '양성평등'으로 용어 정비, 성소수자 보호 및 지원 조항 삭제

○ 소관위원회: 보건환경위원회

○ 개정과정

1. 사전승인, 협의 관계부서 협의: 해당 없음
2. 입법예고: 2015. 8. 12.~2015. 9. 1.
3. 규제심사: 해당 없음
4. 법무담당관 심사: 기획조정실

   ** 수석 전문위원 김명희: 특이사항 없음 - 원안가결
5. 조례규칙심의회 심의: 2015. 9. 4. 서면심의
6. 조례안 의회 제출, 소관위원회 회부: 2015. 9. 10.

   ** 제안설명: 보건복지여성국장 신상열
7. 위원회 상정, 의결: 2015. 9. 16.
8. 본회의 심의, 의결: 2015. 9. 18. 원안가결

   • 위원장 안필응

   의석을 정돈하여 주시기 바랍니다.

   성원이 되었으므로 회의를 속개하겠습니다.

   계속해서 대전광역시 성평등기본조례 일부개정조례안 심사를 이어가겠습니다.

   더 질의하실 위원님 안 계십니까?

   (「없습니다.」 하는 위원 있음)

   더 질의하실 위원님이 안 계시므로 질의 토론을 종결코자 하는데 이의 없으십니까?

   (「없습니다.」 하는 위원 있음)

   이의가 없으므로 질의 토론 종결을 선포합니다.

---

17) 대전광역시의회사무처. 대전광역시의회회의록. 제221회 대전광역시의회(임시회) 대전광역시의회본회의회의록(http://council.daejeon.go.kr?CLRecords).

위원님들과 본 회의장에서 심도 있는 논의와 간담회에서 협의한 결과를 가지고 회의를 진행하겠습니다.

그러면 의사일정 제1항 대전광역시 성평등기본조례 일부개정조례안에 대하여 시장이 제출한 원안대로 의결코자 하는데 이의 없으십니까?

(「없습니다.」 하는 위원 있음)

이의가 없으므로 의사일정 제1항 대전광역시 성평등기본조례 일부개정조안은 시장이 제출한 원안대로 가결되었음을 선포합니다.

9. 집행기관 이송: 2015. 9. 18.

제3장

사회보장 관련법

1. 법의 개념
2. 법의 구성
3. 법원
4. 법의 구분
5. 실정법 구분
6. 기타 분류
7. 사회보장 관련법

제3장

사회보장 관련법

이 장에서는 먼저 제2장에 이어서 법을 이해하는 데 필요한 기본적인 지식을 좀 더 소개하기로 하겠다. 그런 다음 뒷부분에서는 사회보장에 관한 현행법 중 몇 가지 중요한 법을 골라 법의 구체적인 내용을 이해해 보기로 하겠다. 주로 국가법령정보센터, 정부입법지원센터, 법제처 등의 웹사이트를 통해서 얻을 수 있는 내용들을 살펴본다. 여기서 다루는 내용에 대해서 더 자세한 정보·자료를 얻고자 한다면 각 출처들을 활용하기 바란다.

1. 법의 개념

법이란 무엇인가? 법은 사회생활을 하는 인간으로 하여금 사회질서를 유지하기 위해 따르도록 하는 행위 준칙으로서 국가에 의해 강제되는 사회규범이라고 그 개념을 정의할 수 있다. 이 세상에 인간이 난 한 명밖에 살고 있지 않다면 법은 필요하지 않을 것이다. 그런데 이 세상에는 많은 인간이 존재한다. 그리고 인간은 다른 인간과 관계를 형성하면서 살아가는 사회생활을 한다. 반드시 그런 것은 아니지만 인간 간 관계는 갈등을 낳는다. 그리고 갈등이 심해지면 사회는 무질서해지고 불안해진다. 무질서와 불안감이 얼마나 인간을 인간답지 못하게 만드는지를 경험을 통해 깨닫게 된 인간은 우리의 행위를 규율하는 규범을 스스로 만들었다. 즉, 어떤 일은 해야 하고, 어떤 일은 해서는 아니되고, 어떤 일은 어떻게 해야 한다는 등의 것을 그 내용으로 하는, 행위의 기준을 정하는 규범을 만든 것이다. 법은 인간이 만들어 낸 그러한 규범 중 하나이다.

법 이외에 전통, 관습, 종교 등도 인간의 역사 속에서 그런 규범으로서 기능해 왔다. 사실 그런 규범들이 법보다 훨씬 오래전부터 인간의 행위를 규율해 왔다. 그렇다면 법은 그런 사회규범들과 어떤 차이가 있는가? 법은 다른 사회규범과 달리 국가권력에 의해 인정되고 강제되는 규범이다.[1] 국가권력은 법을 '모든 사람이 따라야 할 사회규범'으로 인정한다. 종교나 전통이나 관습 등을 규범으로 인정할지 여부는 개인이 결정할 문제이기 때문에 그러한 사회규범은 그것을 인정하는 사람들 사이에서만 효력을 갖는다.

법은 그러하지 아니하다. 법은 모든 사람이 개인의 의사와 상관없이 따라야 할 규범이라고 국가권력이 결정, 즉 인정한 것이다. 그렇기 때문에 누군가가 법이라는 사회규범을 위반하면 법은 그 사람에 대해서 권력적·물리적 강제력을 발동함으로써 스스로의 목적을 실현한다. 법과 다른 사회규범 간에는 바로 이러한 본질적 차이가 존재한다.

일반적으로 법은 무엇을 '하여야 한다' 또는 '해서는 아니된다' 등의, 인간 행위에 관한 명령 또는 금지를 그 내용으로 한다. 이러한 의미에서 법규범을 행위규범이라고 한다. 동시에 법은 명령에 불복하거나 금지에 위반하는 자에 대해서 강제력을 발휘하므로 강제규범 혹은 제재규범이다. 동시에 법은 조직규범이다. 법은 그 자체가 살아 행위 하는 것이 아니므로 누군가에 의해 만들어지고, 적용되고, 집행되어야 한다. 당연히 그러한 역할을 담당하는 기관은 아무렇게나 조직되어서는 아니되며, 그

---

1) 사실 그런 성질을 가진 법이 어느 날 갑자기 우리 인간에게 나타난 것이 아니라 인간이 그런 성질을 가진 규범을 만들고 그것을 법이라고 부른 것이다.

러한 조직이 어떤 권한과 책임을 가질지 역시 함부로 정해져서는 아니된다. 왜냐하면 법은 모든 사람에게 적용되어야 하는 사회규범이기 때문이다. 그렇기 때문에 법을 제정하고, 적용하고 집행하는 기관의 조직·권한·책임 등은 반드시 법에 의해 규율해야 한다. 법은 또한 행위의 옳고 그름을 판단하는 규범이다. 따라서 법은 행위규범이고, 강제규범이고, 조직규범임과 동시에 재판규범이다.

2. 법의 구성[2)]

일반적으로 법은 그 형식이 전문, 본칙, 부칙의 세 부분으로 구성된다.

1) 전문

전문(前文)은 법의 맨 앞부분에 위치한 글이다. 책에 서문이 있는 것처럼, 법에도 서문이 있다. 전문이 바로 그 서문에 해당하는 글이다. 전문에는 법의 제정유래, 취지, 기본목적, 기본원칙 등이 서술된다. 「대한민국헌법」(이하 「헌법」)에는 서문이 있으나 대개 법률, 명령, 규칙 등에는 전문이 없다. 일반적으로 법률, 명령, 규칙 등에서는 이런 내용을 주로 본칙의 맨 첫 부분에서 서술한다.

2) 본칙

본칙은 법의 실질적 내용을 규정한 부분이다. 본칙에 해당하는 법의 내용은 일반적으로 다음과 같은 조문체계에 따라 구분한다.

---

2) 이 부분은 정부입법지원센터(https://www.lawmaking.go.kr/lmKnlg/loPlanGud) 입법지식의 내용을 주로 참고한 것임을 밝힌다.

〈표 3-1〉 법의 조문체계

편(編)	장(章)	절(節)	관(款)
공통된 내용의 장을 묶어 편성한 단위	가장 기본적인 구분 단위 조·항·호·목으로 세분	장의 내용을 세분한 단위	절의 내용을 세분한 단위

(1) 장

본칙에 해당하는 법 내용(법조문)을 구분하는 가장 기본적인 단위는 장이다. 각 장은 제목이 있어야 한다. 일반적으로 제1장을 총칙이라고 한다. 총칙은 해당 법 전반에 공통적으로 적용되는 사항을 규정한 것으로서 그 법 전체의 원칙적·기본적·총괄적인 사항을 내용으로 한다. 각 장마다 공통되는 사항을 묶어 규정할 필요가 있는 경우, 각 장에 통칙을 둔다.

- **총칙**: 당해 법 전반에 걸쳐 공통적으로 적용되는 규정을 모은 부분
- **통칙**: 해당 장절에만 공통적으로 적용되는 규정을 모은 부분

일반적으로 장의 내용은 맨 먼저 총칙 규정을 두고, 그 다음에 실체 규정, 보칙 규정, 벌칙 규정을 둔다. 법조문이 장으로 구분되어 있지 않으면 총칙에 해당하는 부분이 어디에서 어디까지인지 명확하지 않을 수 있다. 그런 경우, 일반적으로는 목적 규정, 정의 규정, 기본이념 등의 규정과 그 밖에 그 법령을 해석하고 적용할 때 공통적인 사항을 규정하는 조항을 총칙 규정으로 본다.

(2) 편, 절, 관

편은 장의 내용이 많은 경우 만드는 상위 단위이다. 공통된 내용을 가진 몇 개의 장을 묶어서 편을 구성한다. 절은 장을 세분한 단위이고, 관은 절을 세분한 단위이다. 편, 절, 관은 모두 장과 마찬가지로 제목이 필요하다.[3)]

3) 편, 절, 관 등의 쓰임을 보려면 「민법」, 「정부조직법」 등을 찾아보기 바란다.

(3) 조, 항, 호, 목

장 단위 내의 법조문은 조, 항, 호, 목으로 구분한다.

○ 조, 항, 호, 목

- 조로서 장의 규정을 세분한다. 조는 1, 2, 3 등으로 표기한다. 일반적으로 제1조에는 목적 규정을, 제2조에는 기본이념 규정을, 제3조에는 용어의 의미를 정의하는 정의 규정을 둔다.
- 항은 조의 내용을 세분한다. 항은 원기호로 표기하는데, 일반적으로 원기호 옆에 항이라 표기하지 않는다.
- 호는 조·항 모두의 하위단위다. 호는 1, 2, 3으로 표기하며 일반적으로 숫자 옆에 호라고 표기하지 않는다. 호는 구체적인 경우를 구분하기 위해 사용한다.
- 목은 호를 세분하는 단위로서 일반적으로 구체적인 경우를 열거 또는 예시하기 위해 사용한다. 가, 나, 다 등으로 표기하며, 일반적으로 가, 나, 다 옆에 목이라고 표기하지 않는다.

〈표 3-2〉 법조문 구분 단위 및 표기 방식

구분 단위	표기 방식	표기 예	영문 구분 단위*	영문 표기 방식
편(編)	1, 2, …	제1편	Part	I, II, …
장(章)	1, 2, …	제1장	Chapter	I, II, …
절(節)	1, 2, …	제1절	Section	1, 2, …
관(款)	1, 2, …	제1관	Sub-Section	1, 2, …
조(條)	1조, 2조, …	제1조	Article	1, 2, …
항(項)	①, ②, …	제1조(제)1항	Paragraph	(1), (2), …
호(號)	1, 2, …	제1조(제)1항(제)1호	Sub-Paragraph	1, 2, …
목(目)	가, 나, …	제1조(제)1항(제)1호가목	Item	(a), (b), …(aa) …

* 우리나라 법령을 영문으로 표기할 때 사용하는 용어와 표기방식임

출처: 정부입법지원센터(https://www.lawmaking.go.kr/lmKnlg/jdgStd/info?astSeq=96&astClsCd=); 한국법제연구원(https://elaw.klri.re.kr/kor_service/lawsystem.do); 국가법령정보센터. http://www.law.go.kr/).

○ 가지번호

- 가지번호는[4] 법조문을 구분하는 방식이 아니라 법을 개정하는 방식이지만 사실상 법조문 구분 방식과 동일한 기능을 한다. 일반적으로 가지번호는 조나 호에 붙인다. 예를 들면, '제3조의2' '제5호의2'와 같이 표기하는데, 조에 붙은 가지번호는 항이 아니며 호에 붙은 가지번호 역시 목이 아니다.
- 어떤 경우에 가지번호를 사용하는지를 이해하기 위해서 기존 조 또는 호 사이에 새로운 한 개 조 또는 호를 신설하는 경우를 예를 생각해 보자. 새로운 조 또는 호가 신설되어 원래 있었던 뒤의 모든 조 또는 호는 순서가 하나씩 밀리게 될 것이고 그렇기 때문에 신설된 조 또는 호 뒤에 오는 모든 조 또는 호를 개정해야 한다.
- 이 경우, 신설하는 조 또는 호에 새로운 번호 대신 가지번호를 붙여 '제(앞의 조)의○' '제(앞의 호)의○'로 표기하면 조 또는 호를 신설하면서도 그 뒤에 오는 모든 조 또는 호의 번호를 바꾸지 않아도 되는 편리함이 있다. 가지번호는 바로 이런 경우에 사용하는 표기방식이다.[5]

○ 본문과 단서

- 하나의 조 또는 항의 내용 중 문장이 구분되는 경우 후단 문장이 '그러나' '다만'으로 시작되어 전단 문장에 대한 '예외를 규정하는 경우'가 있다. 이러한 경우 그러나 또는 다만 앞에 오는 전단 규정을 본문이라고 하고 후단 규정을 단서라고 한다.
- 단서 규정이 내용에 포함되어 있는 조 또는 항을 흔히 단서조항이라고 한다.

2) 부칙

부칙은 본칙에 부수하여 법의 일부를 구성하는 부분이다. 일반적으로 법령의 시행

---

4) 가지번호란 일정한 차례로 매긴 번호에서 다시 나무가 가지를 치듯 갈라져 나가는 차례에 매긴 번호이다.

5) 정부입법지원센터(https://www.lawmaking.go.kr/lmKnlg/jdgStd/info?astSeq= 98&astClsCd=). 법령입안심사 기준.

일, 경과조치, 그 법령의 시행에 따라서 다른 법령의 개폐조치 등에 관한 사항을 규정한다. 부칙은 내용이 많으면 조로 구성하고 많지 않으면 항으로 구성한다. 이때, 조나 항에 표제를 붙이는 것이 일반적이다.

법령이 제정 또는 개정되면 대개는 법령이 공포된 날로부터 3~6개월 후에 시행한다. 그만큼 관계법령을 개정하고, 법령 시행을 위한 행정적 준비 등을 하는 데 시간이 필요하기 때문이다. 법의 시행일은 그 법이 법으로서 효력을 발생하는 날로서 매우 중요한 사항이므로 반드시 법에 규정되어야 하며 부칙에서 규정한다. 예를 들면, 공포일이 1999년 12월 30일이고 부칙에 "이 법은 2000년 9월 1일부터 시행한다."라고 규정하면 그 법이 효력을 발생하는 날은 9월 1일이다. 달리 말하면, 그 법은 9월 1일 이전까지는 법이 아니므로 효력이 없다는 것이다.

물론 긴급한 상황이라면 제정·개정된 법은 공포된 이후 가능한 한 빠른 시일 내에 바로 시행해야 하며 그런 내용 또한 부칙에 명시해야 한다. 예를 들면, 송파 세 모녀 자살사건 발생으로 인해 2016년 12월 2일 개정된 「긴급복지지원법」은 부칙에서 다음과 같이 시행시기를 규정하고 있다.

> 부　　칙 〈법률 제14319호, 2016. 12. 2.〉
> 이 법은 공포한 날부터 시행한다.

3. 법원

법원(法源, sources of law)이란 법의 연원 혹은 근원이라는 말의 줄임말이다. 법원이라는 용어는 여러 가지 의미를 가지고 있고 그중에서 법이라는 규범의 존재 형태 혹은 성립 형태라는 의미가 가장 일반적인 것으로 알려져 있다.[6] 그런데 법원이라

6) 법원은 법을 만드는 힘, 입법자의 의지, 법에 관한 지식, 재판의 기준이 되는 법의 존재 형태 등 여러 가지 의미를 갖는다. 이에 관한 자세한 논의는 엄영진(1989). 법학입문. 대왕사, pp. 2-3을 참조하기 바란다.

는 용어를 사용하면서 하는 논의 중에 법원을 법의 존재 형태로 이해하는 것이 적절한 경우는 사실 그리 많지 않다. 대부분의 경우는 법원을 힘의 근원 또는 힘의 법적 근거로 이해하는 것이 더 적절할 뿐만 아니라 법원을 법의 존재 형태로 이해하는 데도 도움이 된다.[7] 앞서 법의 개념 부분에서 언급했던 바와 같이, 법은 강제할 수 있는 힘(power, authority)이다. 법원이란 한마디로 말해서 "그 힘은 도대체 무엇으로부터 나오는가?"라는 질문에 대한 답이다. 우리가 흔히 '~법에 근거하여 ~하여야(하지 말아야) 한다' 혹은 '~법을 위반하였으므로 ~하여야 한다'라고 말할 때의 그 법 혹은 법들이 바로 누군가를 ~하게 혹은 하지 못하게 하는 힘의 근원이고 법적 근거이다.[8] 당연히 그러한 법 또는 법들은 어떤 구체적인 형태 또는 형식으로 존재하고 있을 것인데 그 존재 형태 또는 형식 그 자체를 법원이라고 이해해도 된다.

법의 존재 형태는 가장 먼저 성문법과 불문법으로 구분한다. 성문법에 해당하는 모든 법은 각각이 법원이다.[9] 이번 장의 뒷부분에서 살펴볼 「헌법」과 「사회보장기본법」 등의 법들은 모두 성문법이고 모두가 법원이다.

1) 성문법

성문법(成文法, written law) 은 문장으로 표현되어 일정한 형식과 절차에 따라서 공포된 법이다. 성문법은 그 내용이 문장화되어 고정화되기 때문에 제정·개정·폐정(이하 제·개정)이 복잡한 절차를 통해 이루어진다. 우리나라의 헌법, 법률, 명령, 규칙, 자치법규, 조약 등은 모두 성문법이다.[10]

---

7) 그런데 법원의 의미를 법의 존재 형태로 이해하는 것이 적절한 경우는 성문법과 불문법에 관한 논의를 하는 경우 이외에는 거의 찾아볼 수 없다. 대부분의 경우, 법원의 의미는 힘(권의)의 근원 또는 힘(권위)의 법적 근거로 이해하는 것이 훨씬 더 적절하다. 저자가 가르쳤던 학생들의 경우는 분명히 그러했으나, 이런 식의 이해가 다른 사람들에게도 도움이 될지는 모르겠다.

8) 이때의 법적 근거란 더 구체적으로 말하면 "그 힘과 관련해서 어떤 법이 존재하고 그 내용은 무엇이다."라는 말이다.

9) 이미 이 문장에서도 법원의 의미를 힘의 근원 혹은 법적 근거로 이해하는 것이 더 적절하고 마음에 더 쉽게 와 닿는다는 것을 알 수 있다.

10) 이들 법에 대해서는 제2장을 참조하기 바란다.

2) 불문법

불문법(不文法, unwritten law)은 문장으로 표현되지 않고 사실상 관행으로 행해지는 법을 말한다. 불문법은 문장으로 표현되어 있지 않기 때문에 제·개정, 공포 등의 절차에 의하지 않는 법이다. 관습법, 조리, 판례법 등이 있다.

〈표 3-3〉 불문법 형식별 특성

법 형식	특성
관습법	입법기관의 입법행위에 의해 제정된 것이 아니라 사회에서 형성된 관습이 국민일반으로부터 법적 확신, 즉 규범으로서의 확신을 얻어 법원이 된 것. 사회의 법적 확신으로 법규범으로서의 효력을 갖는다는 견해도 있고, 국가가 해당 관습을 관습법으로 승인해야만 효력을 갖는다는 견해도 있음. 관습법은 가장 오래된 법원임
조리	사람의 건전한 상식으로 판단할 수 있는 사물이나 자연의 이치 내지 본질적 법칙 또는 도리를 말하는 것으로, 인간의 이성(reason)에 따른 법규범임. 광의의 조리는 자연법과 동의로 사용됨. 종종 경험법칙, 사회통념, 정의형평, 신의성실, 사회적 타당성, 사회질서, 법의 일반원칙 등으로 표현되기도 함
판례법	법원(法院, court of law)이 내린 판결례가 유사·동종 사건에 반복되고 누적되어 일정한 방향과 원칙을 가지게 되고 그 원칙이 일반적인 법규범이 된 것임

출처: 국가법령정보센터(http://www.law.go.kr). 법령용어사전.

4. 법의 구분

법은 어떤 기준을 가지고 구분하는지에 따라 다양한 구분이 가능하다. 이 장에서 살펴보고자 하는 법은 사회법인 사회보장법이다. 따라서 이 장에서는 법을 구분하되 사회법과 사회보장법 개념을 이해하는 데 도움이 되는 방식으로 구분하기로 하겠다. 이를 위해서 법을 자연법과 실정법으로 법을 구분하고, 실정법을 내용적 및 관계적으로 분류한 다음, 다시 공법, 사법, 사회법으로 구분하기로 하겠다.

자연법(natural law)이란 자연 또는 이성을 기초로 하여 존재하는 법이다. 일반적으로 자연법은 인간 자연의 본성에 적합한 법으로서 시간적·공간적으로 제약을 받지 않는 것으로 이해된다.[11] 자연법은 실정법의 기본 원리로 존재하며, 실정법보다 우위의 법이다. 그렇기 때문에 자연법은 양심, 도덕, 정의 등과 같은 인간의 자연적 본성을 거스르는 제도(예, 봉건제도나 노예제도 등)나 악한 실정법(예, 나치헌법이나 유신헌법 등)에 저항할 수 있는 근거가 되어 왔다.[12]

실정법(positive law)이란 한마디로 말해서 인간에 의해 만들어진(being posited) 법이다. 실정법은 일반적으로 새로운 권리를 만드는 법이고 현실 제도로 시행되는 법이다. '권리를 만든다.'는 의미를 이해하기 위해서는 먼저 권리 개념을 이해해야 한다. 권리(rights)란 특정 이익을 누릴 수 있는 법적인 혹은 법에 의한 힘이다. 따라서 권리는 그것이 법에 권리로 규정되고 제도로 뒷받침되어야 실질적인 힘이 된다. 실정법이란 한마디로 말해서 바로 이러한 권리(그리고 의무)를 만드는 법이다.[13]

5. 실정법 구분

실정법은 여러 가지 기준에 따라 구분할 수 있다. 먼저 실정법을 내용적으로 구분하면 〈표 3-4〉와 같다.

〈표 3-4〉 법 구분: 내용적 구분

실체법 (행위법)	권리와 의무의 실체, 즉 권리와 의무의 발생, 변경, 소멸 등을 규율하는 법. 실체법을 행위법이라고도 함. 민법, 형법, 상법 등 대부분의 법이 실체법·행위법임
절차법 (구제법)	권리와 의무의 구체적인 실현 절차와 방법, 즉 권리의 보존, 실현, 의무 이행, 강제 등을 규율하는 법. 구제법이라고도 하며, 민사소송법(사인 간 권리의무 다툼), 형사소송법(국민과 국가 간 형벌권 다툼), 행정소송법(국가 등 행정주체와 국민 간 공법 작용에 의한 권리다툼) 등 각종 소송법이 이에 해당함

11) 행정전문용어사전(http://my.minwon.go.kr/main?a=AA170WHDicViewAppNew&wrd_id=1826).

12) 특히 18세기 근세 계몽적 자연법론이 그러한데, 근세 자연법론자들은 인간의 자유, 평등 등의 권리를 자연법에 의하여 인정된 권리로 보았다.

13) 실정법에 관한 자세한 설명은 Nonet & Philippe(1990). What Is Positive Law? The Yale Law Journal, Vol. 100(3) (Dec. 1990), pp. 667-699를 참조하기 바란다.

조직법	법인의 기관구성 및 기관의 직무범위, 즉 권한에 대하여 규율하는 법. 대표적인 예는 정부조직법임

출처: 국가법령정보센터(http://www.law.go.kr). 법령용어사전.

1) 내용적 구분

법을 내용적으로 구분한다는 것은 해당 법이 무엇에 관한(about what) 법인지에 초점을 맞추고 구분하는 것을 말한다. 이 기준에 따라 실정법을 구분하면 실체법, 절차법, 조직법으로 구분할 수 있다.

2) 관계적 구분

관계적 분류란 해당 법이 누구와 누구 간 관계(between whom and whom)에 관한 것인지를 기준으로 구분하는 것이다. 일차적으로는 국내법과 국제법으로 구분한다. 국내법은 어떤 주체들 간의 법률관계에 관한 법인지에 따라 다시 공법, 사법, 사회법으로 나눈다.[14)]

〈표 3-5〉 법 구분: 관계적 구분

국제법	한 국가에 의하여 인정되고 그 국가의 주권 범위 내에서만 행해지고 효력을 갖는 법
국내법	2개 이상 국가 사이의 합의에 의하여 그들 국가 상호 간 권리의무를 규율하는 법. 국가 간 합의는 명시적인 조약 형태로도 가능하고 국제관습법 등의 묵시적인 합의도 가능함

14) 국가법령정보센터(http://www.law.go.kr/lsTrmScListP.do?q=공법사법&outmax=15&fsort=10). 법령용어사전.

〈표 3-6〉 국내법 구분

공법	• 국가 등과 국민의 관계를 규율하는 법 • 국가 등과 국민의 관계는 기본적으로 불평등한 관계이며 이러한 관계 속에서 우월한 국가 등이 국가권력을 함부로 행사하여 국민의 자유 등의 권리를 침해하지 않기 위해 만들어진 법임 •「헌법」「행정법」「형법」은 공법이면서 실체법이고,「형사소송법」「행정소송법」은 공법이면서 절차법임
사법	• 국민과 국민 간(개인 간) 관계를 규율하는 법 •「민법」「상법」「민사소송법」이 사법에 해당함
사회법	• 자본주의 발달 과정에서 발생한 사회 문제를 극복하고 사회적 약자를 보호하는 등 모든 국민의 최소한의 인간다운 삶을 보장하기 위해 만들어진 법 • 개인과 개인 간 관계를 규율하는 사법 분야에 국가의 개입이 가능하도록 공법적 규정을 첨가하여 만든, 사법과 공법의 중간적인 성격을 가진 제3의 법이라고 일컬어짐 • 경제적 약자인 노동자를 보호하기 위한「근로기준법」등의 노동법, 공정한 경쟁 체제를 유지하기 위한「독점규제 및 공정거래에 관한 법률」등의 경제법, 모든 국민의 인간다운 최저 생활을 보장하기 위한「사회보장법」등이 있음 • 케인지언 경제이론의 등장이 복지국가의 발전을 가져온 경제 분야에서의 중요한 변화라면, 사회법의 등장은 법 분야에서의 복지국가 발전의 원동력이라 할 수 있음

6. 기타 분류

1) 일반법과 특별법

일반법과 특별법 구분은 법의 효력 범위를 기준으로 한 구분이다. 일반법은 일반적으로 넓은 효력 범위를 갖는 법이고, 특별법은 특정의 사람, 사항(사물, 행위) 또는 지역에 국한하여 적용되는 법이다.

- 일반법: 사람, 사항 및 장소에 관하여 일반적으로 넓은 효력 범위를 갖는 법
- 특별법: 사람, 사항 및 장소에 관하여 특수적인 좁은 효력 범위를 갖는 법

예를 들어, 사람에 대해서 「소년법」은 특정한 연령의 사람에게만 적용되는 특별법이다. 사항을 기준으로 보면, 「사회보장기본법」은 일반법이고 「기초생활보장법」은 특별법이며 「민법」은 일반법이고 「국민연금법」이나 「사회복지사업법」은 특정 목적을 위해 별도로 제정한 특별법이다. 장소에 대해서 말하자면, 「민법」과 「형법」 등은 영토 내의 전 지역 및 모든 사람에게 적용되는 일반법이고, 조례는 당해 지방자치단체 관할 지역 안에서만 적용되는 특별법이다.

그런데 일반법과 특별법 구분은 절대적인 구분이 아니라 상대적인 구분이라는 점에 주의해야 한다. 즉, 어떤 법이 A라는 법에 대해서는 특별법이지만 B라는 법에 대해서는 일반법일 수 있다. 예를 들어, 「상법」은 기업에 관한 법으로서는 「민법」에 대해 특별법이지만 상거래 가운데 특수한 사항에 관한 「은행법」·보험법 등에 대해서는 일반법이다. 동일한 사항에 대해서 일반법과 특별법이 있는 경우 특별법을 우선하여 적용한다.

2) 강행법과 임의법

강행법과 임의법 구분은 법률의 적용이 절대적이냐 임의적이냐에 따른 구분이다. 임의법은 말 그대로 그 적용이 임의적, 즉 당사자의 의사에 달려 있는 법으로서 「민법」 중 계약법, 「상법」 중 상행위 관련법 등에 많다. 공법은 대부분이 당사자의 의사와 관계없이 절대적으로 적용되는 강행법이다.

- 임의법: 당사자의 의사로 그 적용을 배제할 수 있는 법
- 강행법: 당사자의 의사 여하와 관계없이 절대적으로 적용하는 법

7. 사회보장 관련법

복지국가가 국민의 사회권, 즉 인간이 인간답게 살 권리를 보장하기 위해서는 다양한 사회보장제도가 필요하다. 권리란 특정 이익을 누릴 수 있는, 법에 의해 주어진 힘이다. 따라서 어떤 권리를 권리로 만들기 위해서는 그 권리가 '권리'임을 법에 명시해야 한다. 그런데 법에 권리를 명시하는 것은 권리 보장을 위한 첫걸음일 뿐이며 그 권리를 실질적인 권리로 만들기 위해서는 구체적인 제도, 즉 사회 구성원이 특정 이익을 누릴 수 있게 하기 위한 수단이 마련되어야 한다. 사회권을 보장하기 위해서 반드시 사회보장제도가 만들어져야 하는 이유는 바로 이 때문이다.

사회보장제도를 포함한 모든 국가 제도는 법치행정원칙에 따라 존재와 실행에 있어서 법적 근거를 필요로 한다. 따라서 사회보장제도의 수가 많아질수록 사회보장 관련법의 수 또한 증가하기 마련이다. 우리나라도 정부수립과 함께 법치행정이 시작되고 사회권 보장을 위해 필요한 사회보장제도가 마련되기 시작하면서 오늘날까지 많은 사회보장 관련법들이 제정되어 왔으며, 그 결과 현재 그 수를 정확하게 파악하기 어려울 정도로 많은 사회보장 관련법들이 존재하고 있다. 〈표 3-7〉은 1944년부터 2021년까지 기간 중에 제·개정된 사회보장 관련법들 중 대표적인 법들을 시기별로 간추려 보여 주고 있다.

이 절에서는 이들 사회보장 관련법 중 다른 법에 비해 상대적 중요성이 크다고 판단되는 「대한민국헌법」, 「사회보장기본법」, 「사회보장급여법」(약칭)을 선택하여 각 법의 내용을 구체적으로 살펴보기로 하겠다. 이 세 가지 법 이외의 사회보장 관련법에 대해서는 제2장과 이 장의 전반부에서 소개한, 법 이해에 필요한 기본적인 지식을 활용하여 거시사회복지실천 과정에서 필요할 때마다 찾아 그 내용을 이해하는 기회를 갖기 바란다.

〈표 3-7〉 1944-2021년에 제 · 개정된 대표적인 사회보장 관련법

시기		제정	개정
일제 강점기	1944	조선구호령(1944. 3. 1. 제정/1944. 3. 1. 시행)	
미군정 시대			
제1 공화국	1948	제헌헌법(1948. 7. 17. 제정/1948. 7. 17. 시행)	
	1949	대한적십자사 조직법(1949. 4. 30. 제정/1949. 4. 30. 시행)	
	1950	후생시설 설치기준령(1950. 2. 27. 제정)- 폐지	후생시설 설치기준령- 폐지
	1952	후생시설 운영요령(1952. 10. 4. 제정)- 폐지	대한민국헌법(1952. 7. 7. 제1차 개정/1952. 7. 7. 시행) 후생시설 운영요령- 폐지
	1953	근로기준법(1953. 5. 1. 제정/1953. 5. 1. 시행)	
	1954		대한민국헌법(1954. 11. 29. 제2차 개정/1954. 11. 29. 시행)
	1960	공무원연금법(1960. 1. 1. 제정/1960. 1. 1. 시행)	
제2 공화국	1960		대한민국헌법(1960. 6. 15. 제3차 개정/1960. 6. 15. 시행)- 헌법 생존권 규정 대한민국헌법(1960. 11. 29. 제4차 개정/1960. 11. 29. 시행)
	1961	갱생보호법(1961. 9. 30. 제정/1961. 10. 21. 시행) 군사원호보상법(1961. 11. 1. 제정/1961. 11. 1. 시행) 윤락행위 등 방지법(1961. 11. 9. 제정/1961. 11. 9. 시행) 생활보호법(1961. 12. 30. 제정/1962. 1. 1. 시행) 아동복리법(1961. 12. 30. 제정/1962. 1. 1. 시행)	조선구호령(1961. 12. 30. 타법폐지/1962. 1. 1. 시행)
	1962	선원보험법(1962. 1. 10. 제정/미실시) 재해구호법(1962. 3. 20. 제정/1962. 3. 20. 시행) 국가 유공자 및 월남 귀순자 특별원호법(1962. 4. 16. 제정/1962. 4. 16. 시행)	대한민국헌법(1962. 12. 26. 제5차 개정/1963. 12. 17. 시행)

제3 공화국	1963	군인연금법(1963. 1. 28. 제정/1963. 1. 1. 시행) 산업재해보상보호법(1963. 11. 5. 제정/1964. 1. 1. 시행) 사회보장에 관한 법률(1963. 11. 5. 제정/1963. 11. 5. 시행) 의료보험법(1963. 12. 16. 제정/1964. 3. 17. 시행)	
	1968	자활지도사업에 관한 임시조치법(1968. 7. 23. 제정/1968. 8. 23. 시행)	
	1969		대한민국헌법(1969. 10. 29. 제6차 개정/1969. 10. 21. 시행)
	1970	재해구제로 인한 의사 상자구호법(1970. 8. 4. 제정/1970. 8. 4. 시행) 사회복지사업법(1970. 1. 1. 제정/1970. 4. 2. 시행)	
제4 공화국	1972		대한민국헌법(1972. 12. 27. 제7차 개정/1972. 12. 27. 시행)
	1973	사립학교교원연금법(1973. 12. 20. 제정/1974. 1. 1. 시행) 국민복지연금법(1973. 12. 24. 제정/1974. 1. 1. 시행)	
	1976	입양특례법(1976. 12. 31. 제정/1977. 1. 31. 시행)	의료보험법(1976. 12. 22. 전부개정/1977. 1. 1. 시행)
	1977	공무원 및 사립학교교원 의료보험법(1977. 12. 31. 제정/1978. 7. 1. 시행) 의료보험법(1977. 12. 31. 제정/1977. 12. 31. 시행) 특수교육진흥법(1977. 12. 31. 제정/1979. 1. 1. 시행)	
제5 공화국	1980	사회복지사업기금법(1980. 12. 31. 제정/1980. 12. 31. 시행)	대한민국헌법(1980. 10. 27. 제8차 개정/1980. 10. 27. 시행)- 헌법의 생존권 규정 강화
	1981	심신장애인복지법(1981. 6. 5. 제정/1981. 6. 5. 시행) 노인복지법(1981. 6. 5. 제정/1981. 6. 5. 시행)	아동복지법(1981. 4. 13. 전부개정/1981. 4. 13. 시행)

제5 공화국	1982	유아교육진흥법(1982. 12. 31. 제정/1983. 3. 1. 시행)	공무원연금법(1982. 12. 28. 전부개정/1983. 1. 1. 시행) 생활보호법(1982. 12. 31. 전부개정/1983. 7. 1. 시행) 자활지도사업에 관한 임시조치법(1982. 12. 31. 타법폐지/1982. 12. 31. 시행)
	1983		사회복지사업법(1983. 5. 21. 일부개정/1983. 5. 21. 시행)
	1984	국가유공자 예우 등에 관한 법률(1984. 8. 2. 제정/1985. 1. 1. 시행)	국가 유공자 및 월남 귀순자 보호법(1984. 8. 2. 타법폐지/1985. 1. 1. 시행) 군사원호보상법(1984. 8. 2. 타법폐지/1985. 1. 1. 시행)
	1986	최저임금법(1986. 12. 31. 제정/1986. 12. 31. 시행)	갱생보호법(1986. 12. 23. 전부개정/1986. 12. 23. 시행) 국민연금법(1986. 12. 31. 전부개정/1988. 1. 1. 시행)
제6 공화국	1988	보호관찰 등에 관한 법률(1988. 12. 31. 제정/1989. 7. 1. 시행)	대한민국헌법(1987. 10. 29. 제9차 개정/1988. 2. 25. 시행)
	1989	모자복지법(1989. 4. 1. 제정/1989. 7. 1. 시행) 장애인고용촉진 등에 관한 법률(1989. 12. 16. 제정/1991. 1. 1. 시행)	장애인복지법(1981. 12. 30. 전부개정/1989. 12. 30. 시행)
	1991	영유아보육법(1991. 1. 14. 제정/1991. 1. 14. 시행) 청소년기본법(1991. 12. 31. 제정/1993. 1. 1. 시행) 고령자고용촉진법(1991. 12. 31. 제정/1992. 7. 1. 시행)	
	1992		사회복지사업법(1992. 12. 8. 전부개정/시행 1993. 6. 9.)
김영삼 정부	1993	고용보험법(1993. 12. 27. 제정/1995. 7. 1. 시행)	
	1994	성폭력범죄의 처벌 및 피해자 보호 등에 관한 법률(1994. 1. 5. 제정/1994. 4. 1. 시행)	
	1995	사회보장기본법(1995. 12. 30. 제정/1996. 7. 1. 시행) 정신보건법(1995. 12. 30. 제정/ 1996. 12. 31. 시행) 여성발전기본법(1995. 12. 30. 제정/1996. 7. 1. 시행)	보호관찰 등에 관한 법률(1995. 1. 5. 전부개정/1995. 1. 5. 시행) 갱생보호법(1995. 1. 5. 타법폐지/1995. 1. 5. 시행) 사회보장에 관한 법률(1995. 12. 30. 타법폐지/1996. 7. 1. 시행)

김영삼 정부	1996		보호관찰 등에 관한 법률(1996. 12. 12. 전부개정/1997. 1. 1. 시행)
	1997	청소년보호법(1997. 3. 7. 제정/1997. 7. 1. 시행) 사회복지공동모금법(1997. 3. 27. 제정/1998. 7. 1. 시행) 장애인·노인·임산부 등의 편의증진보장에 관한 법률(1997. 4. 10. 제정/1998. 4. 11. 시행) 가정폭력방지 및 피해자 보호 등에 관한 법률(1997. 12. 31. 제정/1998. 7. 1. 시행)	노인복지법(1997. 8. 22. 전부개정/1998. 5. 23. 시행) 사회복지사업법(1997. 8. 22. 전부개정/1998. 7. 1. 시행) 공무원 및 사립학교교원 의료보험법(1997. 12. 31. 타법폐지/1998. 10. 1. 시행) 사회복지사업기금법(1997. 3. 27. 타법폐지/1998. 7. 1. 시행)
	1998		국민연금법(1998. 12. 31. 일부개정/1999. 1. 1. 시행)
김대중 정부	1999	국민건강보험법(1999. 2. 8. 제정/2000. 1. 1. 시행) 국민기초생활보장법(1999. 9. 7. 제정/2000. 10. 1. 시행)	장애인복지법(1999. 2. 8. 전부개정/2000. 1. 1. 시행) 사회복지공동모금회법(1999. 3. 31. 전부개정/1999. 4. 1. 시행) 사회복지사업법(1999. 4. 30. 일부개정/1999. 11. 1. 시행) 산재보험법(1999. 12. 31. 일부개정/2000. 7. 1. 시행) 의료보험법(1999. 2. 8. 타법폐지/2000. 1. 1. 시행) 생활보호법(1999. 9. 7. 타법폐지/2000. 10. 1. 시행)
	2000		아동복지법(2000. 1. 12. 전부개정/2000. 7. 13. 시행) 정신보건법(2000. 1. 12. 전부개정/2000. 7. 13. 시행) 장애인 고용촉진 및 직업재활법(2000. 1. 12. 전부개정/2000. 7. 1. 시행)
	2001		의료급여법(2001. 5. 24. 전부개정/2001. 10. 1. 시행)
	2002	국민건강보험재정건전화특별법(2002. 3. 25. 제정/2002. 3. 25. 시행)	

노무현 정부	2004	농어촌주민의 보건복지 증진을 위한 특별법(2004. 1. 29. 제정/2004. 4. 30. 시행) 건강가정기본법(2004. 2. 9. 제정/2005. 1. 1. 시행) 청소년활동진흥법(2004. 2. 9. 제정/2005. 2. 10. 시행) 청소년복지지원법(2004. 2. 9. 제정/2005. 2. 10. 시행)	영유아보육법(2004. 1. 29. 전부개정/2005. 1. 30. 시행) 청소년기본법(2004. 2. 9. 전부개정/2005. 2. 10. 시행) 유아교육진흥법(2004. 1. 29. 타법폐지/2005. 1. 30. 시행) 윤락행위 등 방지법(2004. 3. 22. 타법폐지/2004. 9. 23. 시행)
	2005	교통약자 아동편의증진법(2005. 1. 27. 제정/2006. 1. 28. 시행) 자원봉사활동기본법(2005. 2. 29. 제정/2006. 2. 5. 시행) 저출산·고령화 기본법(2005. 5. 18. 제정/2005. 9. 1. 시행) 긴급복지지원법(2005. 12. 23. 제정/2006. 3. 24. 시행)	
	2006	식품기부 활성화에 관한 법률(2006. 3. 24. 제정/2006. 9. 25. 시행)	
	2007	장애인차별금지 및 권리구제 등에 관한 법률(2007. 4. 10. 제정/2008. 4. 11. 시행) 기초노령연금법(2007. 4. 25. 제정/2008. 1. 1. 시행) 노인장기요양보험법(2007. 4. 27. 제정/2008. 7. 1. 시행)	노인복지법(2004. 1. 29. 일부개정/2004. 7. 30. 시행) 사회복지사업법(2004. 2. 9 전부개정/2005. 2. 10. 시행) 국민연금법(2007. 7. 23. 전부개정/2007. 7. 23. 시행) 한부모가족지원법(2007. 10. 17. 일부개정/2008. 1. 18 시행)
	2008	다문화가족지원법(2008. 3. 21. 제정/2008. 9. 22. 시행)	특수교육진흥법(2008. 5. 26. 타법폐지/2008. 5. 26. 시행)
	2010	성폭력방지 및 피해자보호 등에 관한 법률(2010. 4. 15. 제정/2011. 1. 1. 시행)	

이명박 정부	2011	장애인활동 지원에 관한 법률(2011. 1. 4. 제정/2011. 10. 5. 시행) 사회복지사 등의 처우 및 지위 향상을 위한 법률(2011. 3. 30. 제정/2012. 1. 1. 시행) 노숙인 등의 복지 및 자립지원에 관한 법률(2011. 6. 8. 제정/2012. 6. 8. 시행) 아동의 빈곤예방 및 지원 등에 관한 법률(2011. 7. 14. 제정/2012. 7. 15. 시행) 사회서비스 이용 및 이용권 관리에 관한 법률(2011. 8. 4. 제정/2012. 8. 5. 시행) 치매관리법(2011. 8. 4. 제정/2012. 2. 5. 시행) 장애아동복지지원법(2011. 8. 4. 제정/2012. 8. 5. 시행) 성별영향분석평가법(2011. 9. 15 제정/2012. 3. 16. 시행) 예술인 복지법(2011. 11. 17. 제정/2012. 11. 18. 시행)	아동복지법(2011. 8. 4. 전부개정/2012. 8. 5. 시행) 국민건강보험법(2011. 12. 31. 전부개정/2012. 9. 2. 시행)
	2012	아이돌봄 지원법(2012. 2. 1. 제정/2012. 8. 3. 시행) 장애인·고령자 등 주거약자 지원에 관한 법률(2012. 2. 22. 제정/2012. 8. 23. 시행)	
박근혜 정부	2014	주거급여법(2014. 1. 24. 제정/ 2014. 10. 1. 시행) 양육비 이행확보 및 지원에 관한 법률(2014. 3. 24. 제정/2015. 3. 25. 시행) 기초연금법(2014. 5. 20. 제정/2014. 7. 1. 시행) 발달장애인 권리보장 및 지원에 관한 법률(2014. 5. 20. 제정/ 2015. 11. 21. 시행) 사회보장급여의 이용제공 및 수급권자 발굴에 관한 법률(2014. 12. 30. 제정/2015. 7. 1. 시행)	양성평등기본법(2014. 5. 28. 전부개정/2015. 7. 1. 시행)
	2015	노후준비 지원법(2015. 6. 22. 제정/2015. 12. 23. 시행) 장애인 건강권 및 의료접근성 보장에 관한 법률(2015. 12. 29. 제정/2017. 12. 30. 시행)	

문재인 정부	2016	한국수화언어법(2016. 2. 3. 제정/2016. 8. 4. 시행)	
	2017	점자법(2016. 5. 29. 제정/2017. 5. 30. 시행)	
	2018	재난적의료비 지원에 관한 법률(2018. 1. 16. 제정/2018. 7. 1. 시행) 아동수당법(2018. 3. 27. 제정/2018. 9. 1. 시행) 여성폭력방지기본법(2018. 12. 24. 제정/2019 .12. 25 시행)	
	2019		
	2020	청년기본법(2020. 2. 4. 제정/2020. 8. 5. 시행) 고독사 예방 및 관리에 관한 법률(2020. 3. 31. 제정/2021. 4. 1. 시행) 장애예술인 문화예술 활동 지원에 관한 법률(2020. 6. 9. 제정/2020. 12. 10. 시행)	국제개발협력기본법(2020. 5. 26. 전부개정/2020. 11. 27. 시행)
	2021	사회서비스 지원 및 사회서비스원 설립·운영에 관한 법률(2021. 9. 24. 제정/2022. 3. 25. 시행)	

출처: 국가법령정보센터(http://www.law.go.kr).

1) 대한민국헌법

「대한민국헌법」(이하 「헌법」)은 사회보장 관련법의 존립근거가 되는 법이기 때문에 사회보장 관련법 중에서 가장 중요한 법이다. 우리나라 최초의 「헌법」은 1948년 7월 17일 제정된 「제헌 헌법」이다. 그 후 「헌법」은 총 9번의 개정 과정을 거쳐 현행 「헌법」인 제10호 「헌법」의 모습을 갖게 되었다. 현행 「헌법」은 전문, 본칙, 부칙으로 이루어져 있으며, 본칙은 총 10장 130조로 구성되어 있다.[15]

앞서 여러 차례 언급한 바와 같이, 「헌법」은 국가의 기본조직, 통치작용, 국민의 기본권 등을 규정하는 국가의 기본법이기 때문에 그 내용이 모두 중요하지만, 사회보장의 관점에서 보자면 국민의 권리와 의무를 규정하고 있는 제2장의 내용이 특히 중요하다고 하겠다.

15) 국가법령정보센터(http://www.law.go.kr/lsInfoP.do?lsiSeq=61603&efYd=19880225#0000). 대한민국헌법.

글상자 3-1 「대한민국헌법」의 구성

전문	제1장 총강	제2장 국민의 권리와 의무
제3장 국회	제4장 정부	제5장 법원
제6장 헌법재판소	제7장 선거관리	제8장 지방자치
제9장 경제	제10장 헌법개정	부칙

글상자 3-2 「대한민국헌법」 제2장 제10조, 제34조

헌법 제10호[1987.10.29 전부개정]

제10조 모든 국민은 인간으로서의 존엄과 가치를 가지며, 행복을 추구할 권리를 가진다. 국가는 개인이 가지는 불가침의 기본적 인권을 확인하고 이를 보장할 의무를 진다.

제34조 ① 모든 국민은 인간다운 생활을 할 권리를 가진다.

② 국가는 사회보장·사회복지의 증진에 노력할 의무를 진다.

③ 국가는 여자의 복지와 권익의 향상을 위하여 노력하여야 한다.

④ 국가는 노인과 청소년의 복지향상을 위한 정책을 실시할 의무를 진다.

⑤ 신체장애자 및 질병·노령 기타의 사유로 생활능력이 없는 국민은 법률이 정하는 바에 의하여 국가의 보호를 받는다.

⑥ 국가는 재해를 예방하고 그 위험으로부터 국민을 보호하기 위하여 노력하여야 한다.

이와 같이 「헌법」 제2장의 조문 중 제10조와 제34조는 각각 행복추구권과 기본권 그리고 인간다운 생활을 할 권리(사회권)를 규정하고 있다. 즉, 모든 국민이 존엄하고, 행복을 추구할 권리와 불가침의 기본적 인권과 인간다운 생활을 할 권리가 있으며, 국가는 이를 보장할 의무가 있고, 더 구체적으로 국가는 사회보장·사회복지 증진에 노력할 의무가 있다는 것이다. 바로 이 두 조의 규정이 우리나라 사회보장제도를 만들고 운영하는 데 필요한 많은 사회보장 관련법의 존립근거가 되고 있다.

그런데 「헌법」 제10조와 제34조의 내용이 「제헌 헌법」 제정 당시부터 규정되었던 것은 아니다. 〈표 3-8〉의 「헌법」 제2장 개정 연혁이 그러한 사실을 말해 준다. 1948년 제정된 「제헌 헌법」에는 인간의 존엄성, 행복추구권, 기본권, 인간다운 생활을 할 권리 등에 관한 규정이 전혀 없었으며, 이러한 상황은「헌법」제5호까지 바뀌지 않았다.

「헌법」에 인간의 존엄성, 기본권 및 국가의 기본권 보장 의무에 관한 규정이 등장한 것은 1963년 12월 17일 시행된「헌법」제6호가 처음이다.「헌법」제6호의 제2장 제8조는 모든 국민은 인간으로서의 존엄과 가치를 가지며, 이를 위하여 국가는 국민의 기본적 인권을 최대한으로 보장할 의무를 진다는 것을, 그리고 제30조는 모든 국민이 인간다운 삶을 살 권리가 있다는 것을 규정하였다. 그러나 안타깝게도 사회보장 증진은 국가의 의무사항이 아니라 노력해야 할 사항으로 규정되었다.[16)]

사회보장 증진을 위한 노력이 국가의 의무 사항으로「헌법」에 규정된 것은 그로부터 17년이 지난 1980년에「헌법」제9호가 만들어지면서이다. 즉,「헌법」제10호의 제2장 제10조와 제34조 규정이 국가의 기본법인「헌법」에 자리하게 된 것은 헌정 70년 역사 중 그 절반에 가까운 시간이 지난 시점에서야 비로소 가능했다는 것이다. 그만큼 우리나라는 국가가 사회보장의 발전을 위해 적극적인 노력을 펼쳐 온 역사가 서구의 복지선진국들에 비해 매우 짧다. 따라서 앞으로 사회보장과 관련해서 개선하고 발전시켜야 할 사항들이 아직 많이 남아 있으며, 그러한 의미에서 거시사회복지실천의 역할이 매우 중요하다고 하겠다.

〈표 3-8〉「대한민국헌법」제2장 개정 연혁

헌법 제1호 (1948. 7. 17. 제정)	제2장 국민의 권리의무 인간의 존엄성, 행복추구권, 기본권, 인간다운 생활을 할 권리 등에 관한 규정 없음.
헌법 제2호 (1952. 7. 7. 일부개정)	위와 동일

16)「헌법」에 기본권이 권리로 규정된다는 것이 의미하는 바는 기본권을 자연법적 권리로 보는지 실정법적 권리로 보는지에 따라 크게 달라진다. 기본권이 자연법적 권리라면「헌법」과 무관하게 기본권은 권리이다. 그러므로「헌법」에 기본권이 규정이 되어 있다는 것은 그 의미가「헌법」이 그러한 사실을 선언하고 있다는 것에 불과하다. 이와 달리 기본권이 실정법적 권리라면, 기본권은「헌법」에 규정되어야만 권리가 되는 것이므로「헌법」제6호에 기본권 규정이 등장했다는 것은 우리나라에서 기본권이 비로소 권리로 인정되었다는 것을 의미한다. 이에 관한 자세한 논의는 윤찬영(2013). 사회복지법제론. 나남출판사, pp. 284-286을 참조하기 바란다.

헌법 제3호 (1954. 11. 29. 일부개정)	위와 동일
헌법 제4호 (1960. 6. 15. 일부개정)	위와 동일
헌법 제5호 (1960. 11. 29. 일부개정)	위와 동일
헌법 제6호 (1962. 12. 26. 전부개정)	제2장 국민의 권리와 의무 제8조 모든 국민은 인간으로서의 존엄과 가치를 가지며, 이를 위하여 국가는 국민의 기본적 인권을 최대한으로 보장할 의무를 진다. 제30조 ① 모든 국민은 인간다운 생활을 할 권리를 가진다. ② 국가는 사회보장의 증진에 노력하여야 한다. ③ 생활능력이 없는 국민은 법률이 정하는 바에 의하여 국가의 보호를 받는다.
헌법 제7호 (1969. 10. 21. 일부개정)	위와 동일
헌법 제8호 (1972. 12. 27. 전부개정)	위와 동일
헌법 제9호 (1980. 10. 27. 전부개정)	제2장 국민의 권리와 의무 제9조 모든 국민은 인간으로서의 존엄과 가치를 가지며, 행복을 추구할 권리를 가진다. 국가는 개인이 가지는 불가침의 기본적 인권을 확인하고 이를 보장할 의무를 진다. 제32조 ① 모든 국민은 인간다운 생활을 할 권리를 가진다. ② 국가는 사회보장·사회복지의 증진에 노력할 의무를 진다. ③ 생활능력이 없는 국민은 법률이 정하는 바에 의하여 국가의 보호를 받는다.

출처: 국가법령정보센터(http://www.law.go.kr).

2) 사회보장기본법

「사회보장기본법」은 사회보장에 관한 국민의 권리와 국가 및 지방자치단체의 책임을 정하고 사회보장정책의 수립·추진과 관련 제도에 관한 기본적인 사항을 규정한 것으로서,[17] 「사회보장기본법」의 연혁을 살펴보면 1960년대에 오늘날의 「사회보장기본법」과 매우 유사한 「사회보장에 관한 법률」이 있었음을 알 수 있다. 「헌법」의 연혁에서 살펴본 바와 같이 우리나라 「헌법」에 사회보장이라는 용어가 등장하는 것은 1962년 12월 전부개정 방식으로 제정된 「헌법」 제6호가 처음이었다. 「사회보장에 관한 법률」은 이러한 「헌법」 규정에 근거하여 사회보장제도의 확립과 그 효율적인 발전을 기함을 목적으로 1963년 11월 5일 제정되었다.

글상자 3-3 「사회보장에 관한 법률」

사회보장에 관한 법률 [시행 1963. 11. 5.] [법률 제1437호, 1963. 11. 5., 제정]

제1조 (목적) 이 법은 국민의 인간다운 생활을 도모하기 위한 사회보장제도의 확립과 그 효율적인 발전을 기함을 목적으로 한다.

제2조 (사회보장의 정의) 이 법에서 "사회보장"이라 함은 사회보험에 의한 제급여와 무상으로 행하는 공적부조를 말한다.

제3조 (사회보장사업의 관장 및 그 내용) ① 정부는 사회보장사업을 행하며 필요하다고 인정할 때에는 그 일부를 지방자치단체 또는 기타의 법인으로 하여금 행하게 할 수 있다.
② 정부는 사회보장사업을 행함에 있어서 국민의 자립정신을 조해하지 아니하도록 하여야 한다.
③ 사회보장사업은 국가의 경제적 실정을 참작하여 순차적으로 법률이 정하는 바에 의하여 행한다.

---

17) 국가법령정보센터(http://www.law.go.kr/lsInfoP.do?lsiSeq=205629&efYd=20181211#0000). 「사회보장기본법」 제1조(목적)
1995년 12월 30일 제정된 법이다. 이 법은 사회보장과 관련된 다른 법들의 근간이 되는 기본법이다.

④ 제1항의 규정에 의하여 사회보장사업을 지방자치단체 또는 법인으로 하여금 행하게 할 경우에는 그 비용은 국고가 부담한다.

제4조 (사회보장심의위원회) ① 사회보장에 관한 중요사항에 대한 자문에 응하게 하기 위하여 보건사회부장관소속하에 사회보장심의위원회(이하 "委員會"라 한다)를 둔다.

② 보건사회부장관은 사회보장에 관한 계획을 수립하고자 할 때에는 미리 위원회의 자문을 거쳐야 한다.

제5조 (위원회의 구성) ① 위원회는 위원장 1인과 부위원장 2인을 포함한 위원 11인 이내로 구성한다.

② 위원장은 보건사회부차관이 되고, 부위원장은 위원중에서 호선한다.

③ 위원은 다음 각호의 자중에서 보건사회부장관이 위촉한다.

1. 관계행정부처의 2급공무원 이상의 자
2. 근로자를 대표하는 자 및 사용자를 대표하는 자
3. 사회보장에 관한 학식과 경험이 있는 자

④ 위원의 임기는 2년으로 한다. 다만, 공무원인 위원의 임기는 그 재직기간으로 한다.

⑤ 보결위원의 임기는 전임자의 잔임기간으로 한다.

⑥ 위원회의 운영에 관하여 필요한 사항은 각령으로 정한다.

제6조 (관계행정기관의 협력) ① 위원회는 행정기관에 대하여 사회보장에 관한 자료의 제출과 위원회의 업무에 관하여 필요한 협력을 요청할 수 있다.

② 관계행정기관은 위원회로부터 전항의 요청을 받은 때에는 이에 응하여야 한다.

제7조 (시행령) 이 법 시행에 관하여 필요한 사항은 각령으로 정한다.

부칙 부　　칙 <법률 제1437호, 1963. 11. 5.>

이 법은 공포한 날로부터 시행한다.

그런데 「사회보장에 관한 법률」은 사회보장제도의 발전을 기하기 위해 만들어진 법이라기보다는 정치적 필요성에 의해 만들어진 법이라고 보는 것이 법에 대한 일반적인 평가이다.[18] 실제로 이 법은 그 내용이 총 7조에 불과했으며, 제7조에 규정된 바와 같이 법 시행에 필요한 사항은 각령으로 정하기로 했을 뿐 법 시행에 필요한 시행령조차 만들어지지 않았다는 사실이 그러한 평가를 뒷받침한다. 유명무실했던「사회보장에 관한 법률」은 결국 제정된 지 33년 만에「사회보장기본법」에 의해 1996년 7월 1일 타법폐지되었다.

「사회보장기본법」은 이러한 배경하에서 1995년 12월 30일 제정되었으며, 제정 이후 최근까지 여러 차례의 개정과정을 거쳐 현행「사회보장기본법」으로 발전해 왔다. 「사회보장기본법」은 총 7장 43조와 부칙으로 구성되어 있다.

글상자 3-4 「사회보장기본법」의 구성

제1장 총칙	제2장 사회보장에 관한 국민의 권리
제3장 사회보장 기본계획과 사회보장위원회	제4장 사회보장정책의 기본방향
제5장 사회보장제도의 운영	제6장 사회보장정보의 관리
제7장 보칙	부칙

〈표 3-9〉「사회보장에 관한 법률」과「사회보장기본법」의 제·개정 연혁

법명	제·개정일 (시행일)	주요 내용	제·개정방식
사회보장에 관한 법률	1963. 11. 5. (1963. 11. 5.)	국민의 자립정신, 경제적 사정 참작 등	타법폐지
사회보장 기본법	1995. 12. 30. (1996. 7. 1.)	사회보장제도의 운영, 사회보장을 받을 권리, 사회보장심의위원회 구성 등	제정법
	2005. 1. 27. (2005. 1. 27.)	사회보장심의위원회 확대, 민간참여의 내용과 범위	일부개정
	2008. 2. 29. (2008. 2. 29.)	부처명 변경	「정부조직법」 개정

18) 이 법은 그 당시 군사혁명을 통해 정권을 잡은 군사정권이 정권을 정당화하려는 의도와 외형적으로라도 국제사회에 우리나라 정부가 국민의 기본권을 보장하기 위해 노력하고 있음을 보여 줘야 할 필요성이 맞물렸기 때문에 제정되었다고 보는 견해가 일반적이다. 경제발전이 최우선시되던 그 당시 상황에서 사회보장은 그 우선순위가 결코 높지 않았다.

사회보장 기본법	2009. 6. 9. (2009. 6. 9.)	사회보장 주요 시책과 「회복지사업법」상 지역사회복지계획 조율	일부개정
	2010. 1. 18. (2010. 3. 19.)	부처명 변경	「정부조직법」 개정
	2012. 1. 26. (2013. 1. 27.)	저출산·고령화 위험, 평생사회안전망, 소득보장 및 사회서비스보장 등	전부개정
	2013. 3. 23. (2013. 3. 23.)	부처명 변경	「정부조직법」 개정
	2014. 11. 19. (2014. 11. 19.)	부처명 변경	「정부조직법」 개정
	2015. 12. 29. (2016. 1. 1.)	부처명 변경, 사회보장급여 수준기준 변경 (최저생계비와 최저임금 → 최저보장수준과 최저임금)	일부개정
	2015. 7. 24. (2016. 1. 25.)	부처명 변경	「정부조직법」 개정
	2017. 7. 26. (2017. 7. 26.)	부처명 변경	「정부조직법」 개정
	2018. 12. 11. (2018. 12. 11.)	중앙-지방 간 사회보장제도 협의조정을 위해 정부출연연구기관 및 사회보장정보원에 업무 위탁 가능	일부개정
	2019. 12. 3. (2020. 6. 4.)	부처명 변경	「정부조직법」 개정
	2020. 4. 7. (2020. 7. 8.)	중앙-지방 간 사회보장 재정추계 및 사회보장 통계를 위한 민간연구기관에 업무 위탁 가능	일부개정
	2021. 6. 8. (2021. 12. 9.)	사회보장정책 기획, 평가, 제도개선 등을 위해 사회보장 행정데이터 분석 센터 설치·운영 가능	일부개정

출처: 윤찬영(2013). **사회복지법제론**. p. 474; 2013년 이후 제·개정 사항은 저자가 정리한 내용임.

「사회보장기본법」의 내용 중 특별히 눈여겨볼 필요가 있는 부분 중 하나는 제1장 제3조(정의) 부분이다. 이 법은 제3조에서 사회보장을 다음과 같이 정의하고 있다. 이 정의에 따르면, 우리나라 사회보장은 그 존재 목적이 사회적 위험으로부터 국민을 보호하고 국민 삶의 질을 향상시키는 것이고, 그 수단은 사회보험, 공공부조, 사회서비스라는 것을 알 수 있다.

글상자 3-5 「사회보장기본법」 제1장 제3조

제3조(정의) 이 법에서 사용하는 용어의 뜻은 다음과 같다.

1. "사회보장"이란 출산, 양육, 실업, 노령, 장애, 질병, 빈곤 및 사망 등의 사회적 위험으로부터 모든 국민을 보호하고 국민 삶의 질을 향상시키는 데 필요한 소득·서비스를 보장하는 사회보험, 공공부조, 사회서비스를 말한다.
2. "사회보험"이란 국민에게 발생하는 사회적 위험을 보험의 방식으로 대처함으로써 국민의 건강과 소득을 보장하는 제도를 말한다.
3. "공공부조"(公共扶助)란 국가와 지방자치단체의 책임하에 생활 유지 능력이 없거나 생활이 어려운 국민의 최저생활을 보장하고 자립을 지원하는 제도를 말한다.
4. "사회서비스"란 국가·지방자치단체 및 민간부문의 도움이 필요한 모든 국민에게 복지, 보건의료, 교육, 고용, 주거, 문화, 환경 등의 분야에서 인간다운 생활을 보장하고 상담, 재활, 돌봄, 정보의 제공, 관련 시설의 이용, 역량 개발, 사회참여 지원 등을 통하여 국민의 삶의 질이 향상되도록 지원하는 제도를 말한다.
5. "평생사회안전망"이란 생애주기에 걸쳐 보편적으로 충족되어야 하는 기본 욕구와 특정한 사회위험에 의하여 발생하는 특수욕구를 동시에 고려하여 소득·서비스를 보장하는 맞춤형 사회보장제도를 말한다.

그런데 제3조 내용과 관련해서 한 가지 생각해 봐야 할 것은 제3조에 사회복지의 뜻이 포함되어 있지 않다는 점이다. 사실 사회복지의 뜻은 우리나라 현행 법령 중 어디에도 정의되어 있지 않다. 문제는 그렇기 때문에 「헌법」 제34조가 규정하고 있는 "국가가 사회보장·사회복지의 증진에 노력해야 할 의무를 진다."는 말에서 사회복지 증진의 의미가 불분명하다는 것이다. 사회보장은 그나마 「사회보장기본법」에서 "사회보험, 공공부조, 사회서비스로 한다."라고 규정하고 있기 때문에 사회보장의 증진의 의미를 이 세 가지 수단의 발전으로 이해해 볼 수 있지만 사회복지의 증진은 그 의미를 어떻게 정의해야 할지 알 수 없다.

저자는 이 문제가 사회복지 학자 및 실천가들 사이에서 끊임없이 벌어지고 있는 사회보장과 사회복지의 관계에 관한 논쟁의 핵심이라고 생각한다. 이 문제에 대해서 저자는 다음과 같은 입장을 가지고 있다.

글상자 3-6 사회보장과 사회복지의 관계

「사회복지사업법」 제1조의2(기본이념)의 규정에 근거하여 사회복지를 '지원적 서비스'로 보는 것이 타당하다.[19] 이러한 전제하에서 시회복지는 2012년 개정된 「사회보장기본법」이 규정하고 있는, 사회보장의 세 가지 수단 중 하나인 사회서비스의 일부로 봐야 한다. 따라서 사회보장과 사회복지의 관계는 사회보장이 사회복지보다 광의 개념으로서 사회보장이 사회복지를 포괄하는 관계로 본다.

따라서 저자는 이러한 입장에서 「사회보장기본법」에 규정된 사회보장을 주된 영역으로 하는 실천을 거시사회복지실천으로, 사회복지 제공을 목적으로 개인 또는 개별화 가능한 다수의 사람을 대상으로 하는 실천을 미시사회복지실천으로 구분한다.[20]

「사회보장기본법」의 내용 중 또 한 가지 주목할 필요가 있는 부분은 제3장 사회보장 기본계획과 사회보장위원회 부분이다. 제3장 제16조와 제19조에 따라 보건복지부장관은 중앙정부 차원의 사회보장에 관한 기본계획을 5년마다 수립하고, 시·도지사는 지역차원의 사회보장에 관한 지역계획을 중앙의 기본계획과 연계되게 수립하고 시행해야 한다.

---

19) 국가법령정보센터(http://www.law.go.kr). 「사회복지사업법」.

> 사회복지사업법 [시행 2021. 12. 21.]
>
> 제1조의2(기본이념) ① 사회복지를 필요로 하는 사람은 누구든지 자신의 의사에 따라 서비스를 신청하고 제공받을 수 있다.
>
> ② 사회복지법인 및 사회복지시설은 공공성을 가지며 사회복지사업을 시행하는 데 있어서 공공성을 확보하여야 한다.
>
> ③ 사회복지사업을 시행하는 데 있어서 사회복지를 제공하는 자는 사회복지를 필요로 하는 사람의 인권을 보장하여야 한다.
>
> ④ 사회복지서비스를 제공하는 자는 필요한 정보를 제공하는 등 사회복지서비스를 이용하는 사람의 선택권을 보장하여야 한다.

20) 앞서 제1장에서도 언급했듯이, 이 책은 저자가 가진 이러한 생각과 유사한 생각을 가지고 사회보장과 관련된 실천(그리고 연구)을 하고 있는(또는 앞으로 하고자 하는) 사회복지 전문인들을 위해 쓴 것이다.

글상자 3-7 「사회보장기본법」 제3장 제16조, 제19조

제16조(사회보장 기본계획의 수립) ① 보건복지부장관은 관계 중앙행정기관의 장과 협의하여 사회보장 증진을 위하여 사회보장에 관한 기본계획(이하 "기본계획"이라 한다)을 5년마다 수립하여야 한다.

제19조(사회보장에 관한 지역계획의 수립·시행 등) ① 특별시장·광역시장·특별자치시장·도지사 또는 특별자치도지사·시장(「제주특별자치도 설치 및 국제자유도시 조성을 위한 특별법」 제11조 제1항에 따른 행정시장을 포함한다)·군수·구청장(자치구의 구청장을 말한다. 이하 같다)은 관계 법령으로 정하는 바에 따라 사회보장에 관한 지역계획(이하 "지역계획"이라 한다)을 수립·시행하여야 한다. <개정 2015. 7. 24.>

② 지역계획은 기본계획과 연계되어야 한다.

③ 지역계획의 수립·시행 및 추진실적의 평가 등에 필요한 사항은 대통령령으로 정한다.

지역계획의 수립 및 시행은 지역 특성에 맞는 사회보장사업 개발하여 운영함으로써 지역이 가진 특수한 욕구를 효과적으로 충족시킬 수 있는 기회임과 동시에 역량 있는 거시사회복지실천가의 역할이 절실히 필요한 영역이라는 점에서 매우 중요한 의미를 갖는다.

공식적으로 발표된 내용은 아니지만, 이제까지 두 차례에 걸쳐 실시된 지역계획의 수립·시행 및 추진실적에 대한 평가 결과, 지역계획의 수립·시행에 참여할 수 있는 인적 자원을 더 많이 보유하고 활용한 지방자치단체가 그렇지 못한 지방자치단체에 비해 상대적으로 더 좋은 평가를 받는 경향이 나타나고 있다. 이러한 사실은 지역계획(그리고 기본계획)에 있어서 전문성을 갖춘 거시사회복지실천가의 역할의 얼마나 중요한지를 잘 보여 주는 예라고 하겠다.

마지막으로, 「사회보장기본법」의 내용 중 제4장 사회보장정책의 기본방향을 살펴볼 필요가 있다. 이 법의 제4장이 다음과 같은 사항을 규정함으로써 우리나라 사회보장정책의 기본방향이 소득보장뿐만 아니라 사회서비스보장과 평생사회안전망 구축으로도 설정되어 있음을 명시하고 있다.

이러한 제4장의 내용은 지난 2012년 1월 26일 「사회보장기본법」(법률 제9932호)를 전부개정하면서 처음으로 삽입된 내용이다. 2012년의 법 개정은 한마디로 말해서 빠르게 변하고 있는 21세기 사회적 환경 속에서 국민 모두에게 인간다운 생활과 자립, 사회참여, 자아실현 등을 지원하는 것이 사회적 위험으로 인한 소득의 감소·상실을 예방하거나 보전해 주는 것 못지않게 국민의 삶에 질 제고에 있어서 중요하다는 인식을「사회보장기본법」이 확인한 것이라 할 수 있다.

이와 같은「사회보장기본법」의 발달 과정을 볼 때 사회보장에 있어서 사회서비스가 갖는 중요성은 향후 점점 더 높아질 것으로 예상된다.

글상자 3-8 「사회보장기본법」 제4장

제4장 사회보장정책의 기본방향

제22조(평생사회안전망의 구축·운영) ① 국가와 지방자치단체는 모든 국민이 생애 동안 삶의 질을 유지·증진할 수 있도록 평생사회안전망을 구축하여야 한다.

② 국가와 지방자치단체는 평생사회안전망을 구축·운영함에 있어 사회적 취약계층을 위한 공공부조를 마련하여 최저생활을 보장하여야 한다.

제23조(사회서비스 보장) ① 국가와 지방자치단체는 모든 국민의 인간다운 생활과 자립, 사회참여, 자아실현 등을 지원하여 삶의 질이 향상될 수 있도록 사회서비스에 관한 시책을 마련하여야 한다.

② 국가와 지방자치단체는 사회서비스 보장과 제24조에 따른 소득보장이 효과적이고 균형적으로 연계되도록 하여야 한다.

제24조(소득 보장) ① 국가와 지방자치단체는 다양한 사회적 위험하에서도 모든 국민들이 인간다운 생활을 할 수 있도록 소득을 보장하는 제도를 마련하여야 한다.

② 국가와 지방자치단체는 공공부문과 민간부문의 소득보장제도가 효과적으로 연계되도록 하여야 한다.

3) 사회보장급여의 이용·제공 및 수급권자 발굴에 관한 법률

「사회보장급여의 이용·제공 및 수급권자 발굴에 관한 법률」(약칭 「사회보장급여법」)은 다음과 같은 목적을 위해 2017년 3월 21일 제정되었다. 이 법의 제1조(목적)에 명확하게 나타나 있지는 않으나, 이 법은 2014년 발생한 '송파 세 모녀 자살사건' 이후 복지사각지대 처한 빈곤층을 발굴·지원하기 위한 목적과 「사회보장기본법」을 구체화하기 위한 목적이 맞물려 제정된 법이다.

글상자 3-9 「사회보장급여법」 제1조

> 사회보장급여의 이용·제공 및 수급권자 발굴에 관한 법률
> 제1조(목적) 이 법은 「사회보장기본법」에 따른 사회보장급여의 이용 및 제공에 관한 기준과 절차 등 기본적 사항을 규정하고 지원을 받지 못하는 지원대상자를 발굴하여 지원함으로써 사회보장급여를 필요로 하는 사람의 인간다운 생활을 할 권리를 최대한 보장하고, 사회보장급여가 공정하고 효과적으로 제공되도록 하며, 사회보장제도가 지역사회에서 통합적으로 시행될 수 있도록 그 기반을 구축하는 것을 목적으로 한다.

특히 「사회보장기본법」의 구체화와 관련해서는 지역사회보장의 균형발전이라는 지향성을 현실화하기 위한 방안 및 근거 제공이라는 목적이 상대적으로 큰 비중을 차지했다고 볼 수 있다.[21]

「사회보장급여법」은 총 6장 55조와 부칙으로 구성되어 있다. 각 장이 규정하고 있는 주된 내용은 다음과 같다.

---

21) 이에 관한 보다 자세한 내용은 강혜규(2016). 사회보장급여의 시행과 지역사회보장 발전의 과제. 보건복지포럼, 2016. 07, pp. 6-17을 참조하기 바란다.

글상자 3-10 「사회보장급여법」의 구성

사회보장급여의 이용·제공 및 수급권자 발굴에 관한 법률

제1장 총칙	제2장 사회보장급여
제3장 사회보장정보	제4장 사회보장에 관한 지역계획 및 운영체계
제5장 보칙	제6장 벌칙
부칙	

「사회보장급여법」은 제2장에서 용어의 뜻, 다른 법률과의 관계 및 기본원칙을 규정하고 있다. 같은 법 제2장 제2조1호는 사회보장급여를 국가기관과 지방차치단체가 「사회보장기본법」에 따라 제공하는 현금, 현물, 서비스 및 그 이용권(제2조1호)로 규정하고 있다. 제4조4항은 이러한 사회보장급여가 「사회보장기본법」에 근거하여 사회복지법인, 사회복지시설 등 사회보장 관련 민간 법인 및 단체·시설이 제공하는 복지혜택 또는 서비스와 구분되는 것임을 간접적으로 말함과 동시에 복지혜택 또는 서비스가 사회보장급여와 연계되어야 한다는 것을 명시하고 있다.

글상자 3-11 「사회보장급여법」 제2장 제2조-제4조

제2조(정의) 이 법에서 사용하는 용어의 뜻은 다음과 같다.

1. "사회보장급여"란 제5호의 보장기관이 「사회보장기본법」 제3조제1호에 따라 제공하는 현금, 현물, 서비스 및 그 이용권을 말한다.
2. "수급권자"란 「사회보장기본법」 제9조에 따른 사회보장급여를 제공받을 권리를 가진 사람을 말한다.
3. "수급자"란 사회보장급여를 받고 있는 사람을 말한다.
4. "지원대상자"란 사회보장급여를 필요로 하는 사람을 말한다.
5. "보장기관"이란 관계 법령 등에 따라 사회보장급여를 제공하는 국가기관과 지방자치단체를 말한다.

제3조(다른 법률과의 관계) 사회보장급여의 이용 및 제공에 필요한 기준, 방법, 절차와 지원대상자

의 발굴 및 지원 등에 관하여는 다른 법률에 특별한 규정이 있는 경우를 제외하고는 이 법에 따른다.

제4조(기본원칙) ① 사회보장급여가 필요한 사람은 누구든지 자신의 의사에 따라 사회보장급여를 신청할 수 있으며, 보장기관은 이에 필요한 안내와 상담 등의 지원을 충분히 제공하여야 한다.

② 보장기관은 지원이 필요한 국민이 급여대상에서 누락되지 아니하도록 지원대상자를 적극 발굴하여 이들이 필요로 하는 사회보장급여를 적절하게 제공받을 수 있도록 노력하여야 한다.

③ 보장기관은 국민의 다양한 복지욕구를 충족시키고 생애주기별 필요에 맞는 사회보장급여가 공정·투명·적정하게 제공될 수 있도록 노력하여야 한다.

④ 보장기관은 사회보장급여와 「사회복지사업법」 제2조제3호 및 제4호의 사회복지법인, 사회복지시설 등 사회보장 관련 민간 법인·단체·시설이 제공하는 복지혜택 또는 서비스를 효과적으로 연계하여 제공할 수 있도록 노력하여야 한다.

⑤ 보장기관은 국민이 사회보장급여를 편리하게 이용할 수 있도록 사회보장 정책 및 관련 제도를 수립·시행하기 위하여 노력하여야 한다.

⑥ 보장기관은 지역의 사회보장 수준이 균등하게 실현될 수 있도록 노력하여야 한다.

제3조는 다른 법률에 특별한 규정이 있는 경우를 제외하고는 사회보장급여의 이용 및 제공에 필요한 기준, 방법, 절차와 지원대상자의 발굴 및 지원 등은 이 법에 따른다고 규정하고 있다. 이는 이 법이 사회보장급여의 이용 및 제공에 관한 기준·절차 등에 관한 다른 법률에 대해 일반법이라는 것을 말해 준다.

「사회보장급여법」의 제2장은 사회보장급여에 관한 사항을 규정하고 있으며, 그 초점은 사회보장 사각지대에 처해 있거나 처하게 될 빈곤층을 적극 발굴하고 지원하는 데 맞춰져 있다. 예를 들면, 제2장 제5조는 사회보장급여를 신청할 수 있는 사람의 범위를 지원대상자뿐만 아니라 그 친족, 「민법」에 따른 후견인, 「청소년 기본법」에 따른 청소년지도사, 지원대상자를 사실상 보호하고 있는 자 등으로까지 확대 규정함으로써 사회보장급여 지원대상자가 누락되지 않게 하고 있다.

이와 더불어 신청주의 원칙이 갖는 문제점을 보완하기 위해서 제5조2항을 통해 지원대상자의 동의하에 보장기관 업무담당자가 지원대상자에 대한 사회보장급여 제공을 직권으로 신청할 수 있게 규정하고 있다. 또한 그럼에도 불구하고 누락된 지원대상가 있을 경우를 대비하여 제9조의2 1항을 통해 누락된 지원대상자가 적절한 사회보장급여를 제공받을 수 있도록 보장기관의 장으로 하여금 위기가구를 발굴하기 위해 노력해야 한다는 것을 규정하고 있다.

제13조에서는 사회적 위험으로 인하여 사회보장급여를 필요로 하는 지원대상자를 발견할 경우 보장기관에 알려야 할 신고의무가 모든 사람에게 있음을 1항을 통해 명시하고 있으며, 2항을 통해서는 반드시 신고의무를 이행해야 하는 사람을 구체적으로 열거하고 있다.

「사회보장급여법」의 제4장은 「사회보장기본법」에 따라 광역 및 기초지방자치단체의 장이 수립·시행해야 하는 지역사회보장계획(이하 지역계획)과 관련하여 지방자치단체장의 책임과 지역계획 수립 시 따라야 할 절차 등을 장 아래에 3개 절로 나누어서 구체적으로 규정하고 있다. 제4장의 내용 중 눈여겨볼 필요가 있는 조항으로는 제35조를 꼽을 수 있다. 제35조에 따르면, 지역계획은 매 4년마다 수립하게 되어 있는데, 「사회보장기본법」상의 중앙사회보장계획은 5년마다 수립하게 되어 있어 중앙계획과 지방계획 간에 계획 기간 단위가 일치하지 않는다는 것을 알 수 있다. 따라서 필요하다면 두 계획의 기간 단위를 일치시켜 두 계획 간 연계가 보다 원활히 이루어지게 해야 할 것이라 판단된다.

글상자 3-12 「사회보장급여법」 제4장 제45조-제47조

제45조(지역사회보장의 균형발전) 중앙행정기관의 장 및 시·도지사는 시·도 및 시·군·구 간 사회보장 수준의 차이를 최소화하기 위하여 예산 배분, 사회보장급여의 제공 기관 등의 배치 등에 필요한 조치를 하여야 한다.

제46조(지역사회보장균형발전지원센터) ① 보건복지부장관은 시·도 및 시·군·구의 사회보장 추진 현황 분석, 지역사회보장계획의 평가, 지역 간 사회보장의 균형발전 지원 등의 업무를 효과적으로 수행하기 위하여 지역사회보장균형발전지원센터를 설치·운영할 수 있다.
② 보건복지부장관은 지역사회보장균형발전지원센터의 운영을 관련 전문기관에 위탁할 수 있다.
③ 지역사회보장균형발전지원센터의 설치·운영과 운영의 위탁 등에 필요한 사항은 보건복지부령으로 정한다.

제47조(지방자치단체에 대한 지원) 중앙행정기관의 장은 시·도지사 및 시장·군수·구청장에게 사회보장 사업의 수행에 필요한 비용을 지원할 수 있으며, 이 경우 제39조에 따른 평가결과를 반영할 수 있다.

마지막으로, 제4장의 조문 내용 중 제45조, 제47조의 내용에 주목해 볼 필요가 있다. 제45조와 제47조는 각각 지역사회보장의 균형발전을 위해 중앙행정기관의 장 및 광역지방자치단체의 장이 예산 배분, 제공기관 배치 등의 적극적 조치를 취할 수 있음과, 지역계획에 대한 평가에 근거하여 사회보장사업 수행에 필요한 비용을 지원할 수 있음을 명시하고 있다.

이러한 규정은 지역계획 시행을 통해 얻은 성과와 지방자치단체에 대한 지원, 그리고 더 나아가서는 지역사회보장 균등화 조치(예, 지방자치단체에 대한 차등적 재정지원 등)와 연계될 수 있는 근거가 된다는 점에서 다른 조항들에 비해 중요도가 높으므로 기억해 둘 필요가 있다.

제4장

국가행정조직

제4장

국가행정조직

법으로써 사회보장권을 권리로 규정하고 사회보장권의 실질적 보장을 위한 사회보장사업의 근거를 마련했다면, 그다음 과제는 법에 규정된 원칙에 따라 사업을 수행함으로써 국민이 인간답게 살 수 있는 사회적 환경을 만드는 것이다. 제1장에서는 거시사회복지실천을 「사회보장기본법」에 규정된 사회보장을 대상으로 하는 사회복지실천으로 정의하였다. 앞서 제2장과 제3장에서 다룬 내용이 거시사회복지실천의 근거인 법을 이해하는 데 필요한 내용이었다면,[1] 이 장에서는 사회보장 행정을 이해하는 데 필요한 기초 지식들을 살펴볼 것이다. 사회보장 행정은[2] 국가, 지방자치단체, 공공조직, 민간주체 등 다양한 주체에 의해서 이루어지지만, 그 가운데 가장 핵심적인 주체는 국가이다. 국가에 의해서 행해지는 사회보장 행정을 이해하기 위해서는 국가행정조직, 지방자치단체, 공공조직 등에 대한 이해가 필수적이다. 이 장에서는 이 가운데 국가행정조직과 공공조직에 대해서 살펴볼 것이며, 지방자치단체는

1) 물론 사회보장 관련법의 제·개정 과정에 참여하는 것 그 자체도 거시사회복지실천의 한 영역임은 두말할 나위가 없다.

2) 이 책에서는 사회보장 행정을 사회보장사업 수행의 의미로 사용한다. 제1장에 제시한 [그림 1-1]의 사회보장사업 수행체계를 머릿속에 떠올려 보면 사회보장 행정의 개념을 이해하는 데 도움이 될 것이다.

제6장에서 살펴보기로 하겠다.

1. 국가행정조직

국가행정조직을 이해하기 위해서는 먼저 국가조직이 무엇인지 이해해야 한다.[3)] 국가조직이란 국가가 공익 달성에 필요한 업무를 수행하기 위하여 설치한 행정기관의 체계적 전체를 말한다. 국가조직은 [그림 4-1]에 나와 있는 것처럼 일반적으로 그 범위가 정부를 구성하는 입법부, 사법부, 행정부 모두를 포함한다. 국가조직은 공익 실현을 목표로 하고 있다는 점에서 민간조직, 특히 민간경영조직과 구별된다.

국가조직을 흔히 정부조직이라고 부르기도 한다. 국가조직과 동의어로 사용되는 정부조직은 그 개념이 입법, 사법, 행정 3부 모두를 아우르는 광의개념의 정부조직이다. 협의개념의 정부조직은 행정부를 의미한다. 이 책에서는 정부조직이라는 용어를 협의개념, 즉 행정부 조직을 뜻하는 용어로 사용하며, 그 범위를 [그림 4-1]과 같이 국가행정조직(부속기관 및 합의제 행정기관을 포함한)과 지방자치단체로 본다.

글상자 4-1 정부조직: 광의개념과 협의개념

- 광의개념 정부조직 = 국가조직 = 입법부+사법부+행정부
- 협의개념 정부조직 = 행정부 = 국가행정조직+지방자치단체

3) 조직이란 공동의 목표를 달성하기 위해 협력적으로 활동하는 다수의 사람들 간에 역할과 기능을 할당하여 의도적으로 만든 활동 체계이다. 조직이라는 활동 체계 내에서 이루어지는 한 개인의 활동은 조직 내 다른 개인의 활동과 연결되어 있다. 그렇기 때문에 동일한 활동이라도 한 개인이 그 활동을 조직의 일원으로서 수행할 때와 조직 밖에서 수행할 때는 결과에 있어서 엄청난 차이가 발생한다. 예를 들어, 어떤 목표를 달성하는 데 n개의 활동이 필요하다고 가정해 보자. 이 n개 활동이 n명의 개인에 의해 조직 체계 밖에서 이루어진다면 각각의 활동은 말 그대로 '한 개인의 활동'이며 n개 활동 중 하나인 1/n에 불과하다. 그러나 이 n개 활동이 조직 체계 내에서 이루어지면 한 개인의 활동은 전자와 마찬가지로 목표 달성에 필요한 n개 활동 중 하나인 1/n의 활동이기는 하지만 조직 내 다른 사람들이 수행한 n-1/n의 활동과 연결되어 있고, 그렇기 때문에 한 개인으로서는 절대로 달성할 수 없는 목표를 달성해 낼 수 있다. 국가조직은 국가가 공익을 실현함에 있어서 이와 같은 조직의 장점을 이용하기 위해 의도적으로 만든 활동 체계이다.

국가가 사회보장을 포함한 공익 업무를 효율적·효과적으로 수행하기 위해서는 정부조직과 더불어 공공조직의 역할이 필요하다. 공공조직은 국가행정조직의 역할을 간접 지원하는 역할을 담당하는 기관이다. 두 조직 간의 이러한 관계를 강조하는 의미에서 국가행정조직을 직접국가행정조직이라고 하고, 공공조직을 간접국가행정조직이라고 한다.

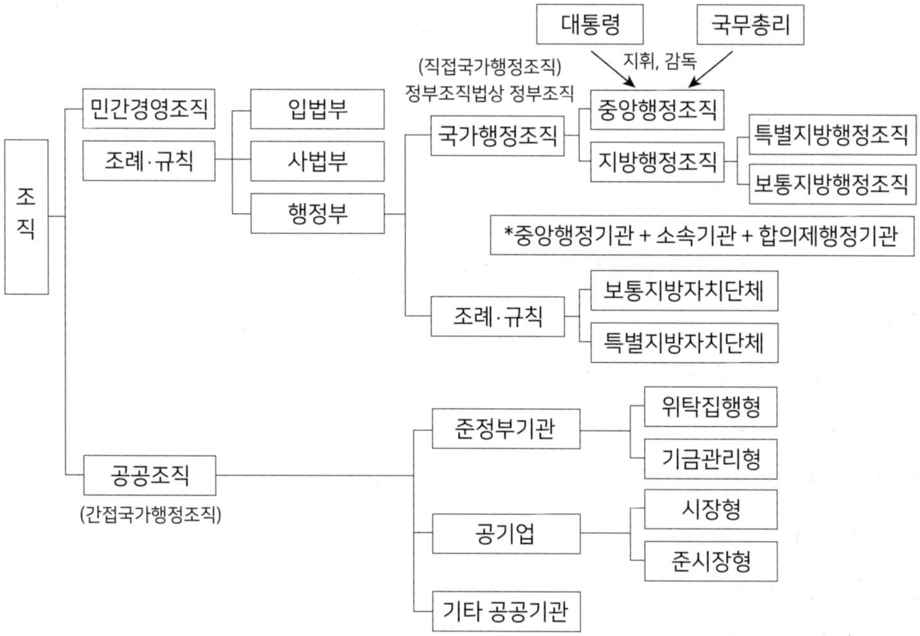

[그림 4-1] 국가조직체계

출처: 행정안전부(http://www.org.go.kr/intrcn/orgnzt/viewSystm.do). 정부조직관리정보시스템.
홍정선(2015). 행정법원론(하). 박영사, p. 6.

국가(정부)의 행정조직은 법령에 근거해야 한다. 이를 정부조직법정주의라고 한다. 우리나라는 국가행정조직에 관한 사항을 국가행정조직법으로 규정하고 있다. 국가행정조직법은 「민법」이나 「헌법」처럼 독자적으로 존재하는 법이 아니라 국가의 행정권의 조직에 관한 여러 법들의 총괄이다. 즉, 국가행정조직에 관한 사항을 규정한 여러 법들을 총칭하여 국가행정조직법이라고 부르는 것이다.

〈표 4-1〉 직접국가행정조직법과 간접국가행정조직법

직접국가행정조직법	직접국가행정을 수행하는 중앙행정조직과 지방행정조직의 설치 및 조직에 관한 법을 총괄한다. 직접국가행정조직의 설치 및 운영 등의 근거가 되는 일반법은 「정부조직법」이다. 물론 특별법에 근거하는 국가행정조직도 있다. 예를 들면, 감사원은 「헌법」에 근거한 중앙행정기관이고, 국가안전보장회의, 국가정보원, 위원회 등은 각각의 특별법에 근거한다.
간접국가행정조직법	간접국가행정을 수행하는 법인, 예를 들면 정부출연기관, 공단, 공사 등의 설치 및 조직에 관한 법을 말한다.

2. 중앙행정조직

중앙행정조직은 국가가 행정사무를 담당하기 위해 설치한 중앙행정기관의[4] 전체적인 체계이다. 2022년 기준 중앙행정조직은 대통령과 국무총리 그리고 2원, 4실, 5처, 18부, 18청, 7위원회로 구성되어 있다.

중앙행정기관은 「정부조직법」과 그 외의 개별법에 의해 규정된 행정기관으로서 그 관할권의 범위가 전국에 미치는 행정기관이다. 2022년 기준 중앙행정기관은 18부, 5처, 18청, 독립중앙행정기관인 국가인권위원회 그리고 중앙행정기관의 지위를 가진 합의제행정기관을 말한다.[5] 중앙행정기관과 중앙행정기관의 소속기관 및 보조·보좌기관을 합하여 국가행정기관이라고 한다.

글상자 4-2 행정기관, 행정조직, 행정청

- 행정기관: 행정주체인 공공단체는 공법인(公法人)이라고 하는, 권리능력의 주체가 될 수 있는 법적 지위를 갖는다. 법인으로서의 행정주체가 행정을 실현하기 위해서는 수단이 필요하다. 이는 재물에 법인격을 부여하여 재단법인을 만든다 하더라도 재물 그 자체가 행위를 할 수는 없기 때문에 행위 수단을 필요한 것과 마찬가지다. 행정주체가 행정 행위를 하기 위해 마련한 수단을 행정기관

---

4) 행정기관에 관한 설명은 [글상자 4-2]를 참조하기 바란다.

5) 이 책에서는 전체적 활동 체계라는 의미를 강조할 때는 중앙행정조직이라는 용어를 사용하고, 행정 수단이라는 의미를 강조할 때는 중앙행정기관이라는 용어를 사용하기로 하겠다.

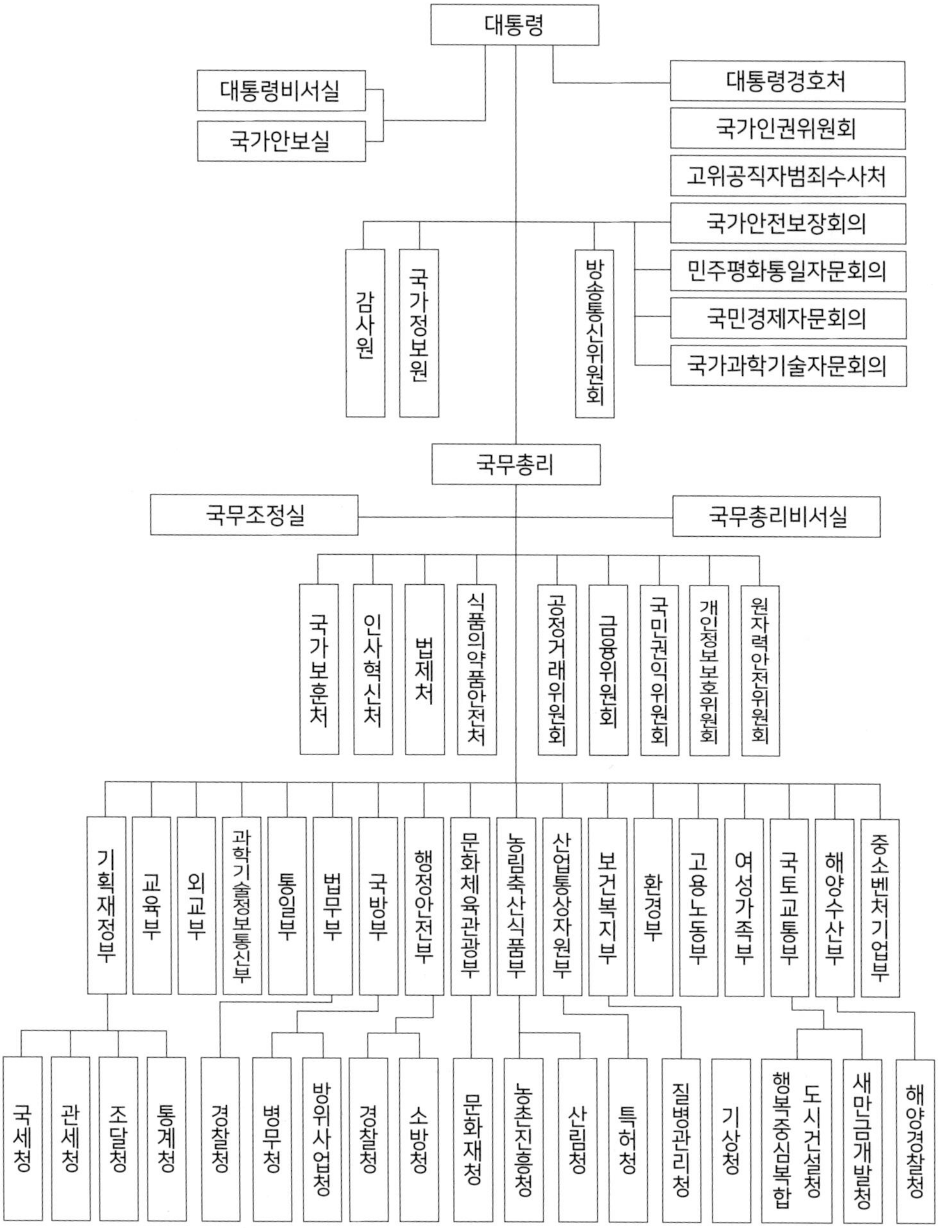

[그림 4-2] 중앙행정조직

출처: 행정안전부 정부24(https://www.gov.kr/portal/orgInfo?Mcode=11180). 정부/지자체 조직도.

이라고 한다. 행정기관은 개인일 수도 있고 단체일 수도 있고(예: 위원회), 조직을 가리킬 수도 있다(예: 실, 국, 과). 종종 행정 수단으로서의 행정기관을 총칭하여 행정기구라고 부르기도 한다.

- 행정조직: 행정기관의 체계적인 전체를 가리켜 행정조직이라고 한다.
- 행정청: 행정기관의 모든 구성원이 기관을 대표할 수는 없다. 따라서 행정기관 중 의사를 결정하고 이를 외부에 표시하는 권한을 가진 대표가 필요한데, 그 대표를 행정청 또는 행정관청이라고 한다. 일반적으로 행정기관의 장을 행정청으로 본다. 행정청 개념은 행정기관을 인격 소유자와 유사하게 취급하여 소송행위나 심판행위의 일방당사자로 규정하기 위해 사용한다.

〈표 4-2〉 중앙행정기관

원(院)*	대통령의 업무를 보좌하기 위해 설치한 대통령 직속기관으로서 국가 안보·안위와 관련된 업무를 수행한다. 감사원과 국가정보원이 있으며, 감사원의 설치 근거는 「헌법」에 있고 국가정보원의 설치 근거는 「정부조직법」에 있다. 감사원장은 대통령이 임명하되 국회 인사청문특별위원회의 인사청문을 거치고 국회의 동의를 얻어야 한다.
실(室)*	대통령과 국무총리의 업무를 보좌하기 위해 설치한 직속기관이다. 대통령비서실과 국가안보실은 대통령을 보좌하고, 국무조정실과 총리비서실은 국무총리를 보좌한다. 모두 「정부조직법」에 근거 규정이 있다.
부(部)	대통령이 결정한 정책과 그 외 행정부의 권한에 속하는 사항을 수행하는 국무총리 산하의 기관이다. 고유의 국가행정사무를 수행하기 위해 기능별 또는 대상별로 설치한다. 부의 설치는 「정부조직법」에 근거한다. 2022년 기준 총 18개부가 있다.
처(處)	국무총리 소속기관으로서 여러 부에 관련되는 기능을 통합적으로 관할하는 참모적 업무를 맡는 기관이다. 부·청에 비해 정책수립 등 정책기능의 비중이 상대적으로 큰 편이며, 국민 대상 직접 행정서비스보다는 행정기관을 지원하는 관리적 기능이나 부처의 정책을 조정하는 정부운영 기능을 주로 수행한다. 대통령경호처, 고위공직자범죄수사처는 대통령 직속기관이고, 국가보훈처, 인사혁신처, 법제처, 식품안전의약처는 국무총리실 소속기관이다.
청(廳)	행정각부 산하의 중앙행정기관이다. 다른 행정기관에 비해 업무의 독자성이 높고 업무의 범위가 전국에 미치는 일을 수행한다. 소관사무에 관하여 직접적인 법규명령을 제청할 수 없기 때문에 청이 수행하는 업무는 부·처에 비해 집행적 성격이 크다. 각 부의 업무 중 독자성이 강한 업무는 부 조직에서 청을 분리·설치하여 담당하게 한다. 2022년 기준 총 18개가 설치되어 있으며, 국토교통부 산하 2개 청을 제외한 모든 청은 「정부조직법」에 근거한다.

합의제행정기관(위원회)	행정기관이 담당하는 사무에 관하여 자문을 하거나 조정, 협의, 심의 또는 의결 등을 하기 위해 만들어진, 복수의 구성원으로 이루어진 합의제기관이다. 이해당사자 간 대립과 갈등이 빈번하고 불확실성이 높은 조직환경을 갖기 때문에 일반적으로 조직규모가 작은 것을 특성으로 한다. 대통령 직속기구인 국가인권위원회와 방송통신위원회, 국무총리실 소속기관인 공정거래위원회, 금융위원회, 국민권익위원회, 개인정보보호위원회, 원자력위원회가 있다.

* 일반적으로 원과 실은 중앙행정기관으로 보지 않으나 각각의 담당 업무를 알아둘 필요가 있어 표에 포함시킴.

1) 대통령

대통령은 외국에 대하여 국가를 대표하고 수반이 되는 최고의 통치권자로서 행정권의 중앙정부조직의 최상위 행정청이다.

○ 선출

- 대통령은 국민의 보통, 평등, 직접, 비밀 선거에 의해 선출한다. 대통령으로 선거될 수 있는 자는 국회의원 피선거권이 있고 선거일 현재 40세에 달하여야 한다. 대통령의 임기는 5년이며 중임, 즉 동일인이 두 번 대통령으로 취임할 수 없다.
- 대통령 선거에서 당선된 당선인은 당선인의 지위와 권한을 갖는데 인수위원회의 보좌를 받아 국무총리와 국무위원 후보자 지명 등의 업무를 한다.
- 대통령이 직무수행이 불가능한 상태에서는 국무총리, 부총리, 대통령이 지명한 국무위원,「정부조직법」에 규정된 국무위원 순서로 권한을 대행한다.

○ 책무

책무란 직무(직책이나 직업상에서 담당하여 맡은 사무)에 따른 책임 또는 임무를 말한다. 대통령의 책무로는 모든 중앙행정기관의 장에 대한 지휘·감독, 국가보위, 평화통일, 겸직금지, 탄핵소추 등이 있다.

글상자 4-3 대통령 탄핵소추

직무집행에 있어서 「헌법」이나 법률을 위반할 경우 국회가 탄핵소추를 의결할 수 있다. 재적의원 과반수 발의와 재적위원 2/3의 찬성이 필요하다. 탄핵소추 의결을 받으면 탄핵심판이 있을 때까지 권한이 정지된다. 탄핵결정은 공직파면에 그친다. 단, 민사 또는 형사상 책임이 면제되는 것은 아니다.

○ 권한

대통령의 권한은 국회의 동의를 얻어야 하는 사항과 국회의 동의를 필요로 하지 않는 정부권한 사항으로 나뉜다. 정부권한 사항은 국무회의 심의를 거치거나 단독으로 행할 수 있는 권한이지만 국무총리와 관계국무위원의 부서가 반드시 필요하다. 대통령의 권한 중 대표적인 권한은 〈표 4-3〉과 같다.

〈표 4-3〉 대통령의 권한

국회 동의 필요 사항	• 긴급명령: 법률의 효력을 가지는 명령을 발할 수 있다. 단, 지체 없이 국회에 보고하여 승인을 얻어야 한다. 승인을 받지 못하면 긴급명령은 효력을 상실한다. • 계엄선포: 비상계엄과 경비계엄을 선포할 수 있다. 비상계엄의 경우 영장제도, 언론·출판·집회·결사의 자유, 정부나 법원의 권한에 대해서 특별한 조치를 취할 수 있다. 국회가 재적위원 과반수 찬성으로 해제를 요구하면 해제해야 한다. • 임명동의: 국무총리와 감사원장 임명 시는 국회 인사청문을 거치고 동의를 받아야하며, 국무위원 임명 시는 인사청문만 거친다. • 일반사면
정부권한 사항	• 국민투표 회부: 중요 정책을 국민투표에 부칠 수 있다. • 공무원 임면: 임용권을 가지나 각부장관에게 위임할 수 있다. • 외교사절 신임 접수 파견 • 국군 통수권: 국무회의 심의가 필요하다. • 대통령령 제정: 국무회의 심의가 필요하다. • 특별사면, 감형, 복권: 법무부 사면심사위의 심사 및 국무회의의 심의가 필요하다. • 훈장 등 영전 수여: 국무회의 심의 필요하다. • 국회에 출석하여 발언할 수 있다.

○ 특권과 예우

- 형사소추 금지: 내란 외환을 제외하고는 재직 중 형사소추 금지
- 예우: 대통령은 「공무원연금법」이 아니라 「전직대통령 예우에 관한 법률」에 따라 연금이 지급된다. 전직 대통령은 비서관 3명과 운전기사 1명을 둔다.

○ 보좌기관

- 대통령의 업무를 보좌하는 기관으로는 대통령비서실과 국가안보실이 있다. 대통령비서실 내에서 대통령의 정책 관련 직무를 주로 보좌하는 행정기관은 정책실이다. 정책실은 정책실장과 실장을 보좌하는 경제보좌관, 과학기술보좌관, 재정기획관 및 3개 수석비서관실로 구성되어 있다.
- 수석비서관 중 사회수석비서관은 사회보장, 교육문화 등을 포함한 다양한 사회정책 관련 업무를 보조한다. 일자리수석비서관은 고용노동과 일자리정책 등을, 정무수석비서관은 경제정책 및 산업정책 등에 대한 전문성을 가지고 대통령과 정책실장의 정책 관련 업무를 보조한다.

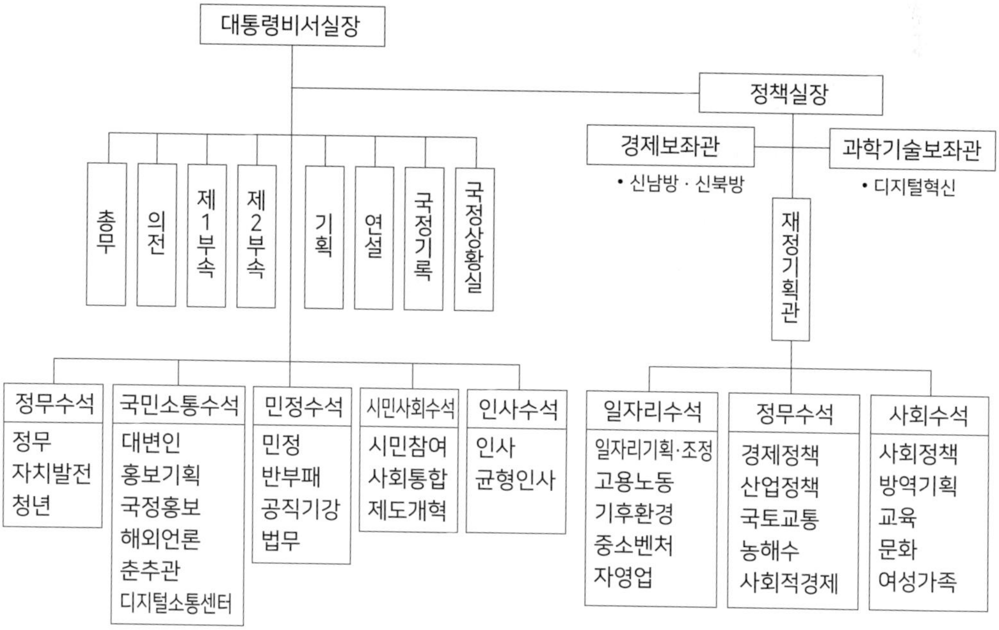

[그림 4-3] 대통령비서실 조직

출처: 대한민국 청와대(https://www1.president.go.kr/about/organization). 대통령비서실 조직도.

○ 보좌기관 외의 직속기관

보좌기관 외의 직속기관으로는 대통령 경호처, 고위공직자범죄수사처, 감사원, 국가정보원, 방송통신위원회로, 5개 자문회의가 있다. 국가인권위원회는 대통령 소속기관이지만 독립적으로 업무를 수행하는 독립중앙행정기관이다.

글상자 4-4 보조기관, 보좌기관, 하부조직

- 보조기구(관)란 중앙행정기구(관)의 기능 중 일부를 분장하여 중앙행정기구(관)의 의사 또는 판단의 결정이나 표시를 직접 보조하거나 행정청의 명을 받아 사무에 종사하는 기구(관)이다. 중앙행정기구(관)의 보조기구(관)는 일반적으로 차관, 차장, 실(장), 국(장), 과(장)으로 하는데 필요에 따라 본부장, 단장, 부장, 팀장 등의 명칭을 사용할 수 있다. 보조기관은 의사결정을 보조할 뿐 스스로 의사 결정 또는 표시할 수 있는 권한은 없다. 단, 의사기관으로부터 권한의 위임이 있으면 의사기관, 즉 행정청의 지위에 있게 된다.
- 보좌기관은 행정청이나 보조기관의 의사결정 진행을 간접적으로 지원하여 행정기관의 기능을 원활히 수행하게 지원하는 기관으로서 관·담당관 체제로 되어 있다. 예를 들면, 각부 장·차관을 보좌하는 차관보, 장관정책보좌관, 대변인 등이 보좌기관에 해당한다. 실 밑에는 업무 특성에 따라 심의관인 정책관을 설치할 수 있다. 1개 실은 3개 관 또는 12개 과 이하로 설치하는 것을 원칙으로 하고, 국은 4개 과 이상일 때 설치 가능하며 실과 달리 국 밑에는 심의관(정책관, 기획관 또는 조정관)을 두지 않는다. 왜냐하면 심의관은 실·국장을 보좌하는 국장급 자리이며 동일 직급 밑에 동일 직급을 둘 수 없는 원칙에 따라 국장이 국장을 보좌할 수 없기 때문이다. 보조가 계선(line) 역할이라면 보좌는 참모(staff) 역할이 강하지만 실제로는 보조와 보좌의 구분이 모호한 경우가 많다.
- 보조기관과 보좌기관의 전체적 체계를 하부조직이라고 한다. 중앙행정기구는 의사결정 또는 판단을 보조하거나 보좌하기 위해 실, 국, 과, 관, 본부 등의 하부조직을 둔다.

출처: 정부조직관리정보시스템(http://org.go.kr/intrcn/orgnzt/viewLpgz.do).

2) 국무총리

국무총리는 대통령의 명을 받아 행정각부를 통괄하는 대통령의 제1위 보좌기관으로서 각 중앙행정기관의 장을 지휘·감독한다. 국무총리는 정무직 공무원이며 임기는 정해지지 않는다. 국무총리 직속기구로는 국가보훈처, 인사혁신처, 법제처, 식품의약품안전처의 4처와 공정거래위원회, 금융위원회, 국민권익위원회, 개인정보보호위원회, 원자력안전위원회의 5위원회가 있다.

○ 선출

- 국무총리는 대통령이 임명하되 국회 동의를 얻어야 한다. 국회는 국무총리 해임을 대통령에게 건의할 수 있다.
- 국회는 국회 본회의에서 국무총리 지명동의안을 표결하기에 앞서 인사청문특별위원회의 인사청문을 실시하여 지명동의안을 국회 본회의에서 재적의원 과반수 출석과 출석의원 과반수 찬성으로 의결 처리한다.

○ 책무

- 국무총리는 대통령의 명을 받아 행정각부를 통괄하며 원활한 국정 운영을 위해 국무를 조정하고 통할한다.
- 국회 출석 답변: 국회, 상임위, 특별위의 요청이 있을 시 출석 답변해야 한다. 단, 총리가 국무위원으로 하여금, 국무위원이 정부위원으로 하여금 대신 출석하여 답변하게 할 수 있다.
- 국회의 해임건의: 국회는 재적위원 과반수 출석, 출석위원 과반수 찬성 시 대통령에게 국무총리의 해임을 건의할 수 있다.
- 탄핵소추: 국무총리가 「헌법」이나 법률을 위반한 경우, 국회 재적위원 1/3 이상의 발의가 있고 재적의원 과반수 찬성이 있을 시 탄핵소추를 의결할 수 있다. 탄핵심판을 거쳐 탄핵이 결정되면 파면, 즉 총리직에서 당연 퇴직된다.

○ 권한

- 대통령의 궐위나 사고 시 1순위로 대통령의 직위와 권한을 대행한다. 이를 대통령권한대행권이라 한다.
- 대통령의 명을 받아 각 중앙행정기관의 장을 지휘·감독하고 통괄하며, 대통령의 승인을 받아 행정감독권을 발휘하여 중앙행정기관장을 중지 또는 취소할 수 있다.

- 국무회의 부의장의 지위를 가지며, 국무위원과 중앙행정기관장의 임명제청권과 해임건의권을 갖는다.
- 법률이나 대통령령이 위임한 바에 따라 또는 총리의 직권으로 총리령을 발할 수 있는 총리령발동권을 갖는다. 총리령은 총리 보좌기구 및 직속 중앙행정기관인 처와 해당 위원회의 업무에 대해서 적용한다. 총리령은 국회의 심의·의결을 거치지 않는다.
- 국회에 출석하여 국정상황을 보고하고 의견을 진술하고 질문에 답할 수 있는 국회출석발언권을 갖는다.
- 대통령의 국법상 행위는 문서로 하며, 이 문서에 총리와 국무위원이 부서한다. 이를 국정행위문서 부서권이라 한다. 이 권한은 대통령의 국법상 행위에 총리가 공동책임을 진다는 것을 의미한다.

○ 보좌기관

- 국무총리는 보좌하는 기관으로는 국무총리비서실과 국무조정실이 있다.
- 국무총리비서실은 국무총리의 직무 보좌 역할을 담당한다.
- 국무조정실 역시 국무총리의 직무를 보좌하지만 주로 각 중앙행정기관의 지휘·감독, 정책의 조정, 사회위험·갈등의 관리, 정부업무평가, 규제개혁 및 국무총리가 특별히 지시하는 사항에 관한 사무를 관장하는 업무를 담당한다.

3) 국무회의

국무회의는 정부 권한에 속하는 주요 정책을 심의하는 최상위 정책심의기관이다. 국무회의는 「헌법」(제88조)에 근거하며, 「정부조직법」(제12조)에 따라 설치 운영되는 국가행정기관의 하나이다.

국무회의는 대통령과 국무위원으로 구성된 회의체로서 국무회의의 의장은 대통령이 맡고 부의장은 국무총리가 맡는다. 국무회의 구성원을 국무위원이라고 하는데, 국무회의는 15명 이상 30명 이하 국무위원으로 구성한다. 국무위원은 정무직이며 행정각부의 장은 모두 국무위원이다. 그러나 국무위원이 모두 행정각부의 장은 아니며 다른 행정기관의 장이 국무위원이 될 수 있다.

〈표 4-4〉 공무원의 종류

공무원	경력직: 공개채용을 거쳐 임용되고 신분이 보장되어 정년까지 공무원으로 근무할 것이 예정되는 공무원	일반직: 기술·연구 또는 행정일반 업무 담당	국가공무원
			지방공무원
		특정직: 특수분야 업무 담당(법관, 검사, 외무공무원, 경찰공무원 등)	국가공무원
			지방공무원
	특수경력직: 경력직공무원이 아닌 공무원	정무직: 법령에서 정무직으로 지정하는 공무원으로서 선거에 의해 취임하거나 임명함에 있어서 국회의 동의를 필요로 하는 공무원과 국무위원, 차관 등 정치적 직종에 속하는 공무원(예: 국무총리, 대통령비서실장, 국무위원 등). 고도의 정책결정 업무 담당 또는 보조	국가공무원
			지방공무원
		별정직: 특정 업무 수행을 위해 법령에서 별정직으로 지정하는 공무원. 비서관·비서 등 보좌업무 수행	국가공무원
			지방공무원

출처: 「국가공무원법」 제2조, 제3조, 「지방공무원법」 제3조.

국무회의는 대통령과는 독립된 헌법기관이다. 국무회의는 국정계획을 비롯한 다양한 정책을 심의하는데 「헌법」 제89조에 규정, 열거되어 있는 사항은 반드시 국무회의에서 심의해야 대통령이 집행할 수 있다. 다만, 국무회의 의결은 법적 구속력이 없어 대통령이 이에 구속되지 않는다. 이러한 이유에서 국무회의는 자문·심의기관이라 볼 수 있다.

대통령의 국무회의는 대통령의 국법상 행위에 대한 부서권(副署權)을 갖는다. 입법과정에서 살펴본 바와 같이, 의회가 의결한 법안에 대해 대통령의 서명하고 국무회의가 부서하는 이유는 바로 이 때문이다.

4) 합의제중앙행정기관

행정기관 중에서 부, 처, 청 같이 최종 의사결정권자가 한 명인[6] 행정기관을 독임제행정기관이라고 하고, 최종 의사결정권자가 복수인 행정기관을 합의제행정기관이라고 한다. 중앙행정기관 중에서는 방송통신위원회, 금융위원회, 공정거래위원회, 원자력위원회, 국민권익위원회 그리고 국가인권위원회가 합의제행정기관에 해당한다. 합의제행정기관을 종종 위원회형 행정기관이라고 부르는데, 모든 정부위원회는 합의제행정기관이다.

〈표 4-5〉 정부위원회의 종류

정부 위원회	행정 위원회	다수인에 이해 집단적 의사결정을 하는 위원회 중 입법부, 사법부 등 「헌법」상의 기관을 제외한, 행정기관적 성격을 가진 합의제행정기관. 의사결정이 구속력을 가지며 의사결정을 집행할 수 있는 집행권을 가짐
	자문 위원회	입법부, 사법부 등 「헌법」상의 기관을 제외한, 행정기관적 성격을 가진 합의제행정기관 중 구속력이 없는 조언적 성격의 의사결정을 하는 위원회

합의제중앙행정기관 중 국가인권위원회는 독립행정기관이다.[7] 독립행정기관이란 고유한 기능을 수행하기 위해 입법부로부터 법령의 집행에 필요한 권한을 위임받고, 그에 따라 행정부로부터 독립되어 독자적으로 정책을 결정하고 집행하고 규제하는 자율권을 부여 받은 기관이다. 국가인권위원회는 인권의 보호와 향상을 위한 업무를 수행하기 위해 「국가인권위원회법」 제3조2항에 따라 설치·운영되는 기관으로서 입법부, 사법부, 행정부 중 어디에도 속하지 않는 독립행정기관이다.

국가인권위원회는 1명의 위원장과 3명의 상임위원을 포함한 총 11명의 인권위원으로 구성된다. 독립기관으로서의 독자성 유지를 위해 11명의 위원 중 상임위원 2명을 포함한 4명은 국회가 선출하고, 상임위원 1명을 포함한 3명은 대통령이 지명하며, 나머지 3명은 대법원장이 지명하여 대통령이 임명한다. 위원장은 장관급 정무

6) 장관, 처장, 청장을 말한다.

7) 우리나라의 중앙은행인 한국은행은 중앙행정기관은 아니지만 대표적인 독립기관이다.

직공무원이다.

5) 행정각부의 장관

우리나라는 「헌법」 제4장에 규정된 행정권을 행정부가 부(部, ministry)라는 이름을 가진 중앙행정기관별로 나누어 행사한다. 2022년 3월 기준 총 18개 부가 설치되어 있다. 각 부는 1명의 장관을 두고 있다.[8)]

○ 임면

- 행정각부의 장관은 국무위원 중 총리의 제청으로 대통령이 임명한다. 따라서 국무위원이 아닌 자는 행정 각부의 장관이 될 수 없다.
- 장관은 국무위원이므로 장관의 임명은 국회 소관 상임위원회의 인사청문회를 거친다. 다만, 국회의 임명 동의가 필요한 것은 아니다.

○ 권한

- 각부의 장관은 해당 부의 행정청의 지위를 갖는다.
- 국무총리의 지휘감독을 받아 국무회의에서 심의한 사항을 집행한다.
- 장관은 대통령의 위임에 따라 또는 장관 직권으로 부령을 발할 수 있다. 부령은 장관 보좌기구 및 직속 중앙행정기관의 업무에 대해서만 적용한다. 총리령과 마찬가지로 부령 역시 국회의 심의·의결을 거치지 않는다.

○ 보좌 및 보조기관

- 장관의 직무를 보좌하는 기관으로는 차관, 장관정책보좌관, 대변인이 있다.
- 행정각부는 1명의 차관을 두는 것을 원칙으로 한다. 다만, 기획재정부, 과학기술정보통신부, 외교부, 문화체육관광부, 국토교통부, 보건복지부는 2명의 차관을 둔다(「정부조직법」 제26조2항).

---

8) 사회보장과 관련된 중앙행정부서에 관한 논의는 제5장에서 자세하게 할 것이므로 이 장에서는 장관의 임면, 권한 등에 대해서만 간략하게 살펴보기로 하겠다.

3. 지방행정조직

지방행정조직이란 중앙행정관청의 직할로 되어 있는 사무나 특별지방행정기관의 권한에 속하는 사무를 제외하고 당해 관할구역 내에 시행되는 일반적인 국가행정사무를 관장하는 국가의 지방행정기관의 전체적인 체계를 말한다. [그림 4-1]에 제시된 바와 같이 지방행정조직은 보통지방행정조직과 특별지방행정조직으로 구분된다.

1) 보통지방행정조직

보통지방행정기관이란 중앙행정기관의 지휘·감독하에서 일정 지역에서 그 지역에 시행되는 일반적인 국가행정사무를 수행하는 행정기관이다. 보통지방행정기관은 특정 중앙행정기관에 소속되지 않는 관청으로서 국가사무 중 중앙행정기관 직할사무와 특별지방행정기관의 사무를 제외한 사무를 담당한다.

우리나라의 지방자치단체는 지방자치단체이면서 동시에 보통지방행정기관의 역할을 하는 이중적 지위를 갖는다. 지방자치단체란 일정 구역의 주민을 법률이 정하는 범위 안에서 지배할 수 있는 권한을 가진 단체로서 관할 구역에 한해서 지방자치단체가 자체적으로 운영을 할 수 있다.

지방자치단체가 보통지방행정조직의 역할을 위임받은 경우(「정부조직법」 제6조, 「지방자치법」 제102조), 지방자치단체는 지방자치단체 자체 업무와 위임받은 일반적인 국가행정사무를 함께하게 된다. 즉, 지방자치단체의 집행기관인 서울특별시장, 광역시장, 도지사 및 시장, 군수와 구청장이 국가사무를 처리하게 되는 것이다.

지방자치단체의 장이 국가의 위임사무를 처리할 때는 국가의 행정기관으로서의 지위를 가지게 되며, 그 사무처리에 관하여 주무부장관 기타 국가의 행정기관의 감독을 받는다. 지방자치단체는 위임 또는 위탁을 받은 기관은 특히 필요한 경우에는 법령으로 정하는 바에 따라 위임 또는 위탁을 받은 사무의 일부를 보조기관 또는 하급행정기관에 재위임할 수 있다.

글상자 4-5 위임과 위탁

- 위임(delegate, delegation): 법률에 규정된 행정기관의 장의 권한 중 일부를 그 보조기관 또는 하급행정기관의 장이나 지방자치단체의 장에게 맡겨 그의 권한과 책임 아래 행사하도록 하는 것
- 위탁(consign, commission): 법률에 규정된 행정기관의 장의 권한 중 일부를 다른 행정기관의 장에게 맡겨 그의 권한과 책임 아래 행사하도록 하는 것

2) 특별지방행정조직

특별지방행정기관은 중앙행정기관의 업무 처리를 위해 지역에 설치한 하급 행정기관(일선기관)이다. [그림 4-1]의 중앙행정기관 중 행정각부 산하의 청(廳), 우체국, 출입국관리사무소, 교도소 등이 이에 해당하는데, 특정 중앙행정기관에 소속되어 당해 관할 구역 내에서 시행되는 소속 중앙행정기관의 권한에 속하는 행정사무를 수행하는 국가의 지방행정기관이다.

특별지방행정기관은 그 담당 업무가 지방의 업무이지만 전국적인 통일성이 요구되거나 전문성이 요구되는 경우로서 지방자치단체에 위임하기에 적합하지 않다고 판단되는 경우 설치하여 행정의 통일성과 전문성을 제고한다.

글상자 4-6 소속기관, 부속기관, 특별지방행정기관

- 소속기관: 특정 행정기관에 소속한 부속기관과 특별지방행정기관을 합하여 해당 행정기관의 소속기관이라 한다.
- 부속기관: 행정기관의 소관사무 범위에서 설치되는 시험연구·교육훈련·문화·의료·제조 및 자문기관 등의 기관으로서 행정권의 직접적인 행사를 임무로 하는 행정기관에 부속하여 그 기관을 지원하는 기관이다.
- 특별지방행정기관: 중앙행정기관의 업무 처리를 위해 지역에 설치한 하급 행정기관이다.

4. 간접국가행정조직: 공공기관

국가행정을 수행하게 할 목적으로 설립된, 국가로부터 독립한 법인격[9] 단체들을 총칭하여 공공기관(public sector)이라고 한다. 공공기관은 말 그대로 공익을 목적으로 하는 기관으로서 국가나 지방자치단체가 투자·출자·출연하여 설립하고 경영하므로 국가나 정부기관에 대해 공법상 의무를 담당한다.

공공기관은「공공기관의 운영에 관한 법률」제4조에 따라 기획재정부장관이 국가나 지방자치단체가 아닌 법인·단체·기관 중에서 지정한다. 단, 다음 경우는 공공기관으로 지정할 수 없다.[10]

- 구성원 상호 간 상호부조·복리증진·권익향상 또는 영업질서 유지 등을 목적으로 설립된 기관
- 지방자치단체가 설립하고 그 운영에 관여하는 기관
- 한국방송공사 및 한국교육방송공사

2021년 기준 총 350개 기관이 공공기관으로 지정되어 있다. 국가행정 중 이들 공공기관을 통해 수행되는 국가행정을 간접국가행정이라고 한다. [그림 4-1]의 간접국가행정조직은 바로 이들 공공기관의 전체적인 체계를 말한다.

공공기관은 정원 규모, 총수입 중 자체수입의 비율 등을 기준으로 공기업, 준정부기관, 기타공공기관의 세 가지 종류로 구분한다.

---

9) 법인이란 자연인처럼 권리 · 능력의 주체가 될 수 있는 법인격을 부여받은 사람들의 단체 또는 재산이다. 이에 관한 자세한 논의는 이 장의 뒷부분에서 하도록 한다.

10) 지난 2004년「국가균형발전 특별법」이 제정·시행된 이후 공공기관의 지방이전이 지속적으로 이루어지고 있다. 정부는 현재 지방으로 이전한 공공기관이 인력을 뽑을 때는 해당 지역 시·도 학교 출신을 2022년까지 30% 의무적으로 채용하고 있다.

〈표 4-6〉 공공기관의 종류

종류		공통요건	지정요건(원칙)
공기업	시장형 공기업	자체수입비율≥50% 직원정원≥50인	자체수입비율≥85%인 기관 & 자산 2조 원 이상
	준시장형 공기업		자체수입비율 50~85%
준정부기관	기금관리형 준정부기관	직원정원≥50인	중앙정부기금을 관리하는 기관
	위탁집행형 준정부기관		기금관리형이 아닌 준정부기관
기타공공기관		공기업·준정부기관을 제외한 공공기관(직원정원<50인)	

출처: 기획재정부 공공기관 경영정보 공개시스템 ALIO(http://www.alio.go.kr/alioPresent.do).

1) 공기업

공기업은 공공 목적을 달성하기 위해 정부가 직간접으로 투자해 소유권을 갖거나 통제권을 행사하는 기업이다. 공기업은 다음과 같은 성격의 국가 사업을 수행하기 위해 지정한다.

글상자 4-7 공기업 설치 필요성

- 민간자본으로는 감당할 수 없는 막대한 자본이 소요되어 정부가 투자하여 담당할 필요가 있는 사업
- 국방상·전략상 필요한 주요 사업이어서(예: 군수산업) 정부가 직접 경영하는 것이 바람직한 사업
- 사업 성격이 독점적이어서 민간보다 정부가 직접 경영하는 것이 바람직하다고 판단되는 사업
- 국가 발전과 복지를 위해 특정 사업을 국가가 직접 경영하기로 한 정책에 의한 사업

출처: 네이버 지식백과 행정학사전(http://terms.naver.com/entry.nhn?docId=75574&cid=42155&categoryId=42155).

일반적으로 공기업은 수익을 만들어 낼 수 있는 자체 수익사업을 가지고 있어서 정부의 재정지원 없이도 독자적인 운영이 가능하다. 공기업의 지정 요건은 직원 정원 50인 이상, 총수입액 중 자체수입액의 비중이 50% 이상이다. 2021년 기준 36개 공공기관이 공기업으로 지정되어 있다.

(1) 시장형 공기업

시장형 공기업은 공기업 중에서 직원정원이 50인 이상이고, 자산규모가 2조 원 이상이고, 총수입액 중 자체수입액이 85/100 이상인 공기업이다. 2021년 기준 16개 시장형 공기업이 지정되어 있다.

〈표 4-7〉 주무부처별 시장형 공기업 현황(2021년)

산업통상자원부(12)	한국가스공사, 한국광물자원공사, 한국남동발전(주), 한국남부발전(주), 한국동서발전(주), 한국서부발전(주), 한국석유공사, 한국수력원자력(주), 한국전력공사, 한국중부발전(주), 한국지역난방공사, (주)강원랜드,
국토교통부(2)	인천국제공항공사, 한국공항공사
해양수산부(2)	인천항만공사, 부산항만공사

출처: 기획재정부 공공기관경영정보공개시스템 ALIO(http://www.alio.go.kr/mobile/pub.do).

(2) 준시장형 공기업

준시장형 공기업은 시장형 공기업이 아닌 공기업 중 직원 정원이 50인 이상이고, 총수입액 중 자체수입액 비율이 50~85%인 공기업이다. 2021년 기준 총 20개가 있다.

〈표 4-8〉 주무부처별 준시장형 공기업 현황(2021년)

기획재정부	한국조폐공사	농림축산식품부	한국마사회
산업통상자원부	㈜한국가스기술공사, 한전KDN(주), 대한석탄공사, 한전KPS(주), 한국전력기술주식회사	국토교통부	제주국제자유도시개발센터, 주택도시보증공사, 한국도로공사, 한국부동산원, 한국철도공사, 한국토지주택공사, 주식회사 에스알
문화체육관광부	그랜드코리아레저(주)	환경부	한국수자원공사
해양수산부	여수광양항만공사, 울산항만공사, 해양환경공단	방송통신위원회	한국방송광고진흥공사

출처: 기획재정부 공공기관경영정보공개시스템 ALIO(http://www.alio.go.kr/mobile/pub.do).

2) 준정부기관

준정부기관은 기업적 목적보다는 정부업무를 위탁·집행하기 위한 목적에서 지정하는 공공기관이다. 준정부기관은 공기업이 아닌, 직원 정원 50인 이상의 공공기관 중 기획재정부장관이 지정한다. 담당하는 업무의 성격에 따라 기금관리형과 위탁집행형으로 나뉜다.

(1) 기금관리형 준정부기관

기금관리형 준정부기관은 「국가재정법」에 따라 정부의 기금을[11] 관리하거나, 기금의 관리를 위탁받은 공공기관이다. 사회보장과 관련된 대표적인 기금관리형 준정부기관으로는 국민연금공단을 꼽을 수 있다. 국민연금공단은 연금 가입자들이 납부한 사회보험료를 주된 재원으로 하여 노령연금 지급에 필요한 기금을 조성하고 관리하는 기금관리형 준정부기관이다. 2021년 기준 기금관리를 목적으로 지정된 준정부기관은 13개이다.

〈표 4-9〉 주무부처별 기금관리형 준정부기관 현황(2021년)

교육부	사립학교교직원연금공단	산업통상자원부	한국무역보험공사
보건복지부	국민연금공단	중소벤처기업부	중소벤처기업진흥공단, 기술보증기금
고용노동부	근로복지공단	금융위원회	예금보험공사, 한국주택금융공사, 신용보증기금, 한국자산관리공사
문화체육관광부	한국언론진흥재단, 서울올림픽기념국민체육진흥공단	인사혁신처	공무원연금공단

출처: 기획재정부 공공기관경영정보공개시스템 ALIO(http://www.alio.go.kr/mobile/pub.do).

11) 기금은 정부예산 중 하나로서 특정 목적을 위해 조성해 놓은 재물이다. 기금을 포함한 국가 예산에 관한 내용은 이 책의 제8장을 참조하기 바란다.

(2) 위탁집행형 준정부기관

준정부기관 중 기금관리형 준정부기관이 아닌 공공기관으로서 정부로부터 사무를 위탁받아 집행하는 역할을 담당하는 준정부기관이다. 2021년 기준 총 83개 위탁집행형 준정부기관이 지정되어 있다.

〈표 4-10〉 주무부처별 위탁집행형 준정부기관 현황(2021년)

기획재정부	한국재정정보원	행정안전부	한국승강기안전공단
교육부	한국교육학술정보원, 한국장학재단	외교부	한국국제협력단
과학기술정보통신부	한국정보화진흥원, 한국과학창의재단, 한국연구재단, (재)한국우편사업진흥원, (재)우체국물류지원단, 정보통신산업진흥원, 한국인터넷진흥원, (재)우체국금융개발원, 한국방송통신전파진흥원, (재)연구개발특구진흥재단	공정거래위원회	한국소비자원
중소벤처기업부	한국창업진흥원, 중소기업기술정보진흥원, 소상공인시장진흥공단	방송통신위원회	시청자미디어재단
문화체육관광부	한국콘텐츠진흥원, 아시아문화원, 한국관광공사, 국제방송교류재단	식품의약품안전처	한국식품안전관리인증원
농림축산식품부	농림수산식품교육문화정보원, 농림식품기술기획평가원, 축산물품질평가원, 한국농수산식품유통공사, 한국농어촌공사	국가보훈처	독립기념관, 한국보훈복지의료공단
산업통산자원부	한국가스안전공사, 한국에너지공단, 한국전력거래소, 한국광해관리공단, 한국산업기술평가관리원, 한국산업기술진흥원, 한국에너지기술평가원, 한국디자인진흥원, 한국전기안전공사, 한국석유관리원, 한국산업단지공단, 대한무역투자진흥공사, 한국원자력환경공단	경찰청	도로교통공단
보건복지부	한국건강증진개발원, 한국노인인력개발원, (재)한국보육진흥원, 한국보건복지인력개발원, 사회보장정보원, 한국보건산업진흥원, 국민건강보험공단, 건강보험심사평가원	소방청	한국소방산업기술원

환경부	국립공원공단, 국립생태원, 한국환경공단, 한국환경산업기술원	산림청	한국임업진흥원, 한국산림복지진흥원, 한국수목관리원
고용노동부	한국고용정보원, 한국산업안전보건공단, 한국산업인력공단, 한국장애인고용공단	농촌진흥청	농업기술실용화재단
여성가족부	한국청소년상담복지개발원, 한국청소년활동진흥원, 한국건강가정진흥원	특허청	한국특허전략개발원
국토교통부	(재)대한건설기계안전관리원, 국토교통과학기술진흥원, 국가철도공단, 국토안전관리원, 한국국토정보공사, 한국교통안전공단	기상청	한국기상산업기술원
해양수산부	선박안전기술공단, 한국수산자원관리공단, 해양수산과학기술진흥원, 한국해양수산연수원	금융위원회	서민금융진흥원

출처: 기획재정부 공공기관경영정보공개시스템 ALIO(http://www.alio.go.kr/mobile/pub.do).

〈표 4-10〉의 준정부기관 중 주목해 볼 필요가 있는 기관은 국민건강보험공단이다. 국민건강보험이 국민연금이나 고용보험 같은 사회보험이기 때문에 건강보험 적립금이 기금일 것이라 생각하기 쉽지만 건강보험 적립금은 기금이 아니다. 그렇기 때문에 국민건강보험공단은 기금관리형 준정부기관이 아니라 위탁집행형 준정부기관이다. 이러한 사실은 거시사회복지실천에 있어서 중요한 의미를 갖는다. 이에 관한 자세한 논의는 제8장 예산 부분에서 하기로 하겠다.

3) 기타공공기관

기타공공기관이란 공공기관 중 공기업이 아닌 공공기관으로서 보통 직원 정원이 50인 미만인 소규모 기관을 말한다. 2021년 총 218개 기관이 기타공공기관으로 지정되어 있다.

〈표 4-11〉 주무부처별 기타공공기관 현황(2021년)

고용노동부(7)	건설근로자공제회, 노사발전재단, 한국법인한국폴리텍, 한국고용노동교육원, 한국기술대학교, 한국잡월드, 한국사회적기업진흥원
공정거래위원회(1)	한국공정거래조정원
과학기술정보통신부(37)	과학기술일자리진흥원, (재)우체국시설관리단, 광주과학기술원, 국립광주과학관, 국가과학기술연구회, 국립대구과학관, 국립부산과학관, 대구경북과학기술원, 기초과학연구원, 울산과학기술원, (재)한국여성과학기술인지원센터, 한국건설기술연구원, 한국과학기술기획평가원, 한국과학기술연구원, 한국과학기술원, 한국과학기술정보연구원, 한국기계연구원, 한국기초과학지원연구원, 한국나노기술원, 한국데이터산업진흥원, 한국생명공학연구원, 한국생산기술연구원, 한국식품연구원, 한국에너지기술연구원, 한국원자력연구원, 한국원자력의학원, 한국재료연구원, 한국전기연구원, 한국전자통신연구원, 한국지질자원연구원, 한국천문연구원, 한국철도기술연구원, 한국표준과학연구원, 한국한의학연구원, 한국항공우주연구원, 한국핵융합에너지연구원, 한국화학연구원
관세청(1)	(재)국제원산지정보원
교육부(19)	강릉원주대학교치과병원, 강원대학교병원, 경북대학교병원, 경북대학교치과병원, 경상대학교병원, 국가평생교육진흥원, 동북아역사재단, 부산대학교병원, 부산대학교치과병원, 서울대학교병원, 서울대학교치과병원, 전남대학교병원, 전북대학교병원, 제주대학교병원, 충남대학교병원, 충북대학교병원, 한국고전번역원, 한국사학진흥재단, 한국학중앙연구원
국가보훈처(1)	88관광개발(주)
국무조정실(25)	경제·인문사회연구회, 과학기술정책연구원, 건축공간연구원, 국토연구원,산업연구원, 대외경제정책연구원, 에너지경제연구원, 정보통신정책연구원, 한국형사정책연구원, 통일연구원, 한국개발연구원, 한국교육개발원, 한국교육과정평가원, 한국교통연구원, 한국노동연구원, 한국농촌경제연구원, 한국법제연구원, 한국보건사회연구원, 한국여성정책연구원, 한국조세재정연구원, 한국직업능력개발원, 한국행정연구원, 한국청소년정책연구원, 한국해양수산개발원, 한국환경정책·평가연구원
국방부(3)	국방전직교육원, 전쟁기념사업회, 한국국방연구원
국토교통부(13)	건설기술교육원, 공간정보품질관리원, 국립항공박물관, 새만금개발공사, 항공안전기술원, 주택관리공단(주), 코레일관광개발(주), 코레일네트웍스(주), 코레일로지스(주), 코레일유통(주), 코레일테크(주), 한국도로공사서비스(주), 한국해외인프라도시개발지원공사

금융위원회(3)	중소기업은행, 한국산업은행, 한국예탁결제원
기상청(2)	(재)APEC기후센터, (재)차세대수치예보모델개발사업단
기획재정부(2)	한국투자공사, 한국수출입은행
농림축산식품부(6)	국가식품산업클러스터진흥원, (재)한식진흥원, 농업정책보험금융원, 국제식물검역인증원, 가축위생방역지원본부, (재)축산환경관리원
문화재청(1)	한국문화재재단
문화체육관광부(25)	(재)국악방송, (재)예술경영지원센터, (재)예술의전당, (재)한국문화정보원, 대한체육회, 게임물관리위원회, 국립박물관문화재단, 대한장애인체육회, 세종학당재단, 영상물등급위원회, 영화진흥위원회, 태권도진흥재단, 한국문화예술위원회, 한국공예디자인문화진흥원, 한국도박문제관리센터, 한국문학번역원, 한국문화관광연구원, 한국문화예술교육진흥원, 한국문화진흥(주), 한국영상자료원, 한국예술인복지재단, 한국저작권보호원, 한국저작권위원회, 한국체육산업개발(주), 한국출판문화산업진흥원

출처: 기획재정부 공공기관경영정보공개시스템 ALIO(http://www.alio.go.kr/mobile/pub.do).

〈표 4-12〉 주무부처별 기타공공기관 현황(2021년)

방위사업청(2)	국방기술품질원, 국방과학연구소
법무부(3)	한국법무보호복지공단, 정부법무공단, 대한법률구조공단
보건복지부(18)	(재)한국장애인개발원, 국립암센터, 국립중앙의료원, 대구경북첨단의료산업진흥재단, 대한적십자사, 오송첨단의료산업진흥재단, 한국국제보건의료재단, 한국보건의료연구원, 한국보건의료인국가시험원, 한국사회복지협의회, 한국의료분쟁조정중재원, 한약진흥재단, 한국장기조직기증원, (재)의료기관평가인증원, 국가생명윤리정책원, (재)한국공공조직은행, 아동권리보장원, (재)한국자활복지개발원
산림청(1)	한국등산트레킹지원센터
산업통상자원부(9)	전략물자관리원, 한국로봇산업진흥원, 한국산업기술시험원, 한국에너지재단(재), 한국세라믹기술원, 한국에너지정보문화재단(재), 한국원자력연료(주), 한전엠씨에스(주), 한국전력 국제원자력대학원대학교
식품의약품안전처(3)	한국의약품안전관리원, 한국의료기기안전정보원, 식품안전정보원
여성가족부(2)	한국양성평등교육진흥원, 한국여성인권진흥원
외교부(2)	재외동포재단, 한국국제교류재단
원자력안전위원회(3)	한국원자력안전재단, 한국원자력안전기술원, 한국원자력통제기술원

중소벤처기업부(6)	(재)중소기업연구원, (재)중소기업유통센터, 신용보증재단중앙회, 한국벤처투자, (주)공영홈쇼핑, (재)장애인기업종합지원센터
통일부(2)	북한이탈주민지원재단, (사)남북교류협력지원협회
특허청(4)	한국특허정보원, 한국지식재산연구원, 한국발명진흥회, 한국지식재산보호원
해양수산부(8)	국립해양과학관, 국립해양박물관, 국립해양생물자원관, 한국어촌어항공단, 한국해양과학기술원, 한국해양조사협회, 한국항로표지기술원, 한국해양진흥공사
행정안전부(2)	(재)일제강제동원피해자지원재단, 민주화운동기념사업회
환경부(7)	국립낙동강생물자원관, 국립호남권생물자원관, 수도권매립지관리공사, (주)워터웨이플러스, 한국상하수도협회, 환경보전협회, 한국수자원조사기술원

출처: 기획재정부 공공기관경영정보공개시스템 ALIO(http://www.alio.go.kr/mobile/pub.do).

제5장

사회보장 관련 중앙행정기관

1. 기획재정부
2. 보건복지부
3. 고용노동부
4. 여성가족부

제5장

사회보장 관련 중앙행정기관

제4장에서 살펴본 우리나라 중앙행정기관은 모두, 물론 직접적이냐 간접적이냐의 정도의 차이는 있으나, 복지국가의 가치를 실현하는 데 있어서 중요한 역할을 담당한다. 그중에서도 특히 몇몇 부서의 역할은 다른 부서에 비해 상대적으로 더 중요하다고 판단되며 그렇기 때문에 거시사회복지실천에 있어서의 중요성 또한 상대적으로 크다고 판단된다. 이 장에서는 중앙행정부서 중 사회보장과 관련성이 깊은 기획재정부, 보건복지부, 고용노동부 그리고 여성가족부에 대해서 살펴보기로 하겠다. 이 장의 내용은 주로 다음의 법령에 기초하고 있으므로 자세한 내용은 이들 법령을 참고하기 바란다.

- 「정부조직법」
- 「행정기관 조직 및 정원에 관한 통칙」(대통령령)
- 「○○○부와 그 소속기관 직제」(대통령령)
- 「○○○부와 그 소속기관 직제 시행규칙」(○○○부령)

1. 기획재정부

20세기 중반 이후 복지국가가 빠르게 발전할 수 있었던 가장 큰 이유는 정부의 역할 확대에 대해 사회구성원들이 정당성을 부여했기 때문이다. 학자마다 견해가 다를 수 있겠지만, 20C세기 정부의 역할 확대는 케인즈(Keynes) 경제학에 근거한 재정정책의 등장에서 비롯되었다고 해도 과언이 아니다. 대공황을 겪으면서 모든 것을 시장에 맡길 수 없고 정부의 적극인 역할이 필요하다는 생각이 설득력을 얻으면서 정부의 적극적 재정정책이 사회보장제도와 조세제도로 실현되면서 복지국가의 확산과 발전이 빠르게 이루어진 것이다.

재정정책이란 한마디로 표현하자면, "누구로부터 어떤 방식으로 얼마를 거둬들여 무엇을 위해 어떻게 사용할 것인가?"에 관한 계획이라고 할 수 있다. 정부는 재정(finance)을 정책수단으로 사용하여 정부는 자원분배, 소득분배, 완전고용, 가격수준의 안전 및 경제성장을 계획하고 실행한다. 재정정책의 주체는 정부이고 본질은 계획경제이다. 따라서 자율조정 능력을 가진 시장기제에 의한 결과가 아닌 개입에 의한 결과가 발생한다. 즉, 시장에 의한 분배를 재분배하는 것이다. 이러한 이유에서 정부의 재정정책은 그 사회의 복지수준을 결정하는 중요한 정책이며 그렇기 때문에 거시사회복지실천의 주된 관심사가 아닐 수 없다.

우리나라의 중앙행정기관 중 정부 재정정책과 가장 관련 깊은 기관은 기획재정부이다. 기획재정부는 정부 예산을 관리하고 거시경제를 안정적으로 운용함과 동시에 경제정책 조정과 중장기 경제사회 발전방향 및 연차별 경제정책방향을 수립·총괄하는 역할을 담당한다. 사회복지 관련 중앙행정부서를 살펴보는 첫걸음을 기획재정부에서부터 시작하는 것은 바로 기획재정부가 갖는 이러한 중요성 때문이다.

1) 조직

기획재정부의 본부조직은 1장관, 2차관, 1차관보, 3실, 1대변인, 11국 109과로 구성되어 있으며, 4개의 외청(外廳)으로 국세청, 관세청, 조달청, 통계청이 있다.

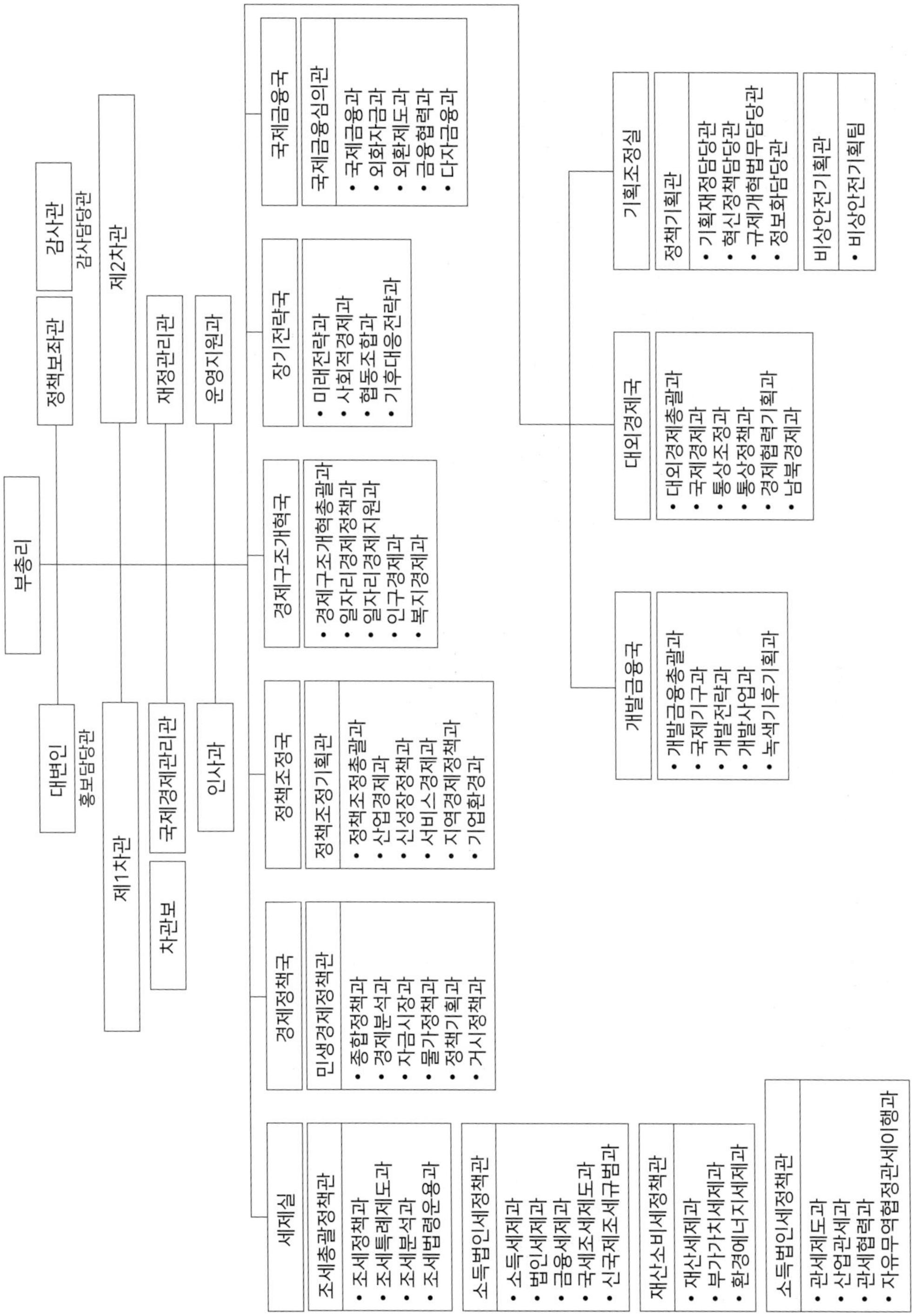

[그림 5-1] 기획재정부 조직도

예산실

예산총괄심의관
- 예산총괄과
- 예산정책과
- 예산기준과
- 기금운용계획과
- 예산관리과

사회예산심의관
- 고용예산과
- 교육예산과
- 문화예산과
- 총사업비관리과
- 기후환경예산과

경제예산심의관
- 국토교통예산과
- 산업중소벤처예산과
- 농림해양예산과
- 연구개발예산과
- 정보통신예산과

복지안전예산심의관
- 복지예산과
- 연금보건예산과
- 안전예산과
- 지역예산과

행정국방예산심의관
- 법사예산과
- 행정예산과
- 국방예산과
- 방위사업예산과

국고국

국유재산심의관
- 국고과
- 국유재산정책과
- 계약정책과
- 국체과
- 국유재산조정과
- 출자관리과
- 혁신조달기획과

재정혁신국

재정기획심의관
- 재정전략과
- 지출혁신과
- 재정제도과
- 재정건전성과
- 재정정보과
- 참여예산과

재정관리국

재정성과심의관
- 재정관리총괄과
- 재정성과평가과
- 타당성심사과
- 민간투자정책과
- 회계결산과
- 재정집행관리과

공공정책국

공공혁신심의관
- 공공정책총괄과
- 공공제도기획과
- 재무경영과
- 평가분석과
- 인재경영과
- 윤리경영과
- 공공혁신과
- 경영관리과

복권위원회사무처

국제금융심의관
- 복권총괄과
- 발행관리과
- 기금사업과

혁신성장추진기획단
- 혁신성장기획팀
- 혁신투자팀
- 서비스산업혁신팀
- 혁신카라반팀

차세대 예산회계시스템 구축 추진단
- 총괄기획과
- 시스템구축과
- 재정정보공개과

조세및고용보험소득정보연계 구축 추진단
- 제도총괄팀
- 소득파악팀
- 소득정보인프라팀

국고보조금통합관리시스템 관리단
- 기획정보팀
- 시스템관리팀

한국판뉴딜 실무 지원단
- 기획총괄팀
- 디지털뉴딜팀
- 그린뉴딜팀
- 휴먼뉴딜팀

2020년 기준 기획재정부 공무원 현원(일반직 및 별정직공무원)은 1,323명이며, 2022년도 예산은 총지출 기준 29조 6,249억 원, 총계 기준 367조 5,641억 원 규모이다.

〈표 5-1〉 2022년도 분야별 예산 현황

분야	회계(기금)	예산(십억 원)	
		총지출 기준	총계 기준
공공질서 및 안전	국유재산관리기금	621	621
공공질서 및 안전	기후대응기금	11	11
과학기술	기후대응기금	122	122
과학기술	국유재산관리기금	3	3
교통 및 물류	기후대응기금	84	84
교통 및 물류	일반회계	15	15
교통 및 물류	국유재산관리기금	4	4
교통 및 물류	산업기반신용보증기금	0	691
국방	국유재산관리기금	2	2
국토 및 지역개발	기후대응기금	226	226
국토 및 지역개발	일반회계	0	4,183
국토 및 지역개발	국가균형발전특별회계	0	555
농림수산	기후대응기금	302	302
농림수산	복권기금	69	69
농림수산	국유재산관리기금	20	20
보건	국유재산관리기금	2	2
사회복지	복권기금	467	467
사회복지	기후대응기금	30	30
사회복지	국유재산관리기금	13	13
사회복지	공공자금관리기금	1	1
산업·중소기업 및 에너지	기후대응기금	771	771
예비비	일반회계	3,900	3,900
일반·지방행정	공공자금관리기금	15,686	243,341
일반·지방행정	복권기금	4,119	7,219
일반·지방행정	일반회계	588	14,695

일반·지방행정	국유재산관리기금	340	1,240
일반·지방행정	기후대응기금	157	157
일반·지방행정	대외경제협력기금	0	65
일반·지방행정	외국환평형기금	0	86,577
통신	기후대응기금	6	6
통일·외교	대외경제협력기금	1,384	1,384
통일·외교	국유재산관리기금	28	28
환경	기후대응기금	643	746
총계		29,624	367,564

출처: 기획재정부 열린재정 재정정보공개시스템(http://www.openfiscaldata.go.kr).

(1) 장관

기획재정부장관은 대통령이 임명하며 경제부총리를 겸임한다(「정부조직법」 제27조). 기획재정부장관은 경제정책에 관하여 국무총리의 명을 받아 관계 중앙행정기관을 총괄·조정한다. 아울러 모든 공공기관을 총괄 관리·감독하는 역할도 기획재정부장관이 맡는다. 국무총리가 없을 때는 기획재정부장관이 국무총리를 대행하며, 대통령과 국무총리가 모두 궐위 또는 사고 시 기획재정부장관이 대통령권한을 대행한다. 경제부총리로서의 기획재정부장관은 경제관계장관회의 및 대외경제장관회의를 주재한다.

(2) 차관

기획재정부는 2명의 복수 차관을 두고 있다. 1차관은 조세 및 경제정책 관련 업무를 총괄하고 2차관은 예산, 국고 및 재정기획관리 관련 업무를 총괄한다.

2) 부서별 업무

(1) 1차관 아래 부서별 주요 업무

1차관 아래에는 1실과 7국이 있다(〈표 5-2〉 참조). 이 중 사회복지와 관련성이 높은 실·국의 주요 업무는 다음과 같다.

〈표 5-2〉 기획재정부 1차관 실·국별 주요 업무

실/국	주요 업무
세제실	• 조세정책 및 제도의 기획·입안 및 총괄·조정 • 조세감면제도 기획·입안 및 조세지출예산보고서 작성 • 내국세·관세 및 목적세의 세입계획·실적분석과 세입예산의 편성 • 외국과의 조세조약, 관세분야 업무 총괄·조정
경제정책국	• 중장기 경제사회발전 방향의 수립 및 관련 정책 총괄 • 실물경제·자금순환·세계경제 동향에 대한 분석 • 금융시장·화폐시장 및 외환시장의 안정과 수급 상황에 대한 협의·조정 • 물가에 관한 기본 정책 수립 및 관련 시책의 총괄·조정 • 부동산 관련 정책의 협의·조정
정책조정국	• 다수 부처가 관련된 경제정책의 총괄·조정 • 산업의 균형발전과 경쟁력 강화를 위한 제반정책의 협의·조정 • 신성장동력·협동조합 관련 정책의 협의·조정 • 지역균형발전 및 지방경제 활성화를 위한 시책의 총괄·조정 • 서비스산업 관련 주요 정책의 총괄 • 기업경쟁력 강화 관련 정책의 협의·조정
경제구조개혁국	• 일자리를 통한 분배 및 성장 관련 경제정책의 조정 • 임금 및 노사관계 정책의 협의·조정 • 소득주도 및 포용적 성장 관련 정책의 기획 및 협의·조정 • 인구구조 변화 연구·분석 및 관련 정책의 협의·조정 • 연금 보험 기초생활보장제도 등 주요 사회복지정책의 협의·조정 • 취약계층 삶의 질 개선을 위한 정책의 기획 및 협의·조정
장기전략국	• 중장기 국가발전 전략 및 국가 미래비전의 기획 • 국정기획 및 국정과제 관리 기획 • 사회적 자본의 육성 및 사회적 경제 활성화를 위한 관련 정책의 총괄·조정 • 협동조합에 관한 정책 방향 수립 및 총괄·조정
국제금융국	• 외환 및 국제금융에 관한 정책의 총괄 • 국제수지 및 외환수급에 관한 정책의 수립·조정 • 환율 및 외환시장 정책의 수립 • 외국환평형기금 운용 • 자유무역협정, 세계무역기구 등과의 금융협상

대외경제국	• 장·단기 대외경제정책의 기획·입안 및 종합·조정 • 대외통상정책에 관한 기획·입안 및 전략 수립 • 개발도상국과의 경제협력 및 관련 정책의 기획·입안 및 종합·조정 • 남북경제교류·협력에 관한 정책의 기획·조정
개발금융국	• 개발도상국과의 개발금융협력에 관한 기획·입안 및 총괄·조정 • 공적개발원조(ODA) 정책의 기획·입안 및 조정 • 녹색기후기금 관련 정책의 수립 및 종합·조정

출처: 기획재정부(http://www.mosf.go.kr/mi/orgnzt/org.do;jsessionid=mPtnAibr-j59MV-Kme9Nmh-+.node40?bbsId=MOSFBBS_000000000097&menuNo=9040100); 법제처 법령정보센터(http://www.law.go.kr/법령/기획재정부와그소속기관직제).

○ 세제실

세제실은 말 그대로 다양한 조세 관련 업무를 담당하는 기관이다. 국민 복지수준에 상당한 영향을 미치지만 드러나지 않기 때문에 그 중요성이 자칫 간과되기 쉬운 조세지출제도 관련 업무가 바로 세제실의 업무 중 하나라는 것을 알아둘 필요가 있다.

○ 경제구조개혁국

1차관 아래 경제구조개혁국은 현 행정부가 들어오면서 고강도 일자리 정책을 펼치기 위해 2017년에 신설한 국이다. 경제구조개혁국 내에는 일자리경제과, 인구경제과, 복지경제과 등이 있으며, 일자리, 양극화, 저출산·고령화 등의 문제 관련 업무를 담당한다.

○ 장기전략국

거시사회복지실천 관점에서 관심을 가져야 할 또 한 가지 부서는 장기전략국이다. 기존의 사회복지법인 외에 새로운 민간사회복지 주체로서 점점 더 많은 관심이 집중되고 있는 사회적 경제, 협동조합 등의 육성 관련 업무가 바로 기획재정부 장기전략국의 소관 업무이다.

○ 개발금융국

개발금융국의 주요 업무 중 하나는 공적개발원조(ODA) 정책의 기획·입안 및 조정하는 업무이다. 우리나라는 현재 OECD 개발원조위원회(DAC) 회원국으로서

2014년 기준 우리나라 GDP의 0.14%(약 18억 5천 7백만 USD)를 개발도상국 원조에 쓰고 있다.[1] 이제까지 보건복지 분야의 공적개발원조는 보건의료 위주로 이루어져 왔으며 복지 사업을 내용을 하는 공적개발원조는 극히 제한된 수준에서 이루어지고 있다. 그러나 개발도상국의 경제 발전은 필연적으로 다양한 사회문제를 동반하게 되므로, 향후 개발도상국을 대상으로 한 복지사업 중심의 공적개발원조의 필요성이 높아질 것으로 예상되며, 거시사회복지실천의 주된 대상 영역으로 부각될 가능성 또한 높아질 것으로 예상된다.

(2) 2차관 아래 부서별 주요 업무

2차관의 하부조직은 2실 4국 1사무처로 구성되어 있다.

○ 예산실

2차관 아래 기관 중 제일 먼저 눈여겨볼 필요가 있는 기관은 예산실이다. 예산실은 정부 예산안을 편성하고 기금운용 계획을 수립하고 국가재정운용계획에 따라 부처별 부서별 재원 배분을 담당하는 업무를 수행한다. 예산실은 5심의관 23과로 구성되어 있는데 복지예산 및 연금보건예산 관련 업무는 복지예산심의관 아래 3개 과의 소관이다.

〈표 5-3〉 예산실 5심의관

예산총괄심의관	예산총괄과, 예산정책과, 예산기준과, 기금운용계획과, 예산관리과
사회예산심의관	고용예산과, 교육예산과, 문화예산과, 총사업비관리과, 기후환경예산과
경제예산심의관	국토교통예산과, 산업중소벤처예산과, 농림해양예산과, 연구개발예산과, 정보통산예산과
복지예산심의관	복지예산과, 연금보건예산과, 안전예산과, 지역예산과
행정국방예산심의관	법사예산과, 행정예산과, 국방예산과, 방위산업예산과

1) OECD(http://stats.oecd.org/, Development, Economic Projections).

앞에서도 잠깐 언급했듯이, 세입 부분을 잠시 잊기로 한다면 예산의 핵심은 "무엇을 위해 어떻게 쓸 것인가?"라는 분배 결정이라고 할 수 있다. 따라서 분배가 그 핵심이라 할 수 있는 복지는, 다소 과장되게 표현하자면, 기획재정부 내에서도 예산실 그리고 더 범위를 좁히면 복지예산과의 업무에 의해 상당한 영향을 받는다. 거시사회복지실천이란 바로 이 두 가지 변수, 즉 '무엇을 위해'와 '어떻게 쓸 것인가'에 관한 결정이 사회구성원의 복지를 더 증진시킬 수 있는 방향으로 내려지게 하기 위해 필요한 법적·정치적·제도적 가능성을 모색하고 실제로 그러한 영향을 미치기 위해 노력하는 것이다.

〈표 5-4〉 기획재정부 2차관 실·국별 주요 업무

실/국	주요 업무
기획조정실	• 기획주요 정책과 계획의 종합·조정 • 국회 관련 업무의 총괄·조정 • 당정협의 등 정당 관계 업무의 총괄·조정 • 기획재정부 소관 예산 및 기금의 편성·집행 및 조정 업무의 총괄
예산실	• 예산·기금과 관련된 국가정책의 우선순위에 대한 목표 제시 • 예산·기금이 수반되는 국가정책의 기획·조정 • 중장기 재원배분에 관련되는 업무의 총괄 • 예산·기금과 관련된 사회복지·보건의료 주요 정책과제의 중장기 추진방향 수립 • 보건복지부 소관 중 사회복지 분야 및 여성가족부 소관 일반회계·특별회계·기금 • 운용계획안의 협의·조정, 기금운용계획의 변경협의 및 집행의 관리 • 지역발전계획 및 기초생활권발전계획과 관련된 재정투자계획 및 연도별 투자계획의 총괄·조정 • 지역발전특별회계 예산안 편성지침의 작성·통보 • 지역발전특별회계 대상사업의 선정 및 관리
국고국	• 국고의 관리·운영에 관한 정책총괄 • 국채정책의 수립·총괄 • 국가계약제도에 관한 정책의 수립·총괄

재정혁신국	• 재정혁신 및 지출구조조정에 관한 정책 기획 및 총괄·조정 • 중장기 재정정책 및 국가재정운용계획의 수립 및 총괄·조정 • 재정건전성을 확보하기 위한 제도 및 시책의 운영·조정 • 연금·보험 등 사회분야 지출 구조조정에 관한 사항 • 국가채무에 관한 정책의 수립 및 국가채무 관리·총괄
재정관리국	• 재정운영에 관한 종합적인 현황의 관리 • 재정운영 결과 분석·평가 및 재정환류에 관한 사항 • 주요 국가재정사업의 효율적 집행을 위한 점검·관리 • 사회기반시설 민간투자제도 및 관련 정책의 종합·조정
공공정책국	• 공공기관 정책의 기획, 조정 및 총괄 • 공공기관 운영에 관한 중장기 정책의 개발 • 공공기관 중장기 재무관리계획 수립·운영 • 공기업·준정부기관에 대한 경영평가
복권위원회 사무처	• 복권기금의 운용·관리와 관련된 기본 정책에 관한 사항 • 복권기금 사업집행계획 수립 및 시행

출처: 기획재정부(http://www.mosf.go.kr/mi/orgnzt/org.do;jsessionid=mPtnAibr-j59MV-Kme9Nmh-+.node40?bbsId=MOSFBBS_000000000097&menuNo=9040100); 법제처 법령정보센터(http://www.law.go.kr/법령/기획재정부와그소속기관직제).

○ 재정혁신국

재정혁신국은 1차관 아래 경제개혁국와 마찬가지로 2017년 현 행정부가 출범하면서 기존의 재정기획국을 확대 개편하여 만든 국이다. 재정혁신국은 개편 이전 재정기획국의 업무인 재정건전성 확보를 위한 제도 및 시책 운영·조정 업무, 국가채무에 관한 정책 수립 및 국가채무 관리 등에 관한 업무, 연금보험 등 사회분야 지출 구조조정에 관한 업무를 담당함과 동시에 대통령 공약 이행에 필요한 재원 조달을 위한 강도 높은 재정개혁을 추진하는 업무를 수행한다.

3) 소속기관[2)]

기획재정부는 부서의 업무 중 독자성이 강한 업무를 전국 차원에서 수행하기 위해 국세청, 관세청, 조달청, 통계청의 4개 외청 조직을 가지고 있다. 각 청은 국세, 관세, 조달 및 통계 관련 업무를 수행하기 위해 다수의 특별지방행정기관을 설치·운영하고 있다.

〈표 5-5〉 기획재정부 소속 특별지방행정기관

국세청(7)	서울, 중부, 인천, 대전, 광주, 대구 및 부산지방국세청
관세청(34)	서울세관, 인천세관 등을 포함한 전국 34개 세관
조달청(11)	서울, 부산, 인천, 대구, 광주, 대전, 강원, 충북, 전북, 경남 및 제주조달청
통계청(5)	경인, 동북, 호남, 동남 및 충청지방통계청

기획재정부는 또한 부와 외청의 업무를 지원하는 다수의 부속기관과 행정위원회인 복권위원회를 포함한 20여 개 자문위원회를 두고 있다.

〈표 5-6〉 기획재정부 소속 공공기관

한국수출입은행	인천지점(남동구), 수원지점(영통구), 청주지점(흥덕구), 대전지점(서구), 전주지점(완산구), 광주지점(서구), 대구지점(동구), 부산지점(남구), 울산지점(남구), 창원지점(성산구)의 10개 지점, 원주출장소(무실동), 여수출장소(광무동), 구미출장소(신평동) 등 3개 출장소를 두고 있으며, 인재개발원(용인 기흥구), 수출중소기업지원센터(서울 서초구) 및 24개 해외 사무소[38]와 해외현지법인을 두고 있음
한국재정정보원	국가재정정보시스템 관리를 목적으로 설립된 위탁집행형 준정부기관
한국조폐공사	준시장형 공기업으로서 3개 본부인 화폐본부(경산 갑제동), 제지본부(부여 부여읍), ID본부(유성구 탑립동) 및 기술연구원(유성구 가정동) 등을 두고 있음
(주)콤스코시큐리티	현 정부의 비정규직 정규직 전환 정책에 따라 2018년 설립된 한국조폐공사의 자회사

2) 중앙행정기관의 소속기관이란 중앙행정기관에 소속된 특별지방행정기관과 부속기관을 말한다(「행정기관의 조직과 정원에 관한 통칙」 제2조). 부속기관이란 공공의 목적을 달성하기 위해 설치된 조사연구기관, 문화기관, 교육기관, 의료기관 등의 공공기관 중 국가행정기관 체계 속에 두는 기관을 말한다.

(주)콤스코투게더	한국조폐공사의 자회사로 2018년 비정규직 정규직 전환 정책에 따라 설립
한국투자공사	한국 국부펀드 성격의 기타공공기관

〈표 5-7〉 기획재정부 소속 위원회

북방경제협력위원회, 복권위원회, 경제교육관리위원회, 공공기관운영위원회, 공공자금관리기금운용위원회, 공익법인회계기준심의위원회, 과징금부과심의위원회, 국가계약분쟁조정위원회, 국가회계제도심의위원회, 국세예규심사위원회, 국유재산정책심의위원회, 국제거래가격과세조정심의위원회, 민간투자사업분쟁조정위원회, 민간투자사업심의위원회, 배출권할당위원회, 보조금관리위원회, 보조금통합관리망운영기관협의회, 부담금운용심의위원회, 부동산가격안정심의위원회, 세무사징계위원회, 예산성과금심의위원회, 재정정책자문회의, 중장기전략위원회, 협동조합정책힘의위원회, 보세판매장제도운영위원회, 도잘정책심의위원회, 재정운용전략위원회, 특정사회기반시설심의위원회

2. 보건복지부

보건복지부는 국민의 건강과 보건, 복지, 사회보장 등 삶의 질 제고를 위한 정책 및 사무를 관장하는 중앙행정기관이다. 앞서 살펴본 기획재정부가 정부 재정정책을 기획하고 관리하는 기관이라면, 보건복지부는 사회보장 정책을 관장하고 국민의 보건·복지 증진과 직결된 사회보험, 공공부조, 사회서비스 등의 제도 및 사업을 운영하는 중앙행정기관이다.

1) 조직

보건복지부의 본부조직은 1장관, 2차관, 4실 6국 15관 76과로 구성되어 있다([그림 5-2] 참조). 보건복지부장관은 보건·위생·방역·의정·약정·생활보호·자활지원·사회보장·아동(영·유아보육 포함)·노인 및 장애인에 관한 사무를 관장한다.[3]

3) 의정(醫政)은 의무에 관한 행정·의학에 관련된 일을 말하며 약정(藥政)은 약사에 관한 행정을 말한다.

보건복지부의 일반직 및 별정직 공무원 현원은 2020년 기준 2,601명이다.[4] 2022년도 보건복지부의 예산은 총지출 기준 97조 4,766억 원, 총계 기준 198조 2,937억 원이며, 그 가운데 사회복지분야 예산이 80조 6,483억 원이고 나머지 16조 8,283억 원이 보건 분야 예산이다.[5]

〈표 5-8〉 2022년도 보건복지부 분야별 및 회계별 예산 현황

분 야	회계(기금)	예산(십억 원)	
		총지출 기준	총계 기준
사회복지	일반회계	48,660	48,709
사회복지	국민연금기금	31,464	130,742
사회복지	국민건강증진기금	258	258
사회복지	국가균형발전특별회계	210	210
사회복지	국립재활원	55	57
보건	일반회계	13,099	13,396
보건	국민건강증진기금	3,204	4,198
보건	응급의료기금	275	463
보건	농어촌구조개선특별회계	48	48
보건	국가균형발전특별회계	82	82
보건	국립정신건강센터	42	45
보건	국립나주병원	21	23
보건	국립부곡병원	20	21
보건	국립마산병원	0	0
보건	국립공주병원	16	17
보건	국립춘천병원	15	16
보건	국립목포병원	0	0
총계		97,476	198,293

출처: 기획재정부 열린재정 재정정보공개시스템(http://www.openfiscaldata.go.kr).

4) 인사혁신처(2021). 2021 인사혁신통계연보(http://www.mpm.go.kr/mpm/lawStat/infoStatistics/hrStatistics/hrStatistics03/).

5) 기획재정부 열린재정 재정정보공개시스템(http://www.openfiscaldata.go.kr/portal/service/mainFinanceStat1Page.do).

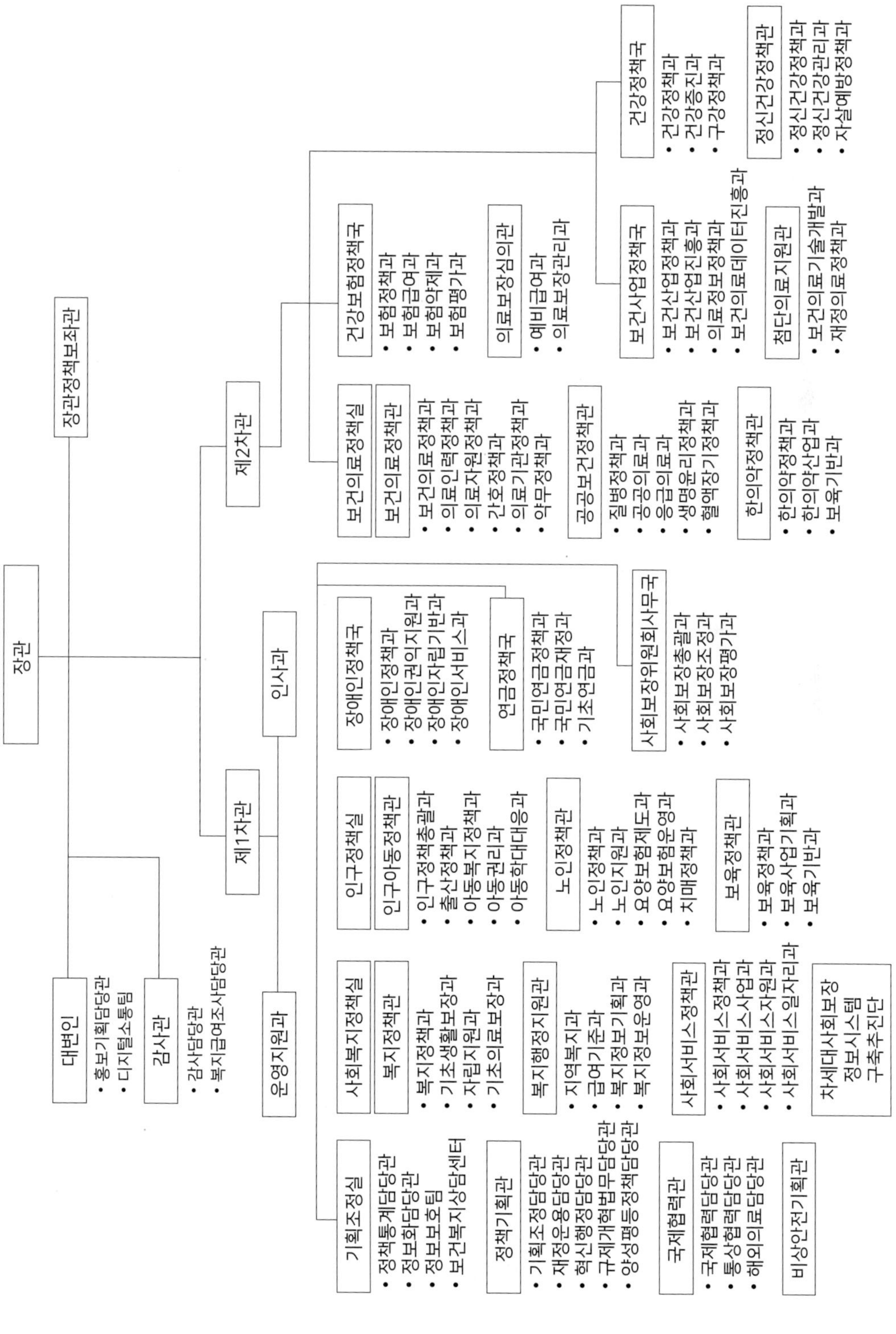

[그림 5-2] 보건복지부 조직도

2) 부서별 업무

보건복지부 조직도에 나타나 있듯이([그림 5-2] 참조), 보건복지부는 2명의 복수 차관을 두고 있다. 1차관은 인구정책·사회보장·연금 등 복지 관련 업무를 총괄하고 그 아래 3실과 3국을 두고 있으며, 2차관은 보건의료정책·건강정책·건강보험 등 보건의료 관련 업무를 총괄하며 그 아래 1실 3국이 있다. 여기에서는 이 가운데 일부 중요한 실·국의 업무를 살펴보기로 하겠다.

(1) 실별 업무

○ 사회복지정책실

- 사회복지정책실의 소관 업무는 크게 세 분야로 나눌 수 있다. 첫 번째 분야는 사회복지정책 수립·조정 업무 및 국민기초생활보장제도로 대표되는 공공부조 관련 업무이다. 이 업무분야는 복지정책관의 소관 분야이다. 사회복지정책에 관한 종합계획 수립·조정·총괄 업무, 사회안전망 관련 정책의 수립·조정 및 평가 업무, 국민기초생활보장사업 종합계획 수립·조정·평가 업무, 기준 중위소득 산정 업무, 의료급여 종합계획 수립 및 운영 및 긴급복지지원사업 관련 업무 등이 이에 해당된다. 현 행정부가 추진 중인 커뮤니티케어추진 업무도 이 분야의 업무 중 하나이다.
- 두 번째 분야는 흔히 사회복지전달체계 또는 복지행정이라고 일컬어지는 분야이다. 이 분야는 복지행정지원관의 소관 분야이다. 사회복지시설에 대한 총괄·평가 및 사회복지관 육성·지원, 사회복지전달체계 개편 및 운영을 위한 종합계획 수립·조정, 사회보장정보시스템 구축·운영 및 서비스 확대 및 보건복지급여 사업 간 기준 조정 및 표준화 업무 등이 대표적인 업무이다. 아울러 지역사회보장계획 및 정책 수립·평가·지원 또한 이 분야 업무 중 하나이다.[6]

---

6) 지역사회보장계획은 「사회보장기본법」에 따라 보건복지부장관이 5년마다 수립해야 하는 사회보장기본계획의 지방자치단체 버전에 해당하는 지역계획이다. 현 행정부가 추진하고 있는 분권화의 맥락에서 볼 때 사회보장에 있어서 지방자치단체의 역할이 점점 더 중요해질 것으로 기대되므로, 지역사회보장계획의 수립·시행이 거

세 번째 분야는 사회보장 중 가장 최근에 소개된 사회서비스와 관련된 업무로서 사회서비스정책관의 소관 업무이다. 사회서비스 관련 종합계획 수립 업무, 사회서비스 일자리 창출방안 수립 및 총괄·조정 업무, 지역사회서비스투자사업 계획 수립·시행·평가 업무, 사회서비스 사회적경제 활성화 업무, 사회서비스전자바우처 관련 업무 등이 있다.

○ 인구정책실

- 인구정책실 소관 업무는 크게 2개 분야로 구분할 수 있다. 첫 번째 분야는 인구·아동·보육 분야이다. 현재 인구아동정책관이 인구아동 관련 업무를, 보육정책관이 보육 관련 업무를 담당하고 있다. 저출산·고령사회기본계획 및 시행계획 수립·평가·총괄, 인구 관련 정책의 총괄 및 조정, 아동복지 관련 종합계획 수립·조정, 아동양육시설, 지역아동센터, 그룹홈 등 아동복지시설 관리·운영, 영유아 보육료·양육수당 지원 및 가정양육 지원, 어린이집 설치·인가·지원·지도·감독 및 평가인증 및 국공립어린이집 확충 및 환경개선 업무 등이 이 분야에 해당하는 업무이다.
- 두 번째 분야는 노인정책관의 소관 업무인 노인복지 관련 업무 분야이다. 예를 들면, 노인복지에 관한 종합계획의 수립·조정, 노인일자리 마련 및 자원봉사활동 지원, 노인장기요양보험 종합계획 수립·조정, 노인장기요양기관 관리·감독·평가, 노인주거·의료·재가복지시설 및 공립치매요양병원 지원·육성·확충 등의 업무 등이 있다.
- 현재 인구정책실이 담당하고 있는 업무 중 저출산·고령사회기본계획·시행계획 수립·평가·총괄 업무와 인구 관련 정책의 총괄 및 조정 업무를 제외한 대부분의 업무는 「사회보장기본법」이 정의하고 있는 사회서비스 관련 업무이다. 실제로 아동과 노인에게 제공되고 있는 대부분의 사회보장급여는 서비스 형태의 급여이다. 이러한 사실은 "왜 사회서비스 관련 업무인데 일부는 인구정책실이 일부는 사회복지정책실이 담당하는가?"라는 궁금증으로 이어진다.

시사회복지실천의 주된 대상 영역이 될 것이라 예상된다.

그런데 사실 보건복지부 조직 내에 사회서비스 관련 업무 담당하는 기관은 이 두 기관이 전부가 아니라 더 있다. 이에 대해서는 일단 나머지 실·국의 업무를 살펴본 후에 다시 논의하기로 하겠다.

(2) 국별 업무

○ 연금정책국

연금정책국은 사회보험제도인 국민연금과 대표적인 범주형 공공부조제도인 기초연금의 운영에 관한 제반 업무를 담당하는 기관이다. 연금정책국 내 국민연금정책과와 국민연금재정과는 국민연금 관련 종합계획을 수립·조정, 보험료 부과·징수·자격관리·수급자 관리, 국민연금기금운용 관련 위원회를 비롯한 기금운용 전반에 관한 사항 및 공적연금 연계제도 등에 관한 업무를 담당한다. 기초연금과는 기초연금 중장기재정운용계획 수립, 급여수준 조정, 급여기준 관리 등의 업무를 수행한다.

○ 건강보험정책국

건강보험정책국은 기관명 그 자체가 말해 주는 바와 같이 보건복지부 소관 두 개 사회보험 중 건강보험을 담당하는 부서이다. 건강보험정책국의 핵심 업무는 건강보험제도의 육성·발전 및 재정안정화를 위한 종합계획 수립·조정하는 것이며, 이를 위해서 건강보험정책국 소속 4개 과인 보험정책과, 보험급여과, 보험약제과, 보험평가과가 건강보험 가입자 관리 및 보험료 부과·징수 정책의 수립·조정, 건강보험급여에 관한 종합계획 수립, 약제의 건강보험요양급여에 관한 종합계획의 수립, 건강보험요양급여의 적정성 평가 등의 업무를 수행하고 있다. 이와 함께 지난 2018년 건강보험정책국 내에 신설된 의료보장심의관은 현 대통령의 공약인 '건강보험 보장성 강화' 추진에 필요한 비급여의 급여화 추진 관련 업무를 담당하고 있다.

○ 장애인정책국

장애인정책국의 핵심 업무는 장애인 복지에 관한 종합계획을 수립하고 총괄·조정하는 것이다. 이를 위해서 장애인정책국 소속 5개 과는 장애인등록 및 판정,

장애인단체 지원, 장애예방, 장애인차별금지 관련 법령에 관한 사항, 장애인 편의시설의 설치·관리, 장애인복지시설 지원·육성, 장애인활동지원제도 운영, 장애인 자립생활 관련 사업 지원 및 육성, 장애인의 소득보장 및 생활안정 지원, 장애인일자리 창출 및 직업재활, 장애인연금제도 운영 등에 관한 다양한 업무를 수행하고 있다.

○ 건강정책국

- 건강정책국은 국민건강증진사업에 관한 총괄 및 종합계획 수립·조정을 주된 업무로 하는 기관이다. 국가건강검진사업의 추진 및 관리, 맞춤형방문건강관리 및 보건소 건강증진사업 관련 업무 및 보건소, 보건지소, 보건진료소 관련 제도 수립 및 운영 등도 건강정책국 소관 업무에 포함된다.
- 건강정책국의 업무와 관련해서 주목해 볼 필요가 있는 사항은 건강정책국 소속 정신건강과와 자살예방정책과가 다음의 업무들을 담당하고 있다는 사실이다. 이들 업무는 그 내용을 볼 때 상당 부분이 보건의료적 시각에서 접근해야 할 업무임에는 틀림이 없으나 적지 않은 부분은 사회서비스 관련 업무라는 점 또한 분명한 사실이라 하겠다.

글상자 5-1 보건복지부 건강정책국 소관 업무

- 정신보건사업에 관한 계획수립 및 관련 제도 운영
- 정신보건시설 운영 및 지도 관리
- 정신질환 예방 및 정신질환자 치료·재활 지원
- 정신보건전문요원 등 인력 양성
- 알코올 및 마약류 중독자의 치료보호
- 자살예방에 관한 종합계획의 수립 및 조정
- 자살예방사업 및 프로그램의 개발
- 자살자의 가족 지원에 관한 사항
- 자살예방 전문 인력 양성 및 지원

앞서 언급한 바와 같이, 이처럼 사회서비스 관련 업무는 현재 보건복지부 내의 다수 기관에 의해 분산·수행되고 있다. 이러한 현실은 두 가지 이유에서 바람직하지 않다. 첫 번째 이유는 현행「사회보장기본법」은 사회서비스를 사회보험, 공공부조와 함께 사회보장의 3대 수단으로 정의하고 있으며 더 나아가 사회서비스보장을 사회보장의 기본 정책으로 규정하고 있다. 그렇기 때문에 사회서비스 업무가 현재와 같이 사회복지정책실을 비롯한 여러 기관의 소관 업무 중 하나로서 수행되는 것은 사회서비스가 사회보장에서 차지하게 될 비중에 비춰볼 때 적절하지 않다.

또 다른 이유는 현재와 같이 사회서비스 업무가 다수 기관이 분산 수행되는 상황에서는 현실적으로 보건복지부 내에서조차도 사회서비스에 관한 종합계획을 수립하거나 사회서비스 관련 업무를 총괄·조정하는 것이 어렵기 때문이다. 물론 이러한 상황에서 보건복지부가 다른 중앙행정부서들과 사회사회서비스 관련 업무를 조정하고 총괄하는 역할을 수행하는 것이 더 어려울 것으로 예상된다.

이러한 이유에서 우선은 보건복지부부터 사회서비스 주무부서로서의 지위와 역할에 부합하는 조직을 갖출 필요가 있다. 구체적으로는 현재 보건복지부의 4개 실 중 소관 업무의 대부분이 사실상 사회서비스 관련 업무인 인구정책실을 사회서비스실로 확대 개편하고 보건복지부 내 여러 기관에 흩어져 있는 다양한 사회서비스 관련 업무를 총괄 전담하게 하는 것이 「사회보장기본법」상에 명시된 사회보장 기본 정책 방향인 사회서비스보장을 실현하는 데 더 효과적이고 동시에 효율적일 것이다.[7]

글상자 5-2 사회서비스정책실(가칭) 소관 업무 예시

- 기존의 인구정책실 업무 중 일부를 제외한 대부분의 업무
- 현재 건강정책국 소관 업무로 되어 있는 정신건강 및 자살예방 관련
- 업무 중 문제해결을 위해 비의료적 서비스 개입이 필요한 사항에 관한 업무
- 현재 여성가족부 등 여러 중앙행정기관에 흩어져 있는 사회서비스 관련 정책을 총괄 · 조정하는 업무

출처: 노대명 외(2019). 사회보장 2040 및 제2차 사회보장 기본계획 수립을 위한 기초연구. 보건복지부, 한국보건사회연구원, pp. 480-496.

---

7) 유태균(2017). 사회서비스 10년: 더 나은 미래를 위한 준비. 사회서비스 10주년 기념식 및 포럼 자료집. 보건복지부.

〈표 5-9〉 보건복지부 1차관 산하 실·국별 주요 업무

실/국	주요 업무
기획조정실	• 각종 보건·복지 관련 정책·계획 총괄 조정 • 세입·세출 예산기금편성 및 배정 집행 • 재정운용계획수립·조정 • 비영리 사단·재단 법인업무 총괄 • 국제협력, 남북교류협력, 통상협력 및 대외협력 추진
인구정책실	• 저출산·고령사회기본계획 및 시행계획 수립·평가·총괄 • 인구 관련 정책의 총괄 및 조정 • 아동복지에 관한 종합계획 수립·조정 • 아동양육시설, 지역아동센터, 그룹홈 등 아동복지시설 관리·운영 • 노인복지에 관한 종합계획의 수립·조정 • 노인일자리 마련 및 자원봉사활동 지원 • 노인장기요양보험 종합계획 수립·조정 • 노인주거·의료·재가복지시설 및 공립치매요양병원 지원·육성·확충 • 노인장기요양기관 관리·감독·평가 • 중앙행정기관 및 지방자치단체의 영유아 정책의 협의·조정·총괄 • 보육예산 편성 및 집행 • 영유아 보육료·양육수당 지원 및 가정양육 지원 • 어린이집 설치·인가·지원·지도·감독 및 평가인증 • 국공립어린이집 확충 및 환경개선
사회복지정책실	• 사회복지 정책 수립 조정 • 국민기초생활보장사업 종합계획 수립·조정·평가 • 국민기초생활보장 수급자 선정 및 적정관리 • 기준 중위소득 산정 및 급여체계 관리 • 노숙인 보호사업 계획 수립 • 의료급여 종합계획 수립 및 운영 • 지역사회보장계획 및 정책 수립·평가·지원 • 사회복지전달체계 개편 및 운영을 위한 종합계획 수립·조정 • 사회보장정보시스템 구축·운영 및 서비스 확대 • 복지급여 사업별 선정·지원 기준 조정 및 표준화 • 긴급복지지원사업 종합계획 수립·조정·평가 • 사회서비스 관련 종합계획 수립 • 사회서비스 일자리 창출 방안 수립 및 총괄·조정 • 지역사회서비스투자사업 계획 수립·시행·평가 • 사회복지시설에 대한 총괄·평가 및 사회복지관 육성·지원 • 자활지원정책에 관한 종합계획 수립·조정 • 사회복지공동모금제도의 지원 및 육성

장애인정책국	• 장애인복지 관련 종합계획 수립에 관한 총괄·조정 • 장애인등록 및 판정에 관한 사항 • 장애예방 및 여성장애인 관련 정책개발·지원에 관한 사항 • 장애인차별금지 관련 법령 및 국제장애인권리협약 등 장애인 권익증진 관련 사항 • 장애인 편의시설의 설치·관리 및 장애인 복지시설의 지원 · 육성 • 장애인활동지원제도의 운영에 관한 사항 • 장애인 자립생활 관련 사업의 지원 및 육성 • 의료재활·발달재활서비스 및 장애아동돌봄에 관한 사항 • 장애수당 등 장애인의 소득보장 및 생활안정 지원에 관한 사항 • 장애인일자리 창출 및 직업재활에 관한 사항 • 장애인생산품 판매촉진 및 중증장애인생산품 우선구매에 관한 사항 • 장애인연금 관련 법령, 장애인연금 재정 및 수급자 관리 등 장애인연금 제도 운영 전반에 관한 사항
연금정책국	• 국민연금 정책 발전방향 수립 • 다층노후소득보장체계 구축에 관한 업무 • 국민연금기금 운용에 관한 업무 • 국민연금 급여 지급기준, 급여지급, 수급자 관리, 급여서비스 관련 업무 • 기초연금제도 운영
사회보장위원회 사무국	• 사회보장위원회 사무 지원 • 사회보장기본계획의 수립 및 연도별 시행계획 수립·시행·평가 • 사회보장제도의 유사·중복 및 누락 방지를 위한 제도개선

〈표 5-10〉 보건복지부 2차관 산하 실·국별 주요 업무

보건의료정책실	• 보건의료·의약품 정책에 관한 종합계획수립·조정 • 의료기관 평가·인증 및 신의료기술 평가에 관한 업무 • 질병 및 만성질환 정책수립·조정 • 감염질환 지원 및 암 관련 정책수립·조정 • 응급의료정책 및 공공보건의료정책 수립 • 한의약 관련 정책 수립·조정
건강보험정책국	• 건강보험제도 육성·발전 및 재정안정화를 위한 계획수립·조정 • 건강보험 가입자 관리 및 보험료 부과·징수 정책의 수립·조정 • 건강보험급여에 관한 종합계획 수립 • 건강보험요양급여에 관한 종합계획 수립 • 건강보험요양급여 비용, 지불제도, 적정성 평가 관련 업무 • 건강보험 비급여의 급여화 및 민간의료보험 개선정책 수립

건강정책국	• 국민건강증진사업에 관한 총괄 및 종합계획의 수립·조정 • 보건소, 보건지소, 보건진료소 관련 제도 수립 및 운영 • 국가건강검진사업 추진 및 사후관리 • 구강보건에 관한 종합계획 수립·조정 • 정신보건사업에 관한 계획 수립 및 관련 제도 운영 • 정신질환 예방 및 정신질환자 치료, 재활, 권익보호 지원 • 정신보건시설 운영 및 지도관리, 정신보건전문요원 등 인력 양성 • 알코올 등 중독 치료·재활지원 및 마약류중독자의 치료보호
보건산업정책국	• 보건산업정책에 관한 종합계획 수립·조정 • 보건의료산업 육성 지원 및 기반구축 • 보건의료기술 종합계획 수립·조정 • 해외 의료사업 진출 촉진 및 지원 • 외국인 환자 유치 지원 및 기반구축

3) 소속기관

보건복지부는 부(部)의 업무를 지원하는 12개 특별지방행정기관, 28개 부속기관 그리고 13개 행정 및 자문위원회를 두고 있다.

〈표 5-11〉 보건복지부 소속 특별지방행정기관

분야	특별지방행정기관
보건의료분야(10)	• 질병관리청(국립보건연구원, 국립마산·목포병원 및 13개 검역소 포함) • 국립소록도병원 • 국립정신건강센터 및 국립정신병원(나주, 부곡, 춘천, 공주) • 오송생명과학단지지원센터 • 건강보험분쟁조정위원회 사무국 • 국립장기조직혈액관리원
사회복지분야(2)	• 국립재활원 • 국립망향의동산관리원

〈표 5-12〉 보건복지부 부속기관

분야	공공기관
보건·보건산업·위생·방역·의정·약정 분야(17)	• 한국보건산업진흥원: 보건산업 정책연구, 실태 및 동향 분석 • 국립암센터: 진료 및 연구, 국가 암관리 업무 • 대한적십자사: 지역보건활동, 공공의료 업무 • 한국보건의료인국가시험원: 보건의료인 전문성 강화 • 한국국제보건의료재단: 개발도상국 개발협력, 북한 보건의료 협력 등 • 국립중앙의료원: 진료 및 건강검진 • 한국건강증진개발원: 건강증진정책개발, 건강증진사업 활성화 등 • 한국의료분쟁조정중재원: 의료사고 피해자 부담 완화 및 의료자원 낭비 방지 등 • 한국보건의료연구원: 신의료기술 개발·연구, 의료기술 안전관리 등 • 오송첨단의료산업진흥재단: 첨단의료산업 개발지원 등 • 대구경북첨단의료산업진흥재단: 첨단의료복합단지 연구개발 지원 등 • 한국장기조직기증원: 장기 및 조직 기증업무 • 한국한의약진흥원: 한의약 육성 기반 조성, 한의약 기술개발 및 산업진흥 업무 • 의료기관평가인증원: 의료기관 서비스 질과 환자 안전에 대한 신뢰성 보증 • 국가생명윤리정책원: 생명윤리정책 조사, 연구, 교육 업무 등 • 한국공공조직은행: 인체조직의 채취·가공·분배 및 관리 업무 • 한국보건의료정보원: 보건의료정보 관련 사업지원 등
사회보장, 기초생활보장, 서비스정책, 자활지원 분야(8)	• 국민건강보험공단: 사회보험(건강보험·장기요양보험) 업무 • 국민연금공단: 사회보험(국민연금) 업무 • 건강보험심사평가원: 진료비 청구 심사·평가 업무 • 사회보장정보원: 사회서비스전자바우처, 보육통합시스템, 사회복지시설정보시스템 • 한국보건복지인력개발원: 보건복지 교육·훈련 업무 • 한국장애인개발원: 장애인 정책연구, 직업재활 업무 등 • 한국사회복지협의회: 사회복지사업 조사연구, 교육훈련, 사회복지 조성 업무 등 • 한국자활복지개발원: 자활사업 개발, 자활인프라관리, 인적자원관리 등
인구·출산·보육·아동·노인 분야(3)	• 한국노인인력개발원: 노인 사회활동 지원(공익, 재능나눔, 취업 등) • 한국보육진흥원: 어린이집 평가인증, 보육교사 자격인증 등 • 아동권리보장원: 아동복지정책 수립, 사업평가 등

〈표 5-13〉 보건복지부 소속 위원회

분야	위원회
보건·보건산업·위생·방역·의정·약정 분야(4)	• 보건의료정책심의위원회: 각종 보건의료정책 안건에 대한 정책심의 • 의료기관인증위원회: 의료시설 설치 인증에 관한 심사업무 • 보건의료기술정책심의위원회: 보건의료기술 연구개발, 지원자금 배분 업무 등 • 혈액관리위원회: 혈액원에 대한 허가·심사, 헌혈자 정보 통보
사회보장, 기초생활보장, 서비스정책, 자활지원 분야(6)	• 중앙생활보장위원회: 기초생활보장제도 관련한 최저생계비 결정 • 중앙의료급여심의위원회: 의료급여 방향 및 대책수립, 급여기준 심의 • 건강보험정책심의위원회: 보험료 조정·요양급여·건강보험제도 심의·검토 • 건강보험분쟁조정위원회: 국민건강보험에 관한 분쟁 해결을 위한 심의업무 • 국민연금심의위원회: 국민연금사업에 관한 안건에 대하여 심의 조정 • 국민연금재심사위원회: 심사청구에 대하여 불복한 대상자의 재심사 청구에 대한 재심사
인구·출산·보육·아동·노인 분야(3)	• 장기요양위원회: 장기요양보험료율, 가족 요양비 등 심의 • 장기요양심판위원회: 공단의 이의 신청 결정에 불복 제기한 사건 심사 • 중앙보육정책위원회: 각종 보육에 관련된 정책 연구

3. 고용노동부

고용노동부는 근로에 대한 사무를 총괄하는 중앙행정기관으로서 고용정책의 총괄, 고용보험, 직업능력개발훈련, 고용평등과 일·가정 양립 지원, 근로조건의 기준, 근로자 복지후생, 노사관계의 조정, 노사협력의 증진, 산업안전보건, 산업재해보상보험과 그 밖의 고용과 노동에 관한 사무를 관장한다(고용노동부와 그 소속기관 직제 제2장). 고용노동부의 주요 업무는 다음과 같다.

1) 조직

고용노동부장관은 고용정책의 총괄, 고용보험, 직업능력개발훈련, 근로조건의 기준, 근로자의 복지후생, 노사관계의 조정, 산업안전보건, 산업재해보상보험과 그 밖의 고용과 노동에 관한 사무를 관장한다(「정부조직법」 제40조). 고용노동부장관의 업무를 보조·보좌하는 하부기관으로 1차관 3실 2국으로 구성된 본부 조직이 있다.

2020년 기준 공무원 현원은 7,708명(일반직 7,704, 별정직 4)이며, 2022년도 예산 규모는 총지출 기준으로는 약 36조 5,720억 원, 총계 기준으로는 약 52조 5,358억 원이다.

〈표 5-14〉 2022년도 고용노동부 분야별 및 회계별 예산 현황

분 야	회계(기금)	예산(십억 원)	
		총지출 기준	총계 기준
사회복지	고용보험기금	18,840	22,704
사회복지	일반회계	6,752	8,070
사회복지	산업재해보상보험및예방기금	8,884	18,140
사회복지	장애인고용촉진및직업재활기금	766	1,874
사회복지	임금채권보장기금	700	964
사회복지	근로복지진흥기금	280	433
사회복지	가균형발전특별회계	255	255
사회복지	에너지 및 자원사업특별회계	90	90
총 계		36,572	52,535

출처: 기획재정부 열린재정 재정정보공개시스템(http://www.openfiscaldata.go.kr).

2) 부서별 주요 업무

고용노동부 3실, 2국 각각이 수행하는 주요 업무는 다음과 같다.

(1) 실별 업무

○ 고용정책실

고용정책실의 업무를 이해하기 위해서는 먼저 「고용정책 기본법」에 관한 이해가 필요하다. 우리나라 「고용정책 기본법」은 국가로 하여금 고용에 관한 정책을 수립·시행하여 근로자의 고용안정, 기업의 일자리창출과 원활한 인력 확보를 지원하게 하기 위한 목적에서 제정된 법이다. 이 법은 고용노동부장관으로 하여금 5년마다 국가고용정책에 관한 기본 계획을 수립·시행하게 함으로써[8] 국가 고용정책에 있어서 주무부서의 역할을 고용노동부가 담당하게 하고 있는데, 고용노동부 내에서도 바로 고용정책실이 이와 관련된 가장 주된 업무를 담당하고 있다.

이러한 맥락에서 고용정책실은 고용 관련 정책 및 전략을 수립하고 총괄하고, 인력 수급 불균형 해소 대책 등 국가 인력수급 정책의 수립·운영함과 동시에 고용영향평가 및 고용친화적 경제·산업·교육·복지 등 정책 수립·지원 등을 핵심 업무로 수행하고 있다. 고용정책실의 또 다른 핵심 업무는 고용보험제도 운영 및 고용보험 관련 정책을 수립·조정하고 그 성과를 평가하는 것이다. 따라서 고용보험의 3대 사업인 실업급여(및 피보험자격관리), 직업능력개발사업 및 고용안정사업을 운영 및 관리함과 동시에 고용보험기금의 운용 및 재산 등의 관리를 담당한다.

8) 국가법령정보센터(http://www.law.go.kr/lsInfoP.do?lsiSeq=208544&efYd=20190 430#0000). 고용정책기본법.

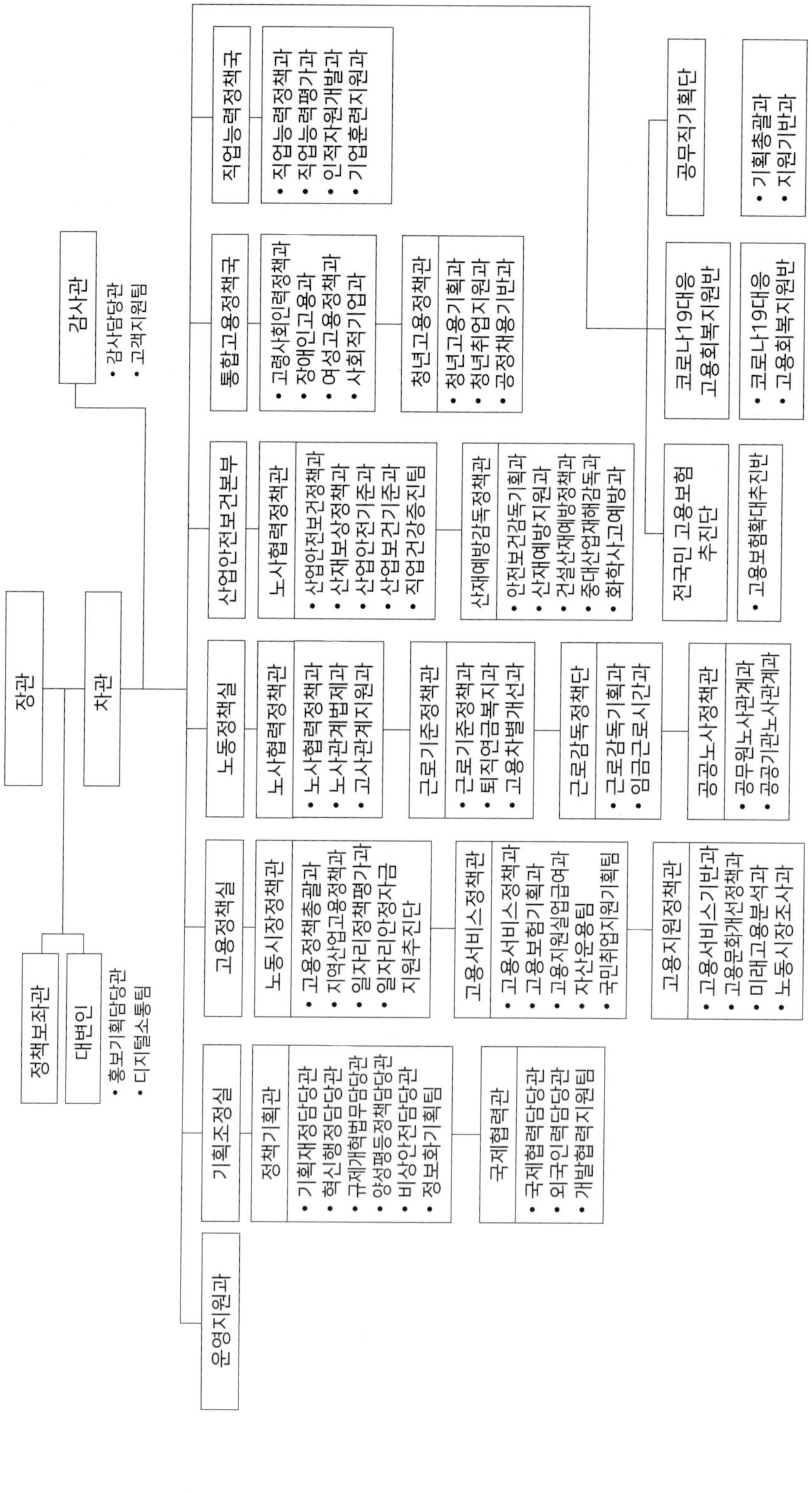

[그림 5-3] 고용노동부 조직도

출처: 고용노동부(http://www.moel.go.kr/agency/org/ministry/list.do).

〈표 5-15〉 고용노동부 실·국별 주요 업무

실/국	주요 업무
기획조정실	• 각종 정책과 계획의 수립·종합 및 조정 • 고용노동부장관 소관 예산, 기금, 그 밖의 재정에 관한 사항 • 고용노동부와 그 소속기관 및 산하 공공기관의 조직·정원 관리에 관한 사항 • 성과관리시행계획 및 정부업무평가·지방고용노동관서의 평가에 관한 사항 • 고용노동 분야 국제협력에 관한 주요업무계획의 수립·추진 • 국내 고용노동 상황에 대한 해외 홍보 및 국제 고용노동 동향 정보의 수집·분석 • 국제노동기구(ILO)와 관련된 업무 및 경제협력개발기구(OECD), 국제연합(UN), 아시아태평양경제협력체(APEC) 등 국제기구의 고용노동 분야 업무 • 고용노동 분야에 관한 국제협력 및 통상협상 등에 관한 사항 • 고용노동 분야 양성평등 관련 정책 및 제도의 수립·총괄
고용정책실	• 고용 관련 정책 및 전략의 수립·총괄 • 고용영향평가 및 고용친화적 경제·산업·교육·복지 등 정책 수립의 지원 • 직업능력개발사업 및 고용안정사업의 운영·관리 • 인력 수급 불균형 해소 대책 등 국가 인력수급 정책의 수립·운영 • 고용보험과 관련된 정책의 수립·조정·성과평가 • 고용보험 및 산업재해보상보험의 적용·징수 • 고용보험기금의 운용 및 재산 등의 관리(산업재해보상보험 및 예방기금의 여유자금 운용 포함) • 빈곤취약계층 및 「국민기초생활 보장법」에 따른 수급권자에 대한 고용지원 및 고용개선 등에 관한 사항 • 실업급여 및 피보험자격의 관리에 관한 사항
노동정책실	• 노사정책의 총괄 및 관계 중앙행정기관 간 협의·조정 • 노사협의회의 설치·운영 등 노사협력 증진에 관한 사항 • 노동조합 관련 정책의 수립 및 제도개선 • 단체교섭, 노동쟁의 및 노동쟁의 조정제도에 관한 사항 • 노동위원회의 운영에 관한 사항 • 노동조합의 설립·운영 지도에 관한 사항 • 노사관계 동향 파악 및 분석에 관한 사항 • 취업규칙 및 해고 등 근로기준과 관련된 정책의 수립·총괄 • 최저임금제에 관한 정책의 수립 및 제도개선 및 근로계약법에 관한 사항 • 퇴직연금 등 퇴직급여제도에 관한 정책의 수립 및 제도개선

	• 임금채권보장기금의 조성·관리 및 운용 등 임금채권보장제도에 관한 정책의 수립 및 제도개선 • 근로복지 기본 계획 등 근로복지정책에 관한 사항 • 사내근로복지기금 제도의 운영 지도 및 근로자복지진흥기금의 조성·운용 • 기간제근로자, 단시간근로자 및 파견근로자 보호에 관한 정책의 수립 및 운영 • 특수형태업무종사자 등 다양한 형태의 취업자에 대한 보호 정책 등의 수립
통합고용정책국	• 저출산·고령화에 대응한 고용대책의 수립 • 고령자 고용촉진 및 고용상 연령차별금지와 관련된 정책 및 제도의 수립·총괄 • 장애인 고용촉진 및 고용상 차별금지와 관련된 정책 및 제도의 수립·총괄 • 장애인 고용 의무제도의 운영 및 시행 지원 • 장애인 고용촉진 및 직업재활 기금의 운용·관리 • 모성보호 및 일과 가정의 양립 지원에 관한 정책의 수립·운영 • 경력단절여성의 직업능력개발 및 취업지원 • 사회적 기업 육성·지원 정책의 수립·총괄 • 사회적 일자리 창출 지원에 관한 사항 • 청년고용과 관련된 제도의 운영 및 법령의 제정·개정 • 청년의 해외취업 지원을 위한 정책의 수립·시행 • 직업진로지도 및 직업정보제공 등의 개발·확산 및 홍보·교육
직업능력정책국	• 직업능력개발훈련에 관한 정책의 총괄·조정·평가 • 공공 직업능력개발사업계획의 수립·조정 및 공공 훈련기관의 관리·감독 • 성장동력산업 분야 등의 산업인력 양성 대책 및 지역별·산업별 인적자원개발 협의체 육성·지원 • 기업의 직업능력개발 촉진 및 재직근로자·구직자의 직업능력개발 지원 • 국가기술자격정책 및 제도의 수립·총괄 • 국가직무능력표준의 개발·활용 • 일학습병행제 참여 기업 및 학습근로자 지원 대책 수립 · 추진
산업예방보상 정책국	• 산업안전보건기준의 설정 등 산업안전보건정책의 수립 · 총괄 • 산업재해보상보험의 요양·보상·재활 및 심사제도 등 산업재해보상보험과 관련된 정책의 수립 • 산업재해보상보험 및 예방기금의 운용·관리(여유자금 운용은 제외한다) • 「산업안전보건법」에 따른 역학조사 등 근로자의 건강보호 및 증진에 관한 사항 • 산업안전보건교육·홍보 등 안전보건 의식 고취에 관한 사항

이와 함께 고용정책실은 빈곤취약계층 및 「국민기초생활 보장법」에 따른 수급권자에 대한 고용지원 및 고용개선 등에 관한 업무를 담당하고 있는데, 한때 보건복지부 사업이었으나 고용노동부 사업으로 전환된 취업성공패키지사업의 운영 및 관리를 고용정책실이 담당하고 있다.

또한 소규모 영세 기업에게 사회보험료를 지원하는 두루누리사업, 최저임금 인상정책에 따른 소상공인 및 영세중소기업의 부담 완화를 위한 일자리안정자금지원사업 그리고 한국형 실업부조 도입 추진 업무 등도 고용정책실이 담당하고 있다.

○ 노동정책실

- 고용노동부 노동정책실은 노사정책의 총괄 및 관계 중앙행정기관 간 협의·조정, 노사협의회의 설치·운영 등 노사협력 증진에 관한 업무, 노동조합 관련 정책의 수립 및 제도개선, 단체교섭, 노동쟁의 및 노동쟁의 조정제도 및 노사관계 동향 파악 및 분석 등에 관한 업무를 담당한다.
- 특히 현 행정부가 핵심 노동정책으로 추진하고 있는 최저임금인상 및 비정규직의 정규직화에 관한 정책을 수립하고 제도개선안을 마련하는 업무를 노동정책실이 담당하고 있다. 그렇기 때문에 기간제근로자, 단시간근로자 및 파견근로자 보호에 관한 정책의 수립 및 운영, 특수형태업무종사자 등 다양한 형태의 취업자에 대한 보호 정책 등의 수립 등에 관한 업무 또한 노동정책실의 소관 업무에 포함된다.

(2) 국별 업무

○ 통합고용정책국

- 통합고용정책국 업무의 핵심은 저출산·고령화에 대응한 고용대책의 수립 및 총괄하는 것이다. 이러한 맥락에서 통합고용정책국은 주로 저출산·고령화로 인해 나타나는 고령자, 여성, 청년 등의 취업 관련 어려움을 경감하기 위해 고령자·장애인 고용촉진 및 고용 상 연령차별금지와 관련된 정책 및 제도의 수립·총괄, 장애인 고용촉진 및 직업재활 기금의 운용·관리, 여성을 위한 일

가정양립 및 모성보호 지원 정책의 수립·운영 및 경력단절여성의 직업능력개발과 취업지원 등의 업무를 수행한다.

- 이러한 업무와 함께 통합고용정책국은 사회적기업 육성·지원 정책을 수립하고 총괄하는 업무 또한 담당하는데, 이 업무는 통합고용정책국의 사회적기업과가 전담하고 있다. 고용노동부 소속기관 중 하나인 '사회적기업진흥원'은 바로 이러한 업무를 보조하기 위해 설치된 공공기관이다.
- 통합고용정책국의 또 한 가지 핵심 업무는 청년고용지원 관련 업무이다. 대표적인 예로서 현 행정부 출범 이후 확대된 청년내일채움공제사업, 2019년 7월부터 시행되는 청년구직활동지원금사업 등의 업무를 통합고용정책국 내 청년고용정책관이 담당하고 있다.

○ 직업능력정책국

직업능력정책국은 고용보험의 3대 영역 중 하나인 직업능력개발을 핵심 업무로 하는 기관이다. 주된 업무로는 직업능력개발훈련에 관한 정책의 총괄·조정·평가, 공공 직업능력개발사업계획의 수립·조정 및 공공 훈련기관의 관리·감독, 성장동력산업 분야 등의 산업인력 양성 대책 및 지역별·산업별 인적자원개발 협의체 육성·지원 및 기업의 직업능력개발 촉진 및 재직근로자·구직자의 직업능력개발 지원 등이 있다.

○ 산업예방보상정책국

산업예방보상정책국은 산업재해보상보험과 산재예방 그리고 산업안전에 관한 업무를 담당한다. 산업재해보상보험과 관련해서는 산업재해보상보험 요양·보상·재활 및 심사제도 등 산업재해보상보험과 관련된 정책 수립, 산업재해보상보험및예방기금을 운용·관리 등을 통해 산업재해보상보험제도를 운영하는 업무를 담당한다. 산업안전과 관련해서는 산업안전보건기준의 설정 등 산업안전보건정책의 수립·총괄하며 산업안전보건교육·홍보 등 안전보건 의식 고취 등의 업무를 담당한다.

3) 소속기관

고용노동부는 업무 중 독자적으로 수행해야 할 업무를 전국 차원에서 수행하기 위해 6개 지방청, 40개 지청(2개 출장소) 및 100여 개 고용센터로 이루어진 대규모 외청 조직을 가지고 있다.[9)]

〈표 5-16〉 고용노동부 특별지방행정기관

지방고용노동관서	지청
서울지방고용노동청	서울강남, 서울동부, 서울서부, 서울남부, 서울북부, 서울관악
중부지방고용노동청	인천북부, 부천, 의정부, 고양, 경기, 성남, 안양, 안산, 평택, 강원, 강릉, 원주, 태백, 영월출장소
부산지방고용노동청	부산동부, 부산북부, 창원, 울산, 양산, 진주, 통영
대구지방고용노동청	대구서부, 포항, 구미, 영주, 안동
광주지방고용노동청	전주, 익산, 군산, 목포, 여수, 제주근로자개선지도과
대전지방고용노동청	청주, 천안, 충주, 보령, 서산출장소
지방고용센터 소재지	청·지청(지방고용센터)
서 울	서울지방고용노동청(서울, 서초), 서울강남(서울강남), 서울동부(서울동부), 서울서부(서울서부), 서울남부(서울남부, 서울강서), 서울북부(서울북부), 서울관악(서울관악)
경기·인천·강원	중부지방고용노동청(인천), 인천북부(인천북부, 인천서부), 부천(부천, 김포), 의정부(의정부, 구리, 남양주, 동두천, 양주), 고양(고양, 파주), 경기(수원, 용인, 화성), 성남(성남, 경기광주, 이천, 하남), 안양(안양, 광명, 의왕), 안산(안산, 시흥), 평택(평택, 안성, 오산), 강원(춘천), 강릉(강릉, 속초), 원주(원주), 태백(태백, 삼척), 영월출장소(영월)
부산·경남	부산지방고용노동청(부산, 부산사하), 부산동부, 부산북부, 차원(창원, 마산), 울산, 양산(김해, 밀양, 양산), 진주(진주, 하동, 거창), 통영(통영, 거제)
대구·경북	대구지방고용노동청(대구, 대구강북, 대구동부, 경산), 대구서부(대구서부, 대구달성, 칠곡), 포항(포항, 울진, 경주), 구미(구미, 김천), 영주(영주, 문경), 안동(안동)

9) 2022년 기준 고용노동부 공무원의 현원이 7,708명에 달하는 이유는 이처럼 규모가 큰 외청 조직을 가지고 있기 때문이다.

광주·전라	광주지방고용노동청(광주, 광주광산, 제주근로개선지도센터 제주, 제주근로지도 개선센터 서귀포), 전주(전주, 남원, 정읍), 익산(익산, 김제), 군산(군산, 부안), 목포(목포, 해남), 여수(순천, 여수, 광양),
대전·충청	대전지방고용노동청(대전, 공주, 세종, 논산), 청주(청주, 옥천), 천안(천안, 아산), 충주(충주, 제천, 음성), 보령(보령), 서산(서산)

〈표 5-17〉 고용노동부 부속기관

공공기관	주요 업무
근로복지공단	• 중소기업근로자복지진흥법에 의한 복지사업을 수행하는 근로복지 전담기관 • 근로자의 업무상 재해 보상 및 보험시설 설치·운영 재해근로자의 복지후생 사업 운영
한국산업인력공단	• 인적자원 개발 및 양성에 관한 사업 종합적 수행 • 평생능력개발을 통한 인재양성 및 자격검정 • 기능장려 및 숙련된 인재 배치를 위한 고용촉진 • 외국인 고용지원
한국산업안전보건공단	• 산업재해예방에 관한 사업 수행
건설근로자공제회	• 건설근로자의 고용개선과 복리증진 도모 업무 수행
한국장애인고용공단	• 장애인 고용촉진 및 직업재활 업무 수행
한국고용정보원	• 구인구직정보제공을 위한 취업정보 전문기관 • 고용동향 수집·분석을 통해 노동시장의 인력수급 지원 • 고용구조조사와 직업조사를 통해 직업 및 진로지도 업무 수행
한국사회적기업진흥원	• 사회적기업 설립·운영 지원 및 관련 민간 활동 촉진 업무 수행
한국폴리텍대학	• 근로자직업능력개발법에 의한 국책특수대학(전국 8개 대학, 34개 캠퍼스)
한국기술교육대학교	• 고용노동부 출연 특성화대학
한국잡월드	• 아동·청소년 대상 진로탐색 및 직업체험 기회 제공 업무 수행
노사발전재단	• 노사단체 주도로 설립된 민간자율기구 • 노사 간 상호 이해와 실질적 파트너십 강화를 위한 다양한 사업 추진
한국고용노동교육원	• 고용노동교육을 실시함으로써 노사갈등을 예방하고 건전한 노사관계 정립

〈표 5-18〉 고용노동부 소속 위원회

위원회	주요 업무
노동위원회	• 노·사·공익 3자로 구성된 준사법적 성격을 지닌 합의제 행정기관으로서 노동관계에서 발생하는 노사 간의 이익 및 권리분쟁을 신속하고 공정하게 조정·판정 • 중앙위원회와 12개 지방노동위원회(서울, 부산, 경기, 충남, 전남, 경북, 경남, 인천, 강원, 충북, 전북, 제주, 울산지방노동위원회)가 있음.
최저임금위원회	• 노·사·공익 3자로 구성된 준사법적 성격을 지닌 합의제행정기관 • 최저임금에 관한 심의 및 재심의, 의결, 최저임금 적용사업의 종류별 구분에 관한 심의, 최저임금제도의 발전을 위한 연구 및 건의, 기타 최저임금에 관한 중요 사항으로서 고용노동부장관이 부의한 사항을 심의하는 행정위원회
산업재해보상보험 재심사위원회	• 합의제특별행정심판위원회 성격의 행정위원회 • 재보험급여와 관련한 근로복지공단의 처분에 대하여 이의가 있는 당사자가 심사청구를 한 후, 그 심사결정에도 불복하여 재심사를 청구한 경우, 심리·재결
고용보험 심사위원회	• 노사대표 및 노동문제전문가 등 14인의 심사위원으로 구성된 합의제특별행정심판위원회 성격의 행정위원회 • 근로자의 고용보험 피보험자격, 실업급여 수급 등과 관련한 처분 및 심사결정에 대하여 이의신청이 있는 경우 재심사함으로써 근로자의 권리구제기능 수행

4. 여성가족부

여성가족부는 여성정책의 종합 및 여성의 권익증진 등 지위향상과 가족정책, 건강가정사업을 위한 아동 업무 및 청소년 육성·복지 및 보호 기능을 담당하는 중앙행정기관이다. 여성가족부의 업무는 여성·청소년·가족을 대상으로 하고 있다는 점을 제외하고는 보건복지부의 업무와 그 성격이 크게 다르지 않다. 이러한 맥락에서 볼 때 여성가족부는 기능 차별성보다는 대상 차별성을 주된 근거로 하여 설치된 중앙행정부서라고 판단된다.

1) 조직

여성가족부의 조직은 1장관 1차관 2실 2국 26과로 이루어져 있어 고용노동부와 마찬가지로 조직 구성이 비교적 단순하다.

여성가족부 일반직 및 별정직공무원 현원은 2020년 기준 331명이고 예산 규모는 2022년도 총지출 기준으로는 약 1조 4288억 원, 총계 기준으로는 약 1조 5,272억 원이다.

〈표 5-19〉 2022년도 여성가족부 분야별 및 회계별 예산 현황

분야	회계(기금)	예산(십억 원)	
		총지출 기준	총계 기준
사회복지	일반회계	634	634
사회복지	양성평등기금	595	668
사회복지	청소년육성기금	149	175
사회복지	지역발전특별회계	49	49
총 계		1,428	1,527

출처: 기획재정부 열린재정(재정정보공개시스템, http://www.openfiscaldata.go.kr).

여성가족부장관은 여성정책의 기획·종합, 여성의 권익증진 등 지위 향상, 청소년 및 가족(다문화가족과 건강가정사업을 위한 아동 업무 포함)에 관한 사무를 관장한다(「정부조직법」 제41조).

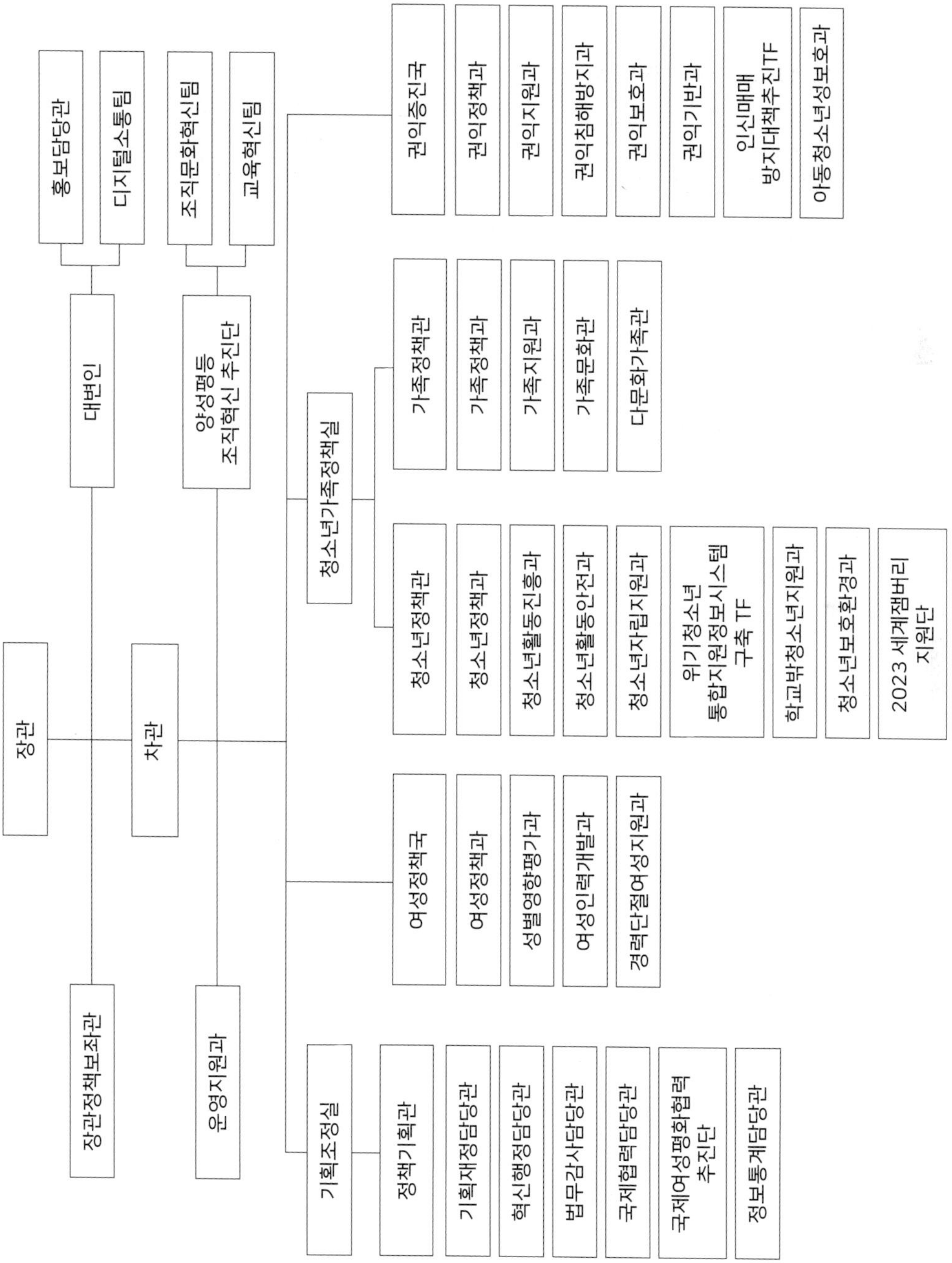

[그림 5-4] 여성가족부 조직도

출처: 여성가족부 홈페이지.

2) 부서별 업무

여성가족부의 업무는 크게 기획조정, 여성정책, 청소년정책, 권익증진 관련 업무로 나뉜다. 다른 부서와 마찬가지로 기획조정업무는 기획조정실이 담당하며, 여성정책 업무는 1국, 청소년정책 업무는 1실, 권익증진 업무는 1국이 담당하고 있다. 기획조정실을 제외한 실·국별 주요 업무는 〈표 5-18〉과 같다.

(1) 실별 업무

○ **청소년가족정책실**

- 청소년가족정책실이 담당하는 업무는 청소년 분야 업무와 가족 분야 업무로 나눌 수 있는데, 전자는 청소년정책관이, 후자는 가족정책관이 각각 총괄한다. 청소년 분야의 업무는 청소년정책관 아래 6개 과가 담당하는데, 청소년정책 및 청소년복지에 관한 종합계획의 수립·조정·지원, 중앙부처 및 지방자치단체와의 청소년정책 협의·조정, 청소년단체 및 법인에 대한 지도·감독·지원, 취약계층청소년·위기청소년·가출청소년·폭력, 학대 등에 노출된 청소년의 보호·상담·치료·자립 지원 및 청소년의 사회진출 및 취·창업 지원 등이 있다.
- 가족 분야 업무는 가족정책관 아래 4개 과가 수행한다. 핵심 업무로는 다문화가족정책을 포함한 가족정책에 관한 계획의 수립·조정·지원, 중앙부처 및 지방자치단체와의 가족정책 협의·조정, 건강가정지원센터 설치·운영·지원, 한부모와 한부모 가족 지원 및 관련 시설 지원, 양육비 이행에 관한 계획 수립 및 제도개선, 다문화가족 사회통합 대책 수립·총괄·지원 등이 있다.

〈표 5-20〉 여성가족부 실·국별 주요 업무

실/국	주요 업무
기획조정실	• 여성가족 관련 각종 정책과 계획의 수립·조정 및 총괄 • 예산의 편성 및 집행의 조정과 결산에 관한 업무 • 여성가족부 소관 비영리법인 및 민간단체 등록에 관한 사항 총괄 • 개발도상국의 여성발전 지원 등 부내 대외원조 사업 총괄 • 여성의 국제전문인력 육성 및 국제기구 진출 지원에 관한 업무
여성정책국	• 여성정책에 관한 계획 수립 및 중앙행정기관·지방자치단체 여성정책 협의·조정 • 여성단체 및 법인에 대한 지도·감독과 지원 및 협력 • 성별영향분석평가에 관한 계획의 수립 및 평가 지원에 관한 사항 • 성인지 예산·결산 제도 운영의 지원에 관한 사항 • 여성인력 개발에 관한 계획 수립 및 중앙행정기관·지방자치단체 여성 인적자원 • 개발시책의 협의·조정 • 여성의 경력개발·취업지원·경제활동 촉진을 위한 일·생활 양립 정책 개발 • 청년여성의 경력개발을 위한 프로그램의 개발 및 운영 • 경력단절여성 등의 경제활동 촉진에 관한 계획의 수립·조정 및 지원
청소년가족 정책실	• 청소년정책에 관한 계획의 수립 및 중앙행정기관·지방자치단체 청소년정책의 협의·조정 • 청소년단체 및 법인에 대한 지도·감독과 지원 • 청소년복지에 관한 종합계획의 수립·조정 및 지원 • 청소년보호·학교 밖 청소년·위기청소년 지원계획의 수립 및 시행 • 다문화가족정책을 포함한 가족정책에 관한 계획의 수립 및 중앙행정기관·지방자치단체 가족정책 협의·조정 • 건강가정지원센터 설치·운영 및 지원 • 한부모와 한부모 가족 관련 시설에 대한 지원 • 양육비 이행에 관한 계획의 수립 및 제도개선에 관한 사항 • 다문화가족 사회통합 지원 대책의 수립·총괄 및 지원
권익증진국	• 여성·청소년 등의 폭력 피해 예방 및 피해자 보호사업의 총괄·조정 • 성폭력·가정폭력 예방과 피해자 보호를 위한 계획의 수립·시행 • 성매매방지 및 피해자 보호를 위한 계획의 수립·시행 • 아동·청소년의 성보호를 위한 대책 및 성범죄 피해아동·청소년 등에 대한 지원 대책의 수립·시행 • 성교육 및 성폭력·가정폭력·성매매·성희롱 예방교육을 위한 계획의 수립·조정 및 시행 • 일본군위안부에 대한 생활안정지원 및 기념사업에 관한 사항 • 여성장애인 역량 강화 등 사회참여 확대 등에 관한 사항 • 탈북여성 인권보호교육 등 권익보호에 관한 사항

(2) 국별 업무

○ 여성정책국

여성정책국은 국(局) 아래 4개 과를 통해 여성정책에 관한 계획 수립 및 중앙부서·지방자치단체와의 여성정책 협의·조정, 여성인력개발에 관한 계획 수립 및 중앙부서·지방자치단체와의 여성 인적자원개발 시책의 협의·조정, 여성의 경력개발·취업지원·경제활동 촉진을 위한 일·생활양립 정책 개발, 성별영향분석평가에 관한 계획의 수립 및 평가 지원, 성인지 예산·결산 제도 운영 지원, 경력단절여성 등의 경제활동 촉진에 관한 계획의 수립·조정·지원 등의 업무를 수행한다.

○ 권익증진국

권익증진국은 기관명에 나타나 있는 바 그대로 여성·청소년의 권익증진에 관한 업무를 담당한다. 대표적인 업무로는 여성·청소년 등의 성폭력·가정폭력·성범죄 피해 예방 및 피해자 보호사업의 총괄·조정, 피해자 보호·지원을 위한 계획 수립·시행, 일본군위안부에 대한 생활안정지원 및 기념사업 그리고 탈북여성 인권보호교육 등 권익보호에 관한 업무 등을 꼽을 수 있다.

3) 소속기관

여성가족부는 5개 공공기관과 11개 위원회를 소속기관으로 두고 있다. 여성가족부의 경우, 특별지방행정조직은 두고 있지 않다.

〈표 5-21〉 여성가족부 부속기관

분야	공공기관
여성정책분야(2)	• 한국양성평등교육진흥원: 양성평등 교육·성인지 교육·폭력예방 교육 프로그램 개발 및 전문인력 양성 • 한국여성인권진흥원: 여성폭력 피해자 예방·지원 및 지원 전문인력 양성

청소년정책분야(3)	• 한국청소년상담복지개발원: 청소년 상담 및 복지와 관련된 정책의 연구·상담기법 개발·상담 및 복지인력 양성 및 교육 • 한국청소년활동진흥원: 청소년의 체험 활동 활성화를 위한 다수의 청소년 수련원운영 및 청소년 지도사 양성과정 등 청소년 지원사업 • 한국건강가정진흥원: 건강가정사업 기획·아이돌봄 및 양육지원·가족의 사회통합지원

〈표 5-22〉 여성가족부 소속 위원회

분야	위원회
여성정책분야(2)	• 성별영향분석평가위원회: 성별영향분석평가 제도의 운영과 개선 등 심의·조정 • 양성평등위원회: 양성평등정책에 관한 중요사항 심의·조정
청소년정책분야(7)	• 청소년보호위원회: 청소년 유해매체, 유해약물, 유해물건, 유해업소 등의 심의·의결 • 가족친화인증위원회: 가족친화인증신청 심의·의결 • 학교밖청소년지원위원회: 학교 밖 청소년 지원 심의 • 청소년정책위원회: 청소년정책에 관한 주요 사항 심의·조정 • 다문화가족정책위원회: 다문화가족 삶의 질 향상 등에 관한 중요사항 심의·조정 • 양육비이행심의위원회: 불이행자 제재조치 등의 양육비 이행확보 심의 • 2023새만금세계스카우잼버리정부지원위원회
권익증진분야(2)	• 일본군위안부피해자 생활안정지원 및 기념사업위원회: 생활안정대상자 심의·결정 • 여성폭력방지위원회: 여성폭력 방지정책에 관한 주요 사항의 심의·조정

제6장

지방자치단체

1. 지방자치의 개념
2. 지방자치의 유형
3. 지방자치단체의 종류
4. 지방자치단체의 조직
5. 집행기관
6. 지방자치단체의 사무
7. 지방교육자치단체

제6장

지방자치단체

권한이 단일 또는 소수 주체에게 집중되어 있는 경우와 권한이 다수 주체에 분산되어 있는 경우 중 어느 쪽이 더 바람직한지를 판단하기는 쉽지 않은 일이다. 그런데 권한을 '나 아닌 다른 사람으로 하여금 내가 원하는 일을 하게 할 수 있는 힘'으로 바꾼 다음 생각해 보면 후자가 더 바람직하다는 답을 쉽게 얻을 수 있다.[1] 물론 그렇더라도 "주체들 간에 역량에 있어서 큰 격차가 존재한다면?"이라는 우려의 목소리는 여전히 설득력을 잃지 않는다. 그리고 대부분의 경우 그러한 우려감은 권한과 역량이 더 많은 주체에 의해서 제기된다. 그만큼 현실에서 권한을 나눈다는 것은 생각보다 쉽지 않은 일이다.

분권, 즉 권한을 나누는 것에 관한 논의는 과거에는 주로 정치와 행정이라는 맥락에서 이루어졌다. 그러나 보건복지 예산이 정부 예산 중 가장 큰 비중을 차지하게 된 오늘날 분권화는 정치나 행정뿐만 아니라 사회보장에 있어서도 이미 주된 관심사 중 하나가 되었다. 특히 지난 문재인 행정부는 '연방제에 버금가는 분권화'를 공약으로

1) 물론 '쉽다'는 말은 롤즈(John Rawls)가 말하는 '무지의 베일(veil of ignorance)'이 이번 경우에도 작동한다는 전제하에서 할 수 있는 말이다.

내세울 정도로 분권에 강한 관심을 보인 바 있으며 분권화의 핵심 중 하나는 복지 분권화였다.

복지 분권화는 말 그대로 중앙정부가 자신에게 집중되어 있던 사회보장 관련 정책 결정 권한을 지방이라고 하는 주체와 나누는 것이다. 그렇기 때문에 복지 분권화는 지방 차원에서 지방의 욕구를 반영한 사회보장 정책을 펼칠 수 있는 기회와 그렇게 해야 하는 책임 모두가 늘어나는 것을 의미한다. 거시사회복지실천의 맥락에서 보자면 국가행정조직으로 국한되어 있던 거시실천의 장이 수백개에 달하는 지방자치단체로 확대되는 것이다.

"과연 지방자치단체들이 사회보장의 주체가 될 수 있는 역량을 가지고 있는가?" 매년 지역사회보장계획에 대한 평가가 실시될 때마다 전문가들 사이에서 제기되는 의문점이다. 이 질문에 대한 답은 분명하다. "그렇기 때문에 더 이상 미루지 말고 지금부터 준비를 시작해야 한다."이다. 역량 있는 다수의 주체들에게 권한이 분산되어 견제와 균형이 하나의 사회체계로 자리 잡힌 사회가 그렇지 못한 사회보다 더 나은 사회라는 것은 의심할 여지가 없다. 역량은 시행착오를 거치면서 키워 나아가야 한다. 그리고 할 수만 있다면 (특히 거시사회복지실천가들은) 시행착오를 피하기 위해 필요한 지식을 미리 습득해 두어야 한다. 이 장에서 지방자치와 지방자치단체에 대해서 살펴보는 것은 그러한 노력의 첫걸음 정도가 될 것이다.

1. 지방자치의 개념

지방자치란 지방이라고 하는 국가의 일부분인 일정 물리적 지역 범위 내에 거주하는 주민들이 스스로 자기들의 대표자를 선출하고, 그들로 하여금 일정 범위의 자치권을 행사할 수 있는 공공단체를 구성하게 하여, 그 지방의 일을 주민들의 의사와 책임 하에 스스로 결정하고 처리하는 정치 제도를 말한다. 간단히 표현하면, 지방자치란 다음의 세 가지 것이 결합된 정치 분권화제도라고 할 수 있다.

글상자 6-1 지방자치의 구성 요소

- 국가나 중앙과 대비되는 개념으로서 지방(local)이라고 하는, 국가의 일부분인 일정 지역
- 지역에 관한 일을 자신들의 권한과 책임하에 스스로 처리할 의사가 있고 실제로 일 처리에 참여하는 지역주민
- 지역의 일을 처리하기 위해 국가로부터 일정한 권한과 재원을 넘겨받아 자치권을 가진 공공단체

현재 우리나라는 「대한민국헌법」과 「지방자치법」을 법적 근거로 하여 지방자치행정을 민주적이고 능률적으로 수행하고, 지방을 균형있게 발전시키며, 국가를 민주적으로 발전시키기 위한 목적에서(「지방자치법」 제1조) 지방자치를 실시하고 있다. 「대한민국헌법」 제8장 117조는 지방자치단체는 주민의 복리에 관한 사무를 처리하고 재산을 관리하며, 법령의 범위 안에서 자치에 관한 규정을 제정할 수 있게 규정하고 있다. 「지방자치법」은 1947년에 제정되었으나 한국전쟁, 유신헌법 시기 등을 거치면서 사실상 폐지된 상태에 있다가 1995년 통합지방선거가 실시되면서 부활되었다.

우리나라의 지방자치제도의 대략적 역사는 다음과 같다.

글상자 6-2 우리나라 지방자치제도의 발달 과정

- 1947. 7. 근거법인 「지방자치법」 제정
- 1952. 4. 한국전쟁 중 지방의원 선거가 실시되면서 시작
- 1960. 4. 4.19 혁명이 일어난 후 지방자치의 범위가 크게 확대됨
- 1960. 12. 12월 중 네 차례의 지방선거를 통해 특별시·도의원, 시·읍·면의원, 시·읍·면장, 특별시·도지사를 선출
- 1961. 9. 5.16 군사정변과 함께 지방의회와 지방자치단체가 모두 해산되고 지방자치단체장을 대통령이 임명하기 시작
- 1972. 10. 유신헌법으로 지방자치제도 사실상 폐지
- 1995. 6. 6월 27일 지방자치단체장·지방의회의원 모두를 직접 선거하는 제1차 통합지방선거 실시로 부활
- 1998. 6. 제2회 지방선거 실시
- 1999. 1. 「중앙행정 권한 지방이양 촉진에 관한 법률」 제정, 대통령 직속 지방이양추친위원회

설치(8월)
- 2002. 6. 제3회 지방선거 실시
- 2003. 12 5년 한시법인 「지방분권특별법」 제정. 주민투표법, 주민소송제(2005), 주민소환제 (2006) 등 도입
- 2006. 5. 제4회 지방선거 실시
- 2008. 2 「지방분권 촉진에 관한 특별법」 제정
- 2010. 6. 제5회 지방선거 실시
- 2013. 5. 「지방분권 및 지방행정체제개편에 관한 특별법」 제정. 지방분권촉진위원회와 지방행정체제개편 위원회가 지방자치발전위원회로 통합 설치·운용되기 시작
- 2014. 6. 제6회 지방선거 실시
- 2018. 3. 「지방분권 및 지방행정체제개편에 관한 특별법」 개정. 대통령 공약 사항인 '연방제에 버금가는 강력한 지방분권' 추진을 위해 자치분권위원회 설치·운영
- 2018. 6. 제7회 지방선거 실시

2. 지방자치의 유형[2)]

지방자치의 유형을 이해하기 위해서는 먼저 지방분권의 방식에 대한 이해가 필요하다. 분권이 다수 주체들 간에 권한을 배분하는 것이므로 지방분권은 중앙정부와 중앙정부 이외 정부 간에 권한을 배분하는 것을 의미한다. 따라서 지방분권을 위해서는 중앙정부의 직접적인 통제를 받지 않고 활동하는 하위국가 단위의 정부가 있어야 한다.

지방분권은 모든 정치 권한이 중앙정부에 집중되지 않도록 정치 권한을 분산시키기 때문에 개인의 권리·자유·책임의식을 고취하고, 민주주의의 성숙을 이끌어 내고, 지역특성을 반영한 공공서비스를 효율적으로 제공하는 데 용이하다는 장점을 가지고 있음과 동시에 지역이기주의로 인한 사회갈등과 분열을 야기할 수 있는 단점 또한 안고 있다. 따라서 지방분권과 중앙집권 중 어느 쪽이 더 적합한지는 해당 국가의

2) 이하의 내용은 주로 강용기(2014). 현대지방자치론. 대영문화사; 이달곤 외(2012). 지방자치론. 박영사; 윤영진 외(2014). 새 행정학. 대영문화사; 임승빈(2016). 지방자치론. 법문사 등의 내용을 인용 및 참고하여 정리한 것이다.

여러 가지 사정을 고려한 상태에서 신중하게 판단해야 할 문제이다. 지방분권의 방식은 권한위임, 권한이양, 연방제, 연합제, 분리주의 등으로 다양하다.

〈표 6-1〉 지방분권의 방식

<table>
<tr><td rowspan="2">단일 국가 (unitary state)</td><td>권한 위임</td><td colspan="2">• 상위정부의 정책결정과 집행 권한 중 일부를 하위정부에 맡겨서 처리하는 것. 하위정부의 모든 권한이 상위정부로부터 위임된 경우, 하위정부는 실질적 자치권을 갖지 못하며 그 지위가 상위정부의 일선기관에 불과함. 상위정부는 권한행사에 대한 궁극적인 책임을 면제받지 못함
• 단체위임: 국가와 지방정부가 공통 이해관계를 갖는 사무를 지방정부에 위임하여 처리하는 것. 지방정부는 위임사무 처리에 있어서 별다른 제약을 받지 않음
• 기관위임: 국가 사무를 처리의 효율성을 고려하여 지방자치단체의 장에게 위임하여 처리하는 방식. 최종 책임은 중앙정부에게 있으므로 중앙의 감독과 감사를 받음. 국가가 사무비용을 전액 부담함. 우리나라는 위임사무 대부분이 「지방자치법」 제102조에 근거한 기관위임사무임</td></tr>
<tr><td>권한 이양</td><td colspan="2">• 하위정부에게 정책결정 및 집행적 권한과 더불어 책임까지 법률적으로 완전히 넘겨주는 것. 권한이양의 경우, 권한행사에 대한 최종적인 책임은 권한을 이양받는 하위정부에게 있음. 집행권 이양에서부터 법률제정권 이양까지 다양함</td></tr>
<tr><td colspan="2" rowspan="4">연방제/ 연방국가 (federal state)</td><td colspan="2">• 각기 독립적 주권과 헌법을 가진 다수의 주정부가 연방을 구성하고 주정부 주권의 일부를 연방정부에 위임하는 제도. 대표적인 예인 미국과 캐나다는 모두 연방정부, 주정부, 지방정부가 있으며, 지방정부는 우리나라의 기초지방자치단체에 해당한다고 볼 수 있음. 연방정부와 주정부는 주권, 즉 국가의사를 결정하는 최고 권력을 공유하지만 주정부가 대외적으로 독립국가적 지위를 갖지는 않음. 연방제에서 정부 간 관계는 다음과 같이 구분할 수 있음[3]</td></tr>
<tr><td>분리형</td><td>• 연방정부와 주정부는 명확한 분리하에 상호 독립적 완전 자치적으로 운영되고 지방정부는 주정부에 종속된 이원적 관계
• 연방정부와 주정부가 상호 경쟁적 관계</td></tr>
<tr><td>포괄형</td><td>• 연방정부가 주정부와 지방정부를 완전히 포괄
• 연방정부가 주정부 및 지방정부를 강력하게 통제하는 관계</td></tr>
<tr><td>중첩형</td><td>• 연방정부와 주정부 및 지방정부가 각자 고유한 영역을 가지면서 동시에 동일한 관심과 영역을 가짐
• 상호의존적 및 협상·교환 관계</td></tr>
</table>

3) Agranoff, R., & Radin, B. (2014). Deil Wright's Overlapping Model of Intergovernmental Relations: The Basis for Contemporary Intergovernmental Relationships. *Publius: The Journal of Federalism*, *45*(1), 139-159. 단일

연합제/ 국가연합 (confederation governments)	• 유럽연합이나 동남아시아국제연합처럼 각 주권국이 제공하는 재원으로 연합정부를 운영하는 제도. 연합정부는 각국 정부의 대리인일 뿐 주민의 대리인이 아님. 즉, 주민이 투표를 통해 구성하는 정부는 각국 정부뿐이며 각국 정부만 과세권을 가짐
분리주의 (separatism)	• 연방, 연합 또는 국가의 일부가 분리하거나 별개 주권 국가로 독립. 소비에트 연방 해체에 따른 동유럽·중앙아시아 국가들의 분리·독립, 벨기에의 네덜란드로부터의 독립, 체코슬로바키아의 체코공화국과 슬로바키아로의 분리, 동티모르의 인도네시아로부터의 독립, 싱가포르의 말레이연합으로부터의 분리 등

출처: 이달곤 외(2012). 지방자치론. 박영사; 강용기(2014). 현대지방자치론. 대영문화사 등을 토대로 작성함

〈표 6-2〉 지방자치의 유형

유형	권한위임	권한이양	연방주의	분리주의
내용	집행권과 입법권 위임	집행권과 입법권 공유	주권공유	주권분리
결과	제한된 자치권	자치적 지방정부	주정부	독립국가

출처: 이달곤 외(2012). 지방자치론. 박영사, p. 60의 그림을 표로 재구성함

우리나라 지방자치단체(이하 지방자치단체)는 공법상의 사단법인인 지역공공단체이며 지방정부라고 보지 않는 것이 일반적인 견해이다.[4] 정부라는 개념은 지방정치(선거, 입법 등)와 지방행정뿐만 아니라 사법 기능까지 포함하는 개념이다. 현재 지방자치단체는 지방자치권(이하 자치권) 중 자치입법권, 자치조직권, 자치재정권, 자치행정권은 가지고 있으나 자치사법권은 가지고 있지 않다. 그렇기 때문에 지방자치단체는 법인격을 부여받아 권리능력을 가진 지역공공단체로서 지방정치 및 지방행정의 주체이기는 하지만 정부라고 보기는 어렵다. 이러한 특성을 고려할 때 우리나라 지방자치는 이러한 분류 기준에 따르면 단방제하에서의 권한위임에 해당하며, 기관위임 성격이 강하다고 볼 수 있다.

4) 이러한 견해를 뒷받침하는 예로서 모든 현행 법률상의 공식 용어는 지방자치단체이지 지방정부가 아니라는 사실을 꼽을 수 있다.

글상자 6-3 지방자치권

지방자치단체가 그 존립목적을 실현하기 위해 가지는 일정한 범위의 권리능력. 헌법과 법률이 인정한 일정한 범위 내의 독자적인 권리로서, 법인격을 가진 지역통치단체로서 스스로의 창의와 책임하에 그 구역과 주민을 지배하고, 그 관할 사무를 처리할 수 있는 법적인 권리능력

출처: 이달곤 외(2012). 지방자치론. 박영사, pp. 14-15.

3. 지방자치단체의 종류

지방자치단체는 보통지방자치단체와 특별지방자치단체 두 종류가 있다. 우리나라는 지방자치단체의 종류가 「헌법」에 직접 규정되어 있지 않고 법률로 정하게 되어 있다(제117조2항). 즉, 지방자치단체의 종류를 입법자가 재량과 필요에 따라 법률로 규정하는 것이다. 제주특별자치도의 설치가 대표적인 예인데, 제주도는 「제주특별자치도 설치 및 국제자유도시 조성에 관한 법률」에 따라 제주특별자치도가 되었고 특별자치도가 되면서 제주도에 있던 기초지방자치단체는 모두 폐지하고 관할구역 안에 시만 두게 되었다.

1) 보통지방자치단체

보통지방자치단체란 그 조직과 수행사무가 일반적이고 보편적인 지방자치단체를 말하는데, 보통지방자치단체는 다시 광역지방자치단체와 기초지방자치단체로 나뉜다. 광역지방자치단체는 특별시, 광역시, 특별자치시, 도, 특별자치도를 말하며, 일반적으로 '시·도'라고 하고 광역지방자치단체를 제외한 나머지 시(자치구가 없는), 자치구, 군을 기초지방자치단체라고 한다. 2021년 12월 말 기준 광역지방자치단체와 기초지방자치단체는 각각 17개와 226개이며, 기초지방자치단체 중 시는 75개, 군은 82개, 구는 69개이다.

[그림 6-1] 지방자치단체의 종류

출처: 행정안전부(2021). 지방자치단체 행정구역 및 인구 현황. pp. 4-5.

광역지방자치단체와 기초지방자치단체는 「지방자치법」상 서로 다른 법인이며 소관 사무가 달라 원칙적으로는 상호대등한 관계이다.[5] 광역자치단체는 제주특별자치도를 제외하고는 모두 중층구조를 갖고 있다.[6]

중층구조란 광역(상급)지방자치단체의 관할 구역 안에 기초(하급)지방자치단체를 설치하는 것을 말한다. 단, 광역지방자치단체인 시·도는 정부의 직할로 둔다.

〈표 6-3〉 광역지방자치단체와 기초지방자치단체의 소관 사무

광역지방자치단체의 사무	기초지방자치단체의 사무
• 지방자치단체의 구역조직 및 행정관리 등에 관한 사무 • 주민의 복지증진에 관한 사무 • 지역민방위 및 소방에 관한 사무 • 농림상공업 등 산업진흥에 관한 사무	• 광역지방자치단체가 수립한 방향이나 정책에 관한 사무처리 • 청소 시설관리 광역지방자치단체의 정책 집행, 민원 처리 등

○ 시

- 기초지방자치단체 중 시는 도의 관할구역 안에 둔다. 시는 도 산하의 자치행정이 가능한 단위이면서 동시에 행정구역이다. 시는 자치권이 있는 자치시와

5) 그러나 두 지방자치단체 간의 실질적인 관계는 상하복종관계에 가깝다고 볼 수 있다.

6) 제주특별차지도는 도의 관할 구역 안에 시나 군을 두지 않는 단층구조를 가지고 있다.

자치권이 없는 행정시로 구분된다. 행정시는 제주자치도의 제주시와 서귀포시 2개가 있다.

- 자치시 중 인구가 100만이 넘는 자치시는 특례시가 될 수 있다. 특례시는 기초지방자치단체의 지위를 유지하면서 광역시급의 행정재정 자치권을 가질 수 있는 특례를 갖는다. 2021년 기준 고양시, 수원시, 용인시, 창원시 4개 특례시가 존재한다.
- 인구 50만 명 이상인 대도시는 행정안전부장관의 승인을 얻어 행정구를 설치하여 시가 처리하는 사무 일부를 직접처리하게 할 수 있다.
- 시 아래에는 반드시 동을 두어야 하는데, 도농복합도시의 경우는 읍·면을 둘 수 있다. 도농복합시란 다음과 같은 조건하에서 군에서 시로 승격된 시이다.

글상자 6-4 도농복합시로의 승격 조건

지방자치법 제7조 (시·읍의 설치기준 등)

② 다음 각 호의 어느 하나에 해당하는 지역은 도농복합형태의 시로 할 수 있다.

1. 제1항에 따라 설치된 시와 군을 통합한 지역(미금시 + 남양주군 = 남양주시)
2. 인구 5만 이상의 도시 형태를 갖춘 지역이 있는 군(용인군 → 용인시)
3. 인구 2만 이상의 도시 형태를 갖춘 2개 이상의 지역의 인구가 5만 이상인 군. 이 경우 군의 인구가 15만 이상으로서 대통령령으로 정하는 요건을 갖추어야 한다.
   [예: (회천읍 + 양주읍 = 인구 5만 이상) + 양주군(총인구 15만 이상)]
4. 국가의 정책으로 인하여 도시가 형성되고, 제115조에 따라 도의 출장소가 설치된 지역으로서 그 지역의 인구가 3만 이상이고, 인구 15만 이상의 도농(都農) 복합형태의 시의 일부인 지역

○ 자치구

- 자치권이 있는 구를 자치구라고 한다. 자치구는 특별시, 광역시 또는 특별자치시의 관할 구역 안에 두는 행정구역이다. 자치구의 구청장은 지방선거를 통해 선출한다.
- 자치구가 아닌 구를 행정구 또는 일반구라고 한다. 행정구는 특별·광역시가 아닌 인구 50만 이상의 시에 속하는 구로서 단순히 행정구역을 나눈 것일 뿐

자치권이 없다. 행정구는 지방자치단체가 아니며 구청장은 시장이 일반 공무원 중 임명한다.

○ 군

- 군은 광역시, 특별자치시 또는 도의 관할구역 안에 둔다. 관할관청과 단체장은 각각 군청과 군수이다.

2) 특별지방자치단체

특별지방자치단체는 보통지방자치단체와 달리 특정 목적을 수행하기 위해 필요한 경우에 설치되는 특별한 조직이다(「지방자치법」 제159조). 지방자치단체조합이 이에 해당하는데, 지방자치단체조합이란 2개 이상의 지방자치단체가 그 권한에 속하는 특정 사무의 일부 또는 전부를 공동 처리하기 위해서 지방자치단체 간 합의에 의해 설립한 법인이다.

지방자치단체조합을 설립을 위해서는 지방의회의 의결을 거쳐야 하며, 시·도는 행정안전부장관의 승인을, 시·군 및 자치구는 시·도지사의 승인을 받아야 한다. 특별지방자치단체는 보통지방자치단체와 달리 편의·임시적 성격을 갖지만 독자적인 조직과 권능을 가진 법인이므로 조합의 명의로 공동사무를 처리할 수 있다. 2018년 기준 총 7개 특별지방자치단체가 설치·운영되고 있다.

〈표 6-4〉 특별지방자치단체

명칭	소재지	목 적	승인일
부산·진해경제 자유구역청	부산광역시·경상남도	부산·진해 경제자유구역[7] 내 각종 인·허가 사무 및 외자유치 등	2004. 1. 20.

7) 경제자유구역(Korean Free Economic Zones: KFEZ)은 1990년대 이후 우리나라 경제의 새로운 활로 모색을 위해 정부가 마련한 '동북아 비즈니스 중심국가 실현방안' 중 하나로서 외국인투자기업의 경영환경과 외국인의 생활여건 개선, 각종 규제완화를 통해 경제활동 자율성과 투자유인을 최대한 보장하여 외국인 투자를 적극적으로 유치하는 등 경제활동에 예외적인 조치를 허용하기 위한 목적에서 「경제자유구역의 지정 및 운영에 관한 법률」에 의하여 지정되는 경제특별구역이다(http://www.fez.go.kr/global/why/about.do).

광양만권경제자유구역청	전라남도·경상남도	광양만권 경제자유구역 내 각종 인·허가 사무 및 외자유치 등	2004. 1. 20.
수도권 교통본부	서울특별시·인천광역시·경기도	수도권 교통 광역교통 추진 운영	2005. 2. 4.
황해경제자유구역청	경기도·충청남도	황해 경제자유구역 내 각종 인·허가 사무 및 외자유치 등	2006. 6. 10.
대구·경북경제자유구역청	대구광역시·경상북도	대구·경북 경제자유구역 내 각종 인·허가 사무 및 외자유치 등	2006. 6. 10.
지리산권관광개발조합	남원·장수·구례·곡성·함양·산청·하동	지리산 인근 7개 시·군 관광개발 사업 공동추진	2006. 9. 5.
지역상생발전기금조합	16개 시·도	수도권 규제 합리화 이익을 지방 상생발전재원으로 활용	2010. 5. 3.

출처: 금창호(2018). 한국지방행정연구원. 광역연합제도의 도입방안 연구. pp. 59-60.

4. 지방자치단체의 조직

우리나라 「헌법」은 지방자치단체의 보장을 규정하고 있으며, 지방자치단체에 관한 사항을 법률로 정하도록 규정하고 있다. 이에 근거하여 「지방자치법」, 「지방교육자치법」, 기타 개별법 등으로 지방자치 및 지방자치단체 조직을 규정하고 있다.[8] 지방자치단체 조직은 의결기관인 지방의회와 집행기관인 지방자치단체의 장으로 나눈다.

〈표 6-5〉 지방자치단체 조직

조직 구성	
지방의회	지방자치단체의 장
지방자치단체의 의사를 내부적으로 결정하는 최고 의결기관	외부에 대해 지방자치단체의 대표로서 지방자치단체의 의사를 표명하고 그 사무를 통할하는 집행기관

8) 행정안전부(2020). 지방의회 운영 가이드북.

1) 지방의회

지방의회는 지역주민에 의해 선출된 의원을 구성원으로 하여 성립하는 주민의 대의기관이며 지방에 관한 전반적인 사항을 최종적으로 결정하는 의사결정기관이다. 「헌법」 제118조는 지방자치단체에 자신의 의사를 형성하는 기관을 지방의회라고 규정하고 있으며, 「지방자치법」 제30조는 지방자치단체에 의회를 둔다고 규정하고 있다. 이러한 법적 근거하에 모든 지방자치단체에는 지방의회가 설치되어 있다.

(1) 지방의회의 구성[9)]

○ 일반적인 구성

지방의회는 「지방자치법」과 「공직선거법」에 근거하여 구성된다. 일반적인 지방의회 구성은 다음과 같다.

○ 의장·부의장

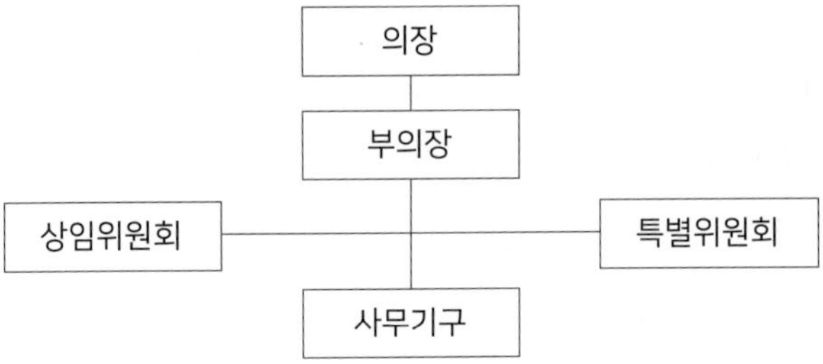

[그림 6-2] 지방의회의 구성

- 지방의회 의장과 부의장의 수는 지방자치단체의 종류에 따라 차이가 있는데 시·도는 의장 1명과 부의장 2명, 시·군·자치구는 의장과 부의장 각 1명을 선거에 의해 선출한다.
- 의장의 임기는 2년이나 보궐선거를 통해 당선된 의장 부의장의 임기는 전임

9) 이하 내용에 관한 보다 자세한 설명은 행정안전부(2020) 지방의회 운영 가이드북을 참조하기 바란다.

자의 잔여임기이다. 지방의회 재적의원 1/4 이상의 발의와 재적의원 과반수 찬성으로 불신임 의결 가능하며 의결되면 의장은 해임된다. 의장은 다음과 같은 권한을 갖는다.

글상자 6-5 지방의회 의장의 권한

- 의사 정리, 회의 운영, 회의장 내 질서 유지
- 임시회소집공고권
- 대표권: 외부에 대해 지방의회 대표
- 확정 조례에 대한 예외적 공포권
- 위원회 출석 발언권
- 의결을 집행기관의 장에게 이송함
- 의회사무감독권: 의회 일반사무에 대한 책임
- 의원 사직허가권

- 부의장은 의장이 사고가 있는 경우, 의장의 역할을 대리한다. 부의장인 2인인 시·도의회의 경우 의장이 지정하는 부의장이 직무를 대리한다.[10)]

○ 상임·특별위원회

- 지방의회는 조례로 정하는 바에 따라 위원회를 상임위원회와 특별위원회를 둘 수 있다. 지방의회 상임·특별위원회는 국회 내 상임·특별위원회와 마찬가지인 의안처리의 전문성과 능률성을 높이기 위해 설치된 위원회이다.
- 상임위원회가 상설적으로 설치되어 소관 의안과 청원 등을 심사하는 역할을 담당하는 위원회인 데 비해 특별위원회는 특별한 안건을 일시적으로 심사·처리하기 위해 설치한다. 각 위원회는 위원장과 위원의 자치입법활동을 지원하기 위해 의원이 아닌 전문위원을 둘 수 있다. 전문위원의 직급 및 정수는 대통령령으로 정한다.

○ 사무기구

- 조례에 따라 사무 처리를 위한 사무처, 사무국이나 과를 둘 수 있고, 처장, 국장, 과장, 직원을 둘 수 있다.

10) 「지방자치법」에 따라 지방의회의 의장이나 의원은 본인, 배우자, 직계존비속 또는 형제자매와 직접 이해관계가 있는 안건에 관하여는 의사(표결, 심의는 물론이거니와 의안 관련 일체의 과정)에 참여할 수 없다. 이를 제척제도라고 한다.

- 처장, 국장, 과장 및 직원은 지방공무원이다. 사무직원은 의장이 추천하고 단체장이 임명한다. 단, 별정직, 기능직, 계약직의 임명은 처, 국, 과장에게 위임해야 한다. 사무직원 처우는 지방자치법을 따르되 그 외 사항은「지방공무원법」을 따른다.

○ 회기 및 정족수

- 국회와 마찬가지로 지방의회는 항상 활동하는 것이 아니라 일정 기간을 정하여 활동한다. 지방의회가 의사를 형성하고 결정하기 위해 활동할 수 있는 일정한 기간을 회기라고 한다. 회기는 지방의회가 의결을 통해 정한다.
- 지방의회의 회의는 정례회와 임시회로 나뉜다. 지방의회는 매년 2회의 정례회의를 개최해야 한다. 임시회는 재적의원 1/3 이상의 요구가 있으면 15일 내에 의장이 소집한다. 임시회의는 소집일 3일 전에 공고해야 하나 긴급 시는 그러지 아니할 수 있다. 총선거 후 최초 개최되는 임시회의는 지방의회의원 임기개시일로부터 25일 이내에 처, 국, 과장이 소집한다.
- 지방의회가 회의(의사)를 하는데 필요한 정족수는 재적의원 1/3 이상의 출석이다. 의결은 별도로 규정된 경우가 아니면 과반수 출석과 출석의원 과반수 찬성으로 의결한다. 의결 결과가 찬반 동수이면 부결로 본다. 지방의회 의장도 의결권을 갖는다.

○ 지방의회의원

- 지방의회의원은 주민의 직접 선거를 통해 선출한다. 지방의회의원은 지역구의원과 비례대표의원으로 구분한다. 지역구의원의 경우, 유효 투표의 다수를 얻은 자가 의원으로 선출된다. 비례대표는 유효 투표 총수의 100분의 5 이상을 득표한 정당에 대하여 비례대표의회 의원 선거에서 얻은 득표비율에 따라 비례대표의회 의원 의석을 배분한다.
-「공직선거법」에 의해 모든 지방선거에 정당이 후보자를 추천하는 것이 허용된다. 정당이 후보자를 추천할 때는 비례대표지방의회위원선거의 경우 후보자 중 100분의 50 이상을, 지역구지방의회의원선거의 경우 100분의 30 이상을 여성으로 추천하도록 노력해야 한다.

- 선출된 지방의회의원은 정무직 지방공무원으로서의 지위를 갖는다. 지방의회의원의 임기는 4년이며 계속 재입 가능하다.
- 시·도의회의 정원은 최소 19인 이상이며, 시·군·자치구마다 각 2인을 선출한다. 단, 하나의 시·군·자치구가 2인 이상의 국회의원 선거구로 된 경우에는 국회의원 선거구마다 지방의원을 2인 선출한다.
- 기초의회의 정원은 최소 7인 이상이며, 시·군·자치구의원선거구획정위원회가 해당 지역의 지역대표성을 고려하여 중앙선거관리위원회규칙이 정하는 기준에 따라 정한다.
- 서울특별시의 경우, 2018년 기준 시의회 정원은 110명(지역구의원 100명, 비례대표의원 10명)이다. 25개구 전체의 구의원 정원은 423명(지역구의원 369명, 비례대표의원 54명)이다. 자치구별 구의원 정원은 최대 23명에서 최소 4명까지 그 차이가 매우 크다.

(2) 지위와 권한

지방의회의 지위는 크게 〈표 6-5〉와 같이 구분할 수 있으며, 각각의 지위와 관련하여 다양한 권한을 갖는다.

〈표 6-5〉 지방의회의 지위

주민대표기관	• 지방의회는 주민의 직접선거에 의하여 선출된 의원으로 구성되므로, 지방의회는 주민대표기관으로서의 지위를 가짐
의결기관 & 의결권	• 일반적으로 해당 구역 내의 최상위 의결기관의 지위를 가짐 • 모든 자치사무에 대한 의사결정권한을 가짐 • 조례제정권을 가짐(조례의 제·개정 및 폐지 권한) • 재정 관련 권한을 가짐(예산의 심의 확정 및 결산의 승인, 법령에 규정된 것을 제외한 사용료, 수수료, 분담금, 지방세 또는 가입금의 부과 및 징수, 기금의 설치 운용, 대통령령으로 정하는 중요재산의 취득·처분, 대통령령으로 정하는 공공시설의 설치·처분, 법령과 조례에 규정된 것을 제외한 예산 외 의무부담, 권리의 포기 등)

자치입법기관 & 조례제정권	• 자치입법기관으로서의 지위를 갖는다는 견해 vs. 지방의회는 국회와 같은 헌법상 의미의 의회가 아니라 지방자치단체의 한 부분, 정확하게는 공식적 선거에 의하여 선출된 의원을 구성원으로 하는 회의체로서 지방행정권에 귀속되어 있으며 따라서 조례제정권이 국가법적 의미에서의 입법기능이 아니라 행정입법의 속성을 갖는다는 견해
통제기관 & 통제 · 감시권	• 지방자치단체 내부에서 집행기관인 지방자치단체의 장이 행하는 행정을 통제하는 기관으로서의 지위를 가짐 • 행정사무의 감사·조사권(매년 1회 시·도 14일, 시·군·구는 9일 이내 감사 실시권) • 행정사무처리상황의 보고 및 단체장·관계공무원 출석, 질문, 응답, 자료제출 요구권 등의 권한을 가짐
자율권	• 조직과 운영에 있어서 국가나 집행기관 등 외부기관으로부터의 관여나 간섭을 받지 않고 스스로 규율할 수 있는 권한 • 임시회 소집, 개최, 휴회, 폐회, 회기결정 • 회의규칙 등의 의회운영 관련 규칙 제정 • 위원회 구성 및 의안발의권 • 의장·부의장 선출 및 불신임 의결권 • 의원의 자격·징계결정권

출처: 홍정선(2013). 新지방자치법. 박영사. pp. 232-234.

5. 집행기관

지방자치단체는 지방의회의 의결사항과 지방자치단체의 임무로 주어진 행정사무를 수행하기 위해서 집행기능을 가진 다수의 행정기관을 두고 있는데, 이러한 행정기관들 총칭하여 집행기관이라고 한다. 지방자치단체의 집행기관으로는 지방자치

[그림 6-3] 지방자치단체 집행기관

단체장, 보조기관, 소속공무원, 기타 소속행정기관 및 하부행정기관 등이 있다([그림 6-3] 참조).

1) 지방자치단체장

지방자치단체의 장은 당해 지방자치단체의 법령에 따라 자신에게 위임된 사무를 관리·집행하는 행정기관이며 지방자치단체 행정의 최고책임이다. 지방자치단체의 장(이하 단체장)은 지방자치단체의 기관이지 국가기관이 아니다. 그러나 예외적으로 법령의 의거하여 자치구역에서 국가사무를 수행하는 경우가 있다. 이 경우, 위임사무에 한하여 단체장은 국가행정기관의 지위를 갖는다. 단체장은 지역 주민이 보통·평등·직접·비밀선거에 의해서 선출하며, 임기는 4년이다. 특별시·광역시·특별자치시의 단체장을 각각 특별시장, 광역시장, 특별자치시장이라 한다. 도의 단체장은 도지사, 시는 시장, 자치구는 구청장, 군은 군수라고 한다.

단체장은 다음과 같은 권한을 갖는다.

글상자 6-6 지방자치단체장의 권한

- 지방자치단체 대표권: 공사법상의 법률관계에서 지방자치단체를 위해 의사표시를 할 수 있는 권한
- 행정사무집행권: 행정사무를 총괄·관리·집행할 수 있는 권한
- 하부조직 감독권: 구(자치구 아닌)를 가진 시의 시장은 구청장을, 시장 또는 군수는 읍·면장을, 시장(구가 없는)이나 구청장은 동장을 지휘 감독할 수 있음
- 기초지자체에 대한 감독권: 기초지자체는 시·도지사의 지도 감독을 받음.
- 소속직원에 대한 권한: - 시·도지사는 부시장, 부지사 임명에 추천권을 가짐
  - 소속직원에 대한 지휘 감독 임면권을 가짐
  - 지방의회 사무직원에 대한 임면권을 가짐
- 예산편성 및 지방채발행권: 예산을 편성하고 지방채를 발행할 수 있는 권한을 가짐
- 재의요구권: 지방의회의 조례 및 의결사항에 대해 20일 이내에 지방의회로 환부하고 재의를 요구할 수 있는 권한
- 선결처분권: 긴급하게 필요한 사항에 대해서는 지방의회를 소집할 시간이 없거나 지체되거나 의

결되지 아니한 때 선결처분할 수 있는 권한(일종의 긴급권). 선결처분에 대해서는 지방의회에 보고하고 승인을 받아야 하며 승인이 거부되면 처분은 효력 상실됨
- 규칙제정권: 「지방자치법」 등 법령 또는 조례가 정하는 범위 안에서 자신의 권한에 속하는 사무에 관하여 규칙을 발할 수 있음
- 주민투표회부권: 주민에게 과도한 부담을 주거나 중대한 영향을 미치는 지방자치단체의 결정 사항에 대해 주민투표에 부칠 수 있음

출처: 「지방자치법」 제6장 집행기관.

2) 보조기관

지방자치단체는 〈표 6-6〉과 같이 지방자치단체의 종류에 따라 지자체장의 의사결정을 보조하는 기관인 부단체장을 둘 수 있으며, 또한 그 사무를 분장하기 위해서 필요한 행정기구, 지방공무원, 국가공무원[11]을 둘 수 있다. 시·도의 행정기구는 대통령령이 정하는 범위 안에서 당해 자치단체의 조례에 근거하여 만들고 시·군 및 자치구의 행정기구는 시·도지사의 승인을 얻어 조례에 근거하여 실, 국, 본부, 과, 팀으로 구성한다.

〈표 6-6〉 지방자치단체장의 보조기구

지방자치단체	보조기관 (부단체장)	지방자치단체	보조기관(부단체장)
특별시	3명 이내의 부시장	도·특별자치도	2명 이내의 부지사
특별·광역시	2명 이내의 부시장	시·군·자치구	1명의 부시장, 부군수, 부구청장

출처: 「지방자치법」 제6장 제2절 보조기관.

지방공무원은 「지방공무원법」에 따라 지방자치단체가 경비를 부담하는 공무원을 말한다. 지방공무원의 종류는 국가공무원과 동일하다. 2008년부터 모든 지방자치단체의 행정기구와 공무원 정수는 인구수별 범위 내에서 지방자치단체가 자율적으로

11) 지방자치단체는 법률로 정하는 바에 따라 국가공무원을 둘 수 있다. 예를 들면, 서울특별시의 행정부시장은 국가공무원이다. 5급 이상의 국가공무원이나 고위공무원단에 속하는 공무원은 해당 지방자치단체의 장의 제청으로 소속 장관을 거쳐 대통령이 임명하고, 6급 이하의 국가공무원은 그 지방자치단체의 장의 제청으로 소속 장관이 임명한다.

정한다.[12)]

〈표 6-7〉 기초지방자치단체의 행정기구 및 공무원 정수

<table>
<tr><th colspan="3">구분</th><th>실·국의 수</th><th>실·과·담당관의 수</th></tr>
<tr><td rowspan="14">시</td><td colspan="2">계룡시</td><td></td><td>11개 이상 13개 이하</td></tr>
<tr><td colspan="2">인구 10만 미만</td><td></td><td>16개 이상 18개 이하</td></tr>
<tr><td colspan="2">인구 10만 미만(「지방자치법」 제7조제2항제1호의 도농복합형태의 시)</td><td>1개 이상 3개 이하</td><td></td></tr>
<tr><td colspan="2">인구 10만 이상 15만 미만</td><td>1개 이상 3개 이하</td><td></td></tr>
<tr><td colspan="2">인구 15만 이상 20만 미만</td><td>2개 이상 4개 이하</td><td></td></tr>
<tr><td colspan="2">인구 20만 이상 30만 미만</td><td>3개 이상 5개 이하</td><td></td></tr>
<tr><td colspan="2">인구 30만 이상 50만 미만</td><td>4개 이상 6개 이하</td><td></td></tr>
<tr><td colspan="2">인구 50만 이상(구를 설치하지 아니한 시)</td><td>5개 이상 7개 이하</td><td></td></tr>
<tr><td colspan="2">인구 50만 이상 70만 미만(구를 설치한 시)</td><td>3개 이상 5개 이하</td><td></td></tr>
<tr><td colspan="2">인구 70만 이상 90만 미만(구를 설치한 시)</td><td>4개 이상 6개 이하</td><td></td></tr>
<tr><td colspan="2">인구 90만 이상 100만 미만(구를 설치한 시)</td><td>5개 이상 7개 이하</td><td></td></tr>
<tr><td colspan="2">인구 100만 이상 120만 미만(구를 설치한 시)</td><td>6개 이상 8개 이하</td><td></td></tr>
<tr><td colspan="2">인구 120만 이상(구를 설치한 시)</td><td>7개 이상 9개 이하</td><td></td></tr>
<tr><td rowspan="7">군</td><td colspan="2">울릉군</td><td></td><td>9개 이상 11개 이하</td></tr>
<tr><td colspan="2">인구 3만 미만</td><td></td><td>10개 이상 12개 이하</td></tr>
<tr><td colspan="2">인구 3만 이상 5만 미만</td><td></td><td>11개 이상 13개 이하</td></tr>
<tr><td colspan="2">인구 5만 이상 10만 미만</td><td></td><td>13개 이상 15개 이하</td></tr>
<tr><td colspan="2">인구 10만 이상 15만 미만</td><td>1개 이상 3개 이하</td><td></td></tr>
<tr><td colspan="2">인구 15만 이상 20만 미만</td><td>2개 이상 4개 이하</td><td></td></tr>
<tr><td colspan="2">인구 20만 이상</td><td>3개 이상 5개 이하</td><td></td></tr>
<tr><td rowspan="6">구</td><td rowspan="2">특별시의 자치구</td><td>인구 50만 미만</td><td>4개 이상 6개 이하</td><td></td></tr>
<tr><td>인구 50만 이상</td><td>4개 이상 6개 이하</td><td></td></tr>
<tr><td rowspan="4">광역시의 자치구</td><td>인구 10만 미만</td><td>1개 이상 3개 이하</td><td></td></tr>
<tr><td>인구 10만 이상 15만 미만</td><td>2개 이상 4개 이하</td><td></td></tr>
<tr><td>인구 15만 이상 50만 미만</td><td>2개 이상 4개 이하</td><td></td></tr>
<tr><td>인구 50만 이상</td><td>3개 이상 5개 이하</td><td></td></tr>
</table>

12) 행정안전부(2020). 2020 지방의회 운영 가이드북.

〈표 6-8〉 광역지방자치단체의 행정기구 및 공무원 정수

구분		실·국·본부의 수
서울특별시		16개 이상 18개 이하
광역시	인구 350만 이상 400만 미만	14개 이상 16개 이하
	인구 300만 이상 350만 미만	13개 이상 15개 이하
	인구 250만 이상 300만 미만	12개 이상 14개 이하
	인구 200만 이상 250만 미만	11개 이상 13개 이하
	인구 200만 미만	10개 이상 12개 이하
세종특별자치시		6개 이상 8개 이하
도	경기도	20개 이상 22개 이하
	인구 300만 이상 400만 미만	11개 이상 13개 이하
	인구 200만 이상 300만 미만	10개 이상 12개 이하
	인구 100만 이상 200만 미만	9개 이상 11개 이하

출처: 행정안전부(2020). 2020 지방의회 운영 가이드북.

3) 소속행정기관

지방자치단체는 지방자치단체장의 업무집행을 지원하기 위해서 [그림 6-4]와 같은 소속행정기관을 둘 수 있다. 소속행정기관은 지방자치단체의 여건에 따라서 다양하게 구성할 수 있다.

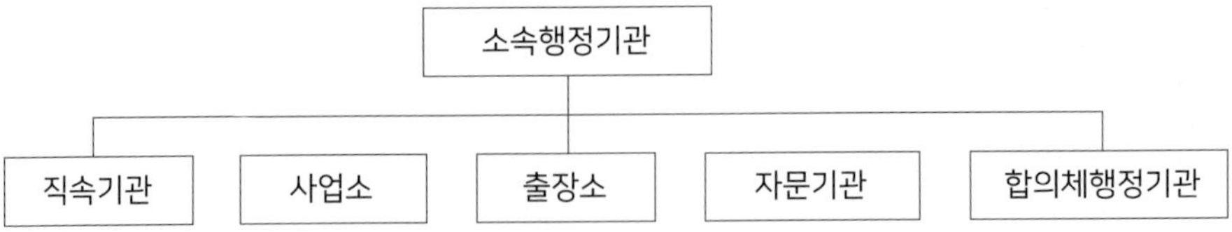

[그림 6-4] 지방자치단체의 소속행정기관

(1) 직속기관

지방자치단체는 소관사무 중 사무의 성격상 별도의 전문기관에서 수행하는 것이 효율적이라 판단되는 경우, 조례로 다음과 같은 기관 등을 직속기관으로 설치하여[13] 해당 사무를 수행하게 할 수 있다.

- 경찰기관
- 소방서 등의 소방기관
- 공립대학 등 교육훈련기관
- 보건소 등의 보건진료기관
- 시험연구기관
- 중소기업지도기관

⑵ 사업소

특정 업무를 별도의 기관이 효율적으로 수행할 수 있다고 판단되는 경우, 조례로서 사업소를 설치할 수 있다. 예를 들면, 서울특별시는 다음과 같은 사업소를 설치되어 있다.

- 서울특별시도시기반시설본부
- 서울특별시립미술관
- 서울특별시교통방송
- 서울역사박물관
- 서울특별시상수도사업본부
- 서울특별시한강사업본부
- 서울특별시데이터센터
- 서울특별시립병원

⑶ 출장소

원격지 주민의 편의와 특정지역 개발촉진을 위해서 조례로서 출장소를 설치할 수

---

13) 「지방자치단체의 행정기구 및 정원기준 등에 관한 규정」 제113조.

있다. 출장소는 특정 업무를 위한 사업소와 달리 일반적인 권한을 가진 종합적인 행정기관이며, 광역시·도청, 시·군·구청, 행정구청, 읍·면·동사무소 등으로부터 멀리 떨어진 지역에 거주하는 주민의 민원 편의를 위해 본청의 역할을 보조하는 수단으로 설치하는 경우가 대부분이다. 출장소는 인력과 기구가 필요하기 때문에 원격지 주민의 편의를 위하여 소관 사무를 분장할 필요가 분명하고, 업무의 종합성과 계속성이 있으며(종합행정기관이기 때문에), 관할구역의 범위가 분명할 때 설치한다.

(4) 합의제행정기관 및 자문기관

소관 사무의 일부를 독립적으로 수행할 필요가 있을 때 대통령령이나 조례에 따라 합의제행정기관을 설치할 수 있다. 아울러 심의회, 위원회 등 자문기관을 설치 운영할 수 있다.

(5) 사회복지 관련 기관

지방자치단체는「사회복지사업법」제7조, 제8조, 제33조 등에 근거하여 다음과 같은 사회복지 관련 기관을 둘 수 있다.

○ 사회복지위원회
- 사회복지사업에 관한 중요 사항과「사회보장급여의 이용·제공 및 수급권자 발굴에 관한 법률」에 따른 지역사회보장계획을 심의하거나 건의하기 위하여 특별시·광역시·도·특별자치도에 사회복지위원회를 둔다.
- 사회복지위원회의 조직·운영에 필요한 사항은 보건복지부령으로 정하는 바에 따라 해당 시·도의 조례로 정한다.

○ 지역사회복지협의체
- 관할지역의 사회복지사업에 관한 중요 사항과「사회보장급여의 이용·제공 및 수급권자 발굴에 관한 법률」에 따른 지역사회보장계획을 심의·건의하고, 사회복지·보건의료 관련 기관·단체가 제공하는 사회복지서비스 및 보건의료서비스의 연계·협력을 강화하기 위하여 특별자치도·시(행정시)·군·자치구에 지

역사회복지협의체를 둔다.

- 지역사회복지협의체의 업무를 효율적으로 수행하기 위하여 지역사회복지협의체에 실무협의체를 둔다. 지역사회복지협의체 및 실무협의체의 조직·운영에 필요한 사항은 보건복지부령으로 정하는 바에 따라 시·군·자치구의 조례로 정한다.
- 시장·군수·구청장은 읍·면·동의 사회복지사업을 원활하게 수행하기 위하여 읍·면·동 단위로 복지위원을 위촉하여야 한다. 복지위원의 자격, 직무, 위촉절차 등에 관하여 필요한 사항은 보건복지부령으로 정하는 바에 따라 시·군·구의 조례로 정한다.

○ 시·도사회복지협의회

- 사회복지에 관한 다음의 업무를 수행하기 위하여 전국 단위의 한국사회복지협의회(중앙협의회)와 시·도 단위의 시·도 사회복지협의회(시·도협의회)를 두며, 필요한 경우에는 시·군·구 단위의 시·군·구 사회복지협의회(시·군·구협의회)를 둘 수 있다.
  - 사회복지에 관한 조사·연구 및 정책 건의
  - 사회복지 관련 기관·단체 간의 연계·협력·조정
  - 소외계층 발굴 및 민간사회복지자원과의 연계·협력
  - 대통령령으로 정하는 사회복지사업의 조성 등
- 중앙협의회, 시·도협의회 및 시·군·구협의회의 조직과 운영 등에 필요한 사항은 대통령령으로 정한다.

4) 하부행정기관

지방자치단체는 지방지치단체의 관할구역을 지역적으로 나누어 일반적인 사무를 지역적으로 분담하여 처리하기 위해 하부행정기관을 둘 수 있다.[14] 하부행정기관은

14) 보조기관, 직속기관, 하부행정기관 모두는 단체장에 소속되어 단체장의 지휘 · 감독을 받는 기관이라는 점에서는 공통되지만 담당하는 사무의 성질에 있어서 차이가 있다. 보조기관은 상급기관을 보조하는 사무를 처리

지방자치단체의 의사를 표시하고 그에 따른 법적 효과를 발생시키는 행정청으로서 행정시의 시장, 행정구의 구청장, 읍장, 면장, 동장, 행정리의 이장이 이에 해당한다. 하부행정기관은 사무 처리에 있어서 어느 정도의 독립성을 가지고 해당 지역의 사무를 처리한다.

〈표 6-9〉 하부행정기관별 임명 권한

하부행정기관	임명권
도지사	행정시에 하부행정기관으로서 시장을 임명할 수 있다.
시장	자치구가 아닌 행정구에 하부행정기관으로서 구청장을 임명할 수 있다.
시장, 군수, 구청장	읍에 읍장, 면에 면장, 동에 동장을 임명할 수 있다.
읍장, 면장	행정리에 이장을 임명할 수 있다.

5) 하부행정기구

지방자치단체는 조례에 따라 행정구와 읍·면·동에 소관 행정사무를 분장하기 위해 필요한 하부행정기구를 둘 수 있다. 대표적인 하부행정기관의 예로는 복지사무 전담기구와 사회복지 전담공무원을 꼽을 수 있다. 지방자치단체는 「사회보장급여의 이용·제공 및 수급권자 발굴에 관한 법률」 제42조와 제43조에 근거하여 사회복지사업에 관한 업무를 효율적으로 운영하기 위하여 필요한 경우, 시·군·구 또는 읍·면·동에 복지사무를 전담하는 기구를 따로 설치할 수 있다. 복지사무 전담기구의 사무 범위 및 조직과 그밖에 필요한 사항은 해당 시·군·구의 조례로 정한다. 아울러 사회복지사업에 관한 업무를 담당하게 하기 위하여 시·도, 시·군·구 및 읍·면·동 또는 복지사무 전담기구에 사회복지 전담공무원을 둘 수 있다.

하고, 직속기관은 특별한 사무를 처리하며, 하부행정기관은 일반적인 사무를 처리한다.

6. 지방자치단체의 사무

지방자치단체는 그 관할 구역의 자치사무와 법령에 따라 지자체에 속하는 사무를 처리한다(「지방자치법」 제9조1항). 지방자치단체의 사무는 자치사무와 위임사무로 구분된다. 그러나 현행 「지방자치법」에는 위임사무와 자치사무를 구분할 수 있는 기준을 규정하는 조항이 없어 자치와 위임의 구분 자체는 사실상 모호하다.

1) 자치사무

지방자치단체의 자치사무란 「헌법」(제117조)과 「지방자치법」이 지방자치단체의 사무로 규정한 사무로서[15] 대부분이 주민 복리에 관한 사무이다. 지방자치단체의 자치사무에는 단체위임사무도[16] 포함된다.

지방자치단체는 자치사무를 위해 필요한 경비를 지출할 의무를 지며 당해 지방자치단체가 전액을 부담한다. 단, 단체위임사무는 자치사무에 포함되지만 사무를 위임한 주체, 즉 위임자가 국가이므로 국가가 필요한 경비를 교부금 형식으로 부담한다. 자치사무의 재원에 국가 교부금이 포함되는 이유는 이 때문이다.

자치사무의 내용과 범위는 「지방자치법」 제9조2항에 다음과 같이 명시되어 있다. 다만, 같은 법 2항에 명시되어 있다 하더라도 어떤 사무는 국가에 의해 수행되어야 하는 경우도 있는데 이는 자치사무가 아니다. 즉, 「지자체법」에 명시되어 있더라도 개별 법령에 의해 국가사무로 규정된 것은 국가사무이다.

15) 주민의 복리에 관한 사무란 주로 급부행정, 즉 인간에 대한 생활 배려와 관련된 사무를 말한다.

16) 위임사무에 관한 설명은 이 장 뒷부분의 '위임사무'를 참고하기 바란다.

〈표 6-10〉 국가사무와 지방사무의 특성 비교

사무유형	국가사무	지방사무		
		자치사무	단체위임사무	기관위임사무
법령기준	개별법	「지방자치법」 제9조1항, 2항	「지방자치법」 제9조1항	「지방자치법」 제102조, 제103조
사무의 성질	국가적 사무	• 지방자치단체의 권한과 책임하에 이루어지는 사무 • 지방의 고유 사무	• 법령에 개별적 위임에 의해 지방자치단체에 위임된 사무 • 국가적 이해와 지방적 이해가 동시에 걸린 사무	• 법령의 규정에 의해 지방자치단체장에 처리를 위임한 사무 • 지방적 이해가 없고 전국적 통일이 필요한 사무
사무의 예시	외교, 국방, 금융, 국가기획	• 가로등 설치관리 • 상하수도 사업 • 주민복지 • 지역경제 활성화	• 예방접종(「전염병예방법」 제11조) • 보건소 설치·운영(「보건소법」 제2조)	• 가족관계 등록 • 주민등록 사무 • 선거 관련 사무
형식	법령	조례·규칙	조례·규칙	규칙
의회 관여	관여 불가	완전 관여	부분적 관여	관여 불가
경비부담	국가 전액	지방자치단체 전액	일부 또는 전부 국고보조	전액 국고보조

출처: 강용기(2014). 현대 지방자치론. 대영문화사. pp. 239에서 재인용.

2) 위임사무

위임사무란 헌법과 법률이 국가나 광역지자체의 사무로 정한 것을 법령이 이의 수행을 광역 또는 기초지자체에 위임한 사무를 말한다. 법적 근거는「지방자치법」제102조,「정부조직법」제6조1항,「지방자치법」제104조2항 등이 있다. 위임사무는 단체위임사무와 기관위임사무로 나눈다.

○ 단체위임사무

- 국가나 상급지자체가 지방자치단체(지방의회, 지자체장)에게 위임한 사무임
- 국가나 상급지자체는 해당 지자체를 하급행정기관으로 보고 '위임'하는 것임

- 단체위임사무에 필요한 경비는 사무를 위임한 국가나 상급지자체가 일부 그리고 수임 하급지자체가 일부를 공동으로 부담함. 그렇기 때문에 지방의회가 단체위임사무에 대해서 관여할 수 있음
- 자치사무와 단체위임사무를 합하여 지방사무라 함. 현재 우리나라의 경우 단체위임사무는 없음

○ 기관위임사무

- 국가나 상급지자체가 하급지자체의 장, 즉 '기관'에 위임한 사무임. 이때 수임기관을 국가나 상급지자체는 하급행정기관과 동일한 지위로 보고 '위임'하는 것임
- 기관위임사무 수행에 필요한 경비는 국가가 교부금으로 부담함. 따라서 지방의회가 관여하지 못함
- 위임을 받은 지자체기관을 수임기관이라 함. 수임기관은 그가 속하는 지자체와는 관련 없이 국가행정조직 또는 위임지자체의 조직의 일부로 간주됨. 수임기관은 수행책임만 질 뿐 당해 사무에 대한 권한은 위임자에게 있음
- 지방의회는 기관위임사무에 대해서 관여하지 않음
- 위임기관은 수임기관에 대해서 감독권과 지시권을 가짐. 이 지시권으로 인해 자치사무와 달리 위임기관이 수임기관에 대해 적법성 통제뿐만 아니라 합목적성 통제도 가능함
- 위임사무 수행과 관련하여 직무상 불법행위가 발생하면 위임자가 국가배상책임을 져야 함. 단, 수임자가 속한 지자체도 비용부담자로서 배상책임자가 될 수 있음
- 위임 이외에도 국가와 지방자치단체가 여러 사무를 공동으로 수행하기도 하는데 이러한 사무를 공동사무라고 한다.

글상자 6-7 위임과 이양

- 위임(delegation)은 원 권한자가 자신의 권한 중 일부를 자신의 지휘계통하에 있는 하급(부)행정기관이나 보조기관 등에게 넘겨주는 것이다. 위임을 받은 행정기관을 수임기관이라 한다.
- 위탁은 원 권한자가 자신의 권한 중 일부를 독립된 행정기관에게 넘겨주는 것이다. 위탁을 받은 주체를 수탁기관이라 한다.
- 이양과 위임은 모두 분권의 방법이다. 이양(devolution)은 권한과 책임을 모두 넘기는 것이다. 따라서 중앙정부가 지방자치단체에게 권한을 이양하는 경우 권한 행사의 결과에 대한 책임은 권한을 이양받은 지방자치단체가 진다. 이와 달리 위임은 궁극적인 책임은 원 권한자에게 있고 수임기관은 위임받은 일을 처리하는 역할만 한다.

우리나라 지방자치에서 지방자치단체는 전체 사무 중 약 70%가 중앙정부로부터 위임받은 사무인 보통지방행정기관으로 매우 제한적인 수준의 자치권을 가지고 있다. 이는 우리나라 지방자치제도가 안고 있는 대표적인 문제 중 하나라고 할 수 있는데, 지방자치단체의 사무 중 국가위임사무가 자치사무에 비해 월등히 많아(약 70: 30) 지방자치단체가 자치단체로서 기능하기가 사실상 매우 어렵다. 이 문제를 해결하기 위해 「지방분권 촉진에 관한 특별법」이 제정되어 기관위임사무 폐지 원칙이 규정되었으나 현실적으로 기관위임사무는 아직 폐지되지 않고 있다.

또 한 가지 문제는 재원 및 재정부담을 둘러싼 중앙과 지방자치단체 간의 갈등이다. 지방자치제도가 부활한 후 얼마 지나지 않은 1999년대 후반부터 정부는 기초지방자치단체를 우선하는 보충성 원칙과 지자체가 종합적으로 사무를 처리하도록 하는 포괄성 원칙에 따라 국가사무의 지방자치단체로의 이양을 추진하기 시작하였다. 그러나 지방자치단체가 원하는 기능이나 사업의 이양은 이루어지지 않고 분권교부세 같은 재원 확보 조치 없이 국가사무가 이양되어 자치권이 억제되고 역으로 지방재원이 중앙정부 목적으로 징발되는 부작용이 발생하였다.[17]

---

17) 이재원(2019). 문재인 정부에서 추진하는 연방제 수준의 분권을 위한 정부가 재정관계 개편과제. **한국지방재정논집**, 24(1), 33-64.

앞서 살펴본 바와 같이, 지방자치단체의 재정 능력은 매우 낮은 것이 현실이다. 이러한 상황에서 중앙정부가 대규모 예산이 소요되는 사회보장사업을 신설할 경우, 자칫 가뜩이나 열악한 지방자치단체의 재정 상황을 더욱 악화시키는 부담으로 작용할 수 있다.[18] 지난 2013년 무상보육정책을 둘러싸고 벌어졌던 중앙정부와 지방자치단체 간 갈등은 중앙정부 정책이 실제로 어떻게 지방자치단체의 재정 부담으로 이어지는지를 보여 주는 대표적인 예이다.

앞으로 우리나라도 사회보장 정책 과정에서 지방자치단체의 역할 비중이 사회서비스 보장을 중심으로 점차 확대될 것이므로, 중앙과 지방자치단체 간의 재정 관계 또한 확대된 지방자치단체의 역할 비중에 부합하는 방향으로 변하지 않을 수 없을 것이라 예상된다. 이러한 맥락에서 볼 때, 중앙-지방 간 재정관계, 특히 지난 정부 초기부터 논의되고 있는 재정분권화에 대해 거시사회복지실천가들이 선제적 관심을 기울일 필요가 있다고 판단된다.

글상자 6-8 무상보육정책을 둘러싼 중앙정부와 지방자치단체 간의 갈등

정부는 지난 2013년 3~5세 아동이 있는 모든 가정에게 보육료를 지원하도록 누리과정사업의 대상을 확대하였다. 대통령 공약 중 하나였던 이 사업을 추진하기 위해 정부가 「영유아보육법」과 「유아교육법」 시행령을 개정하면서 시행령 개정안 제23조에 "영유아 무상보육 실시에 드는 비용은 예산의 범위에서 부담하되 지방교육재정교부금에 따른 보통교부금으로 부담한다."는 내용을 포함시켰다. 이에 따라 보건복지부 소관이었던 어린이집 보육비가 지방교육청으로 넘어가게 되었고, 보건복지부와 지방교육청 사이에 보육비 문제를 두고 갈등이 나타나게 되었다. 어린이집 관련 정책에 대한 책임은 보건복지부에 남아 있으나 관련 재정책임만 지방교육청이 지게 되었기 때문이다. 사업의 규모는 중앙정부가 확대하였으나 보육료 지원 대상이 전 계층으로 확대됨에 늘어난 재정 부담은 정작 중앙정부가 아니라 지방교육청이 떠안게 되는 결과가 나타난 것이다.[19]

이에 대한 지방자치단체들의 반발은 거셌고 예산 편성 때마다 '보육대란'이라는 우려가 반복되었다. 우여곡절 끝에 「유아교육지원특별회계법」이 제정되어 2018년~2019년에는 총 2조 원에 달하

18) 중앙정부와 지방자치단체 간 재정관계에 관해서는 제8장에서 다루기로 하겠다.

19) 보다 자세한 논의는 주재복, 강영주(2016)의 무상복지를 둘러싼 중앙-지방 간 갈등해결방안(한국지방행정연구원)을 참고하기 바란다.

는 사업 예산을 모두 정부가 부담하기로 하면서 중앙정부와 지방자치단체 간의 갈등은 일단락되었다. 그런데 이 법은 올해인 2019년 12월 31일 효력이 끝난다. 어떤 일이 벌어질지는 두고 볼 일이다.

우리나라는 중앙정부와 지방자치단체 간의 갈등을 조정하기 위한 기구로서 국무총리 소속 행정협의조정위원회가 설치되어 있다. 그러나 행정협의조정위원회는 결정사항에 대한 강제 수단이나 불이행 시 제재수단을 가지고 있지 않다. 또 다른 갈등 조정 방안으로는 전국시도지사협의회, 전국시장군수구청장협의회, 전국시도의회의장협의회, 전국시군구의회의장협의회 등 전국협의체가 지방자치에 영향을 미치는 법령에 관한 의견을 행정안전부 장관에게 제출하는 것이다. 그러나 의견에 대한 수용 여부는 중앙정부가 결정하게 되어 있다.

3) 자치사무의 지자체 간 분배

효과적이고 효율적인 지방자치를 위해서는 광역지자체와 기초지자체 간 사무 분담이 필요하다.

○ 광역지자체 사무

광역지자체와 기초지자체 간 사무분담과 관련해서 「지방자치법」(제10조)은 다음과 같은 기준에 따라 지자체 사무 중 시·도 사무로 배분한다. 이 기준에 따른 광역의 사무는 대통령령령으로 정한다.

- 행정처리 결과가 2개 이상의 시·군 및 자치구에 미치는 광역적 사무
- 시·도 단위로 동일한 기준에 따라 처리되어야 할 사무
- 지역적 특성을 살리면서 시·도 단위로 통일성을 유지할 사무
- 국가와 시·군 및 자치구가 독자적으로 처리하기 부적절한 사무
- 2개 이상의 시·군 및 자치구가 공동으로 설치하는 것이 적당하다고 인정되는 규모의 시설의 설치 및 관리에 관한 사무

○ 기초지방자치단체 사무

지방자치단체 자치사무 중 시·도 사무를 제외한 사무가 시·군·구 및 자치구 사무이다. 사무 경합이 있을 때는 기초지자체가 먼저 처리한다. 이를 '기초지방자치단체우선의 원칙' 또는 '현지성 원칙'이라고 한다.

4) 자치사무의 민간위탁

지방자치단체는 공공사무를 법인, 단체 또는 기관이나 개인에게 맡겨 그의 명의와 책임하에 행사할 수 있다. 이처럼 공공사무를 민간으로 하여금 수행하게 하는 것을 민간위탁이라고 한다.[20] 민간위탁의 근거는 대통령령인「행정권한의 위임 및 위탁에 관한 규정」과「지방자치법」(제104조3항)에 규정되어 있다. 위탁지자체는 수탁기관(사인)에 대해 지휘·감독하며 부당한 사무처리에 대해서는 처리를 취소·정지시킬 수 있다. 필요시 필요한 지시를 하거나 조치를 명령할 수 있고 보고를 요구할 수 있다.

7. 지방교육자치단체

지방자치교육이란 각 지역별 교육의 특수성을 고려하여 일반지방자치제도와 분리하여 교육과 관련된 사항을 결정하고 집행하는, 교육의 지방분권을 위한 제도이다. 지방자치교육은 일정 지역의 총체적 지방자치의 틀 안에 포함된다. 다만 각 지역이 각자의 실정에 맞게 교육에 관한 독자적인 정책결정 및 집행을 할 수 있도록 교육을 일반적인 행정과 분리해야 하기 때문에 이제까지 살펴본 일반지방자치단체와 구분하는 것일 뿐이다.

지방자치교육은「헌법」제31조 4항에 명시된 교육의 자주성 보장에서 그 법적 근거를 찾을 수 있다. 교육 자주성 보장을 위해 국가와 지방자치단체는「교육기본법」

20) 민간위탁을 기능적 민영화 또는 경영 민영화라고 부르기도 한다.

(제5조 1항)에 따라 교육의 자주성과 전문성을 보장하고 지역실정에 맞는 교육을 실시하기 위한 시책을 수립하고 실시해야 한다.[21)]

지방자치단체는 지방자치교육을 위해 교육·과학 및 체육에 관한 사무를 분장하기 위하여 별도의 기관인 지방교육자치단체를 두는데(「지방자치법」 제121조) 그 기관의 조직과 운영에 관한 사항은 「지방교육자치에 관한 법률」로 정하고 있다. 지방교육자치단체는 그 구성이 지방자치단체의 구성과 동일하다. 지방교육자치단체에는 지방의회에 해당하는 의결기관으로서 교육위원회가 있고, 집행기관으로서 교육청이 있으며, 단체장에 해당하는 교육감이 있다. 교육청은 그 아래 보조기관, 소속교육기관 그리고 하급교육행정기관을 둔다.

지방교육자치단체는 광역지방자치단체와 그 단위가 동일하며, 지방자치단체의 교육·학예에 관한 사무는 시·도의 사무로 한다(「지방교육자치에 관한 법률」 제2조). 따라서 집행기관인 교육청은 각 광역지방자치단체마다 1개씩 설치되어 있다. 교육지청은 일반적으로 기초지방자치단체마다 1개씩 두는데, 교육지청은 자치기관이 아니라 행정기관이다.

1) 의결기관—교육위원회

각 시·도마다 교육·학예에 관한 중요한 사항을 심의·의결하기 위한 독자적인 교육의결기관인 교육위원회를 둔다. 교육위원회는 광역자치단체 의회의 상임위원회 형식으로 구성하며, 교육위원회가 심의·의결할 수 있는 사항은 지방의회의 심의·의결사항과 거의 동일하다.

- 조례안·예산안 및 결산
- 특별부과금사용료수수료분담금 및 가입금의 부과와 징수에 관한 사항
- 기금 설치 및 운용에 관한 사항

21) 홍정선(2009). 新지방자치법. 박영사. pp. 400-407.

- 대통령령으로 정하는 중요재산의 취득처분에 관한 사항
- 대통령령으로 정하는 공공시설의 설치관리처분에 관한 사항
- 법령과 조례에 규정된 것을 제외한 예산 이외 의무부담이나 권리의 포기에 관한 사항
- 청원 수리와 처리
- 외국 지방자치단체와의 교류 및 협력에 관한 사항 등

2) 집행기관

○ 교육감

교육감은 지역 주민이 선거를 통해 직접 선출한다. 교육감의 임기는 4년이며, 3기까지 계속 재임할 수 있다. 교육감의 권한은 지방자치단체장의 권한과 매우 유사하다.

- 교육에 관한 당해 시·도의 대표권
- 교육 사무 집행권
- 교육 규칙 제정권
- 시도교육위원회의 의결에 대한 재의요구권
- 재의결에 대한 재소권
- 선결처분권 등

○ 보조기관

지방교육자치단체는 교육감의 사무를 보조하기 위해 부교육감을 둔다. 부교육감은 교육감을 보좌하여 사무를 처리하고 교육감 사고 시 직무를 대리한다. 부교육감은 1인을 두되 인구가 800만 명 이상이고 학생이 170만 명 이상인 시·도는 2인까지 둘 수 있다. 부교육감은 국가공무원이며, 일반직 고위공무원이나 장학관으로 보한다. 장학관은 교육전문직공무원으로서 교육행정기관에서 장학지도업무와 이와 관련된 교육활동에 대한 책임을 맡는다.

○ 소속교육기관

교육감은 소관사무의 범위 안에서 필요할 때 대통령령 또는 당해 시·도의 조례가 정하는 바에 의하여 유치원, 초등학교, 중학교, 고등학교, 특수학교, 평생교육시설, 대학교 등의 교육기관을 설치할 수 있다.

○ 교육지원청

교육감은 하급교육행정기관인 교육지원청을 설치할 수 있다. 교육지원청은 일반적으로 1개 또는 2개 이상의 시·군·자치구를 관할구역으로 한다.

제7장

민간기관

1. 법인
2. 민간기관: 비영리법인·비영리비법인
3. 민간기관: 영리법인
4. 사회적기업
5. 민간기업 사회공헌

제7장
민간기관

복지국가 시대에 살고 있는 우리는 복지에 대한 공적 주체의 책임을 지나치게 강조하는 나머지 국민의 복지를 책임져야 할 주체를 종종 국가와 지방자치단체로 한정하곤 한다. 실제로 「헌법」과 「사회보장기본법」을 포함한 여러 법률에 국가와 지방자치단체가 국민의 복지를 책임져야 할 주체로 규정되어 있기도 하다. 그러나 한 사회의 복지가 국가나 지방자치단체나 공공기관 같은 공적인 주체의 책임이라고 여겨지기 훨씬 전부터 개인, 가족, 공동체, 기업 같은 민간 주체들은 사회복지의 주체로서 항상 각자의 역할을 담당해 왔다. 그리고 확신하건대, 21세기 사회에서 그들의 역할은 점점 더 커질 수밖에 없다.

그 이유는 분명하다. 시장 실패가 공적 주체의 역할에 정당성을 부여한 것과 마찬가지로 공공의(혹은 정부의) 실패가 민간 주체의 역할에 정당성을 부여하기 시작했기 때문이다. 더 정확하게 말하자면, 없던 정당성이 생긴 것이 아니라 늘 존재했으나 공공이라는, 몸은 커져 가지만 역량은 그에 비례해서 늘지 않던 주체의 그림자 속에 잠시 묻혀 있던 민간 주체의 정당성이 그 그림자가 줄어들면서 다시 모습을 드러냈다고 하는 것이 맞는 것 같다.

아울러 꼭 실패라는 단어를 사용하지 않더라도 어떤 주체도 21세기에는 더 이상 혼자의 역량만으로 사회복지를 유지·증진할 수 없다는 것이 분명하기 때문이다. 소수가 가진 의지와 부족한 역량에 종속되는 것보다 사회구성원 모두의 의지와 역량이 표현되고 발휘되는 것이 더 정의로운 것이라는 생각은 공민권과 정치권을 실현하는 과정에만 적용되는 것이 아니라 사회권을 실현하는 과정에도 똑같이 적용되어야 마땅하다.[1)]

복지혼합(welfare mix)이란, 한마디로 말하면, 다양한 주체의 참여에 의한 사회보장 실현이다. 복지혼합이라는 용어 대신 복지다원화라는 용어를 사용하더라도 주체의 다양성이라는 본질적 의미는 다르지 않다. 이 장에서는 복지혼합에 있어서 국가나 지방자치단체에 못지않은 중요한 역할 주체인 민간기관에 대해서 살펴볼 것이다. 사회복지 분야에서 민간기관이라는 용어는 전통적으로 비정부조직(NGOs)이나 비영리조직(NPOs)을 의미해 왔다. 그러나 오늘날에는 사회적기업이나 협동조합 같은 영리를 추구하는 사회적경제[2)] 주체들도 민간기관의 범위에 포함된다.

1. 법인

사회보장 정책 과정에 역할 주체로서 참여하는 민간기관은 대부분이 법인이다. 따라서 민간기관을 이해하기 위해서는 먼저 법인에 대해가 필요하다. 앞서 제4장에서

---

1) 자유주의자인 저자는 인간 역사의 모든 시점에서 자유로울 수 있는 개인이 항상 정부보다 더 현명했고, 더 합리적이었으며, 더 윤리적이었고, 더 정의로운 존재였다고 생각하며, 21세기의 테크놀로지가 우리로 하여금 그러한 사실을 다시금 확인할 수 있게 해 줄 것이라 생각한다. 공민권과 정치권이 권리가 되지 못했다면 사회권은 나타날 수 없었다. 그런데 공민권과 정치권을 권리로 인정하는 일종의 공식적 의식(ritual)이 공공 주체의 주관하에 진행되었을 뿐 자유와 참여가 인간이 누려 마땅한 것이라는 주장은 자연법에 의해 이미 자유로울 수 있었고 실제로 자유였던 개인들이 한 것이 아닌가? 사회권의 확립 과정은 더더욱 그러하다. 그렇기 때문에 저자는「대한민국헌법」에서 자유라고 하는 가치가 사라져서는 안 된다고 생각한다. 자유는 자유를 통해서만 얻을 수 있고 더 나아가서 지킬 수 있다. 평등은 자유인 것 같아 보이는 어떤 것을 언젠가 줄 것이라는 약속은 할 수 있을지 모르지만 인간이 역사 속에서 이루어 온 불가능할 것 같아보였던 놀라운 변화들을 가능하게 했던 진정한 자유는 절대로 줄 수 없기 때문이다.

2) 사회적경제의 개념 및 사회적경제 주체에 관해서는 이 장의 '사회적기업' 부분에서 자세하게 다루기로 하겠다.

소개한 바와 같이, 법인이란 권리능력의 주체가 될 수 있는 법인격을 부여받은 사람들의 단체 또는 재물을 말한다. 그렇기 때문에 법인은 자연인과 마찬가지로 권리와 의무의 주체가 되는 등을 포함하여 법적 효력을 발생시키는 행위의 주체가 될 수 있다.

1) 사(私)법인, 공법인, 공익법인

법인은 어떤 기준을 가지고 분류하는가에 따라 구분 결과가 매우 다양해진다. 따라서 단일 기준을 가지고 법인을 구분한다는 것은 사실상 불가능하다. 일단 법인을 공공의 목적을 위한 법인지 사적 목적을 위한 법인인지를 기준으로 구분하면 공법인(public corporation), 사법인(private corporation), 공익법인(public service corporation)으로 구분할 수 있다.

〈표 7-1〉 공법인, 사법인, 공익법인 비교

공법인	• 공공의 목적을 위해 공법에 근거하여 설립된 국가, 지방자치단체, 영조물법인 등의 법인 • 법인의 설립·관리에 국가 공권력이 관여되는 법인으로서 국가적 사무나 통치 작용과 관련
사법인	• 사적 목적을 위해 사법(「민법」, 「상법」 등)에 의해 설립되는 회사, 사단법인, 재단법인, 사회복지법인 등의 법인
공익법인	• 학자금·장학금 또는 연구비의 보조나 지금, 학술·자선에 관한 사업을 목적으로 「공익법인의 설립·운영에 관한 법률」에 의해 설립되는 법인

공법인과 사법인은 그 관계가 상호배타적이라 할 수 있는데,[3] 공법인과 사법인 간에는 다음과 같은 실질적 차이가 있다.[4]

3) 물론 공법인과 사업인을 획일적 기준으로 구별할 수 없고 종합적으로 법률관계를 검토해야 한다는 견해도 있고, 공법인과 사법인의 구별이 타당하지 않고 불필요하다는 견해도 있다. 보다 자세한 논의는 강현호(2003). 공법인과 사법인의 구별에 대한 기초적 논의. 사단법인공법인학회, **공법연구**, 32(1), pp. 431-450을 참조하기 바란다. 또한 공법인과 사업인 모두의 성격을 중간성격의 법인도 존재한다. 이에 대해서는 송호영(2015). 법인론(제2판). 신론사, p. 58을 참조하기 바란다.

4) 송호영(2015). 법인론(제2판). 신론사, p. 58.

〈표 7-2〉 공법인과 사법인의 차이

공법인	사업인
소송: 행정소송	소송: 민사소송
법인의 불법행위: 국가배상법	법인의 불법행위: 민법
구성원의 범죄: 직무에 관한 죄	구성원의 범죄: 일반범죄
문서위조: 공문서 위조죄	문서위조: 사문서 위조죄

출처: 송호영(2015). 법인론(제2판). 신론사. p. 58.

공익법인 개념은 광의의 공익법인 개념과 협의의 공익법인 개념으로 구분된다. 광의의 공익법인이란 공익, 즉 사회 일반의 이익을 위한 활동을 주된 목적으로 설립된 법인을 말하는 것이며, 광의의 비영리법인과 동일한 개념이다. 협의의 공익법인은 「공익법인의 설립·운영에 관한 법률」에 근거하여 설립된 법인으로서 사회일반의 이익에 이바지하기 위하여 학자금·장학금 또는 연구비의 보조나 지급, 학술, 자선에 관한 사업을 목적으로 하는 법인을 말한다.

공익법인은 사단법인일수도 있고 재단법인일 수도 있으나 모두 비영리법인이다. 그렇기 때문에 「민법」상 비영리법인으로도 설립이 가능하다. 공익법인에 대해서는 면세조치, 공과금면제 등 여러 가지 세제상 혜택이 주어진다.

공익법인의 수와 규모는 경제성장과 사회발전에 따라 지속적으로 증가해 왔는데, 이러한 추세 속에서 공익법인으로 하여금 공익성을 유지하게 하는 것이 점점 더 어려워졌다. 이에 1975년 12월 「민법」에 대한 특례규정을 마련하여 공익법인으로 하여금 그 본래의 목적사업에 충실하게 하기 위하여 「공익법인의 설립·운영에 관한 법률」이 제정되었다.[5)]

공법인과 사법인은 상호배타적인 관계에 있지만 공익법인과 사법인 간의 관계는 그렇지 않다. 예를 들면, 사회복지법인은 비영리 사법인이면서 동시에 공익법인이다. 물론 모든 비영리 사법인이 공익법인인 것은 아니다. 비영리사단법인이나 비영

5) 국가법령정보센터(http://www.law.go.kr/lsInfoP.do?lsiSeq=59888&ancYd=19751231&ancNo=02814&efYd=19760401 &nwJoYnInfo =N&efGubun=Y&chrClsCd=010202#0000). 공익법인의 설립운영에 관한 법률 제정이유.

리재단법인 중에서 「공익법인의 설립·운영에 관한 법률」에 의거하여 허가받은 법인만이 공익법인이다.

2) 영조물법인[6)]

영조물(public institution)이란 국공립대학·박물관·교도소 등과 같이 공공행정 목적으로 설립한 물적 기반시설에 이를 관리하는 인력이 결합된 것을 말한다. 이러한 영조물에 법인격을 부여한 것을 영조물 법인(public institution corporation)이라고 한다. 영조물 법인은 성격상 재단법인에 더 가깝다.

일반적으로 영조물과 공공기관을 거의 동일한 것으로 보는데, 영조물은 주로 시설(예: 도서관, 박물관)에 중점을 개념이고 공공기관은 행위(예: 공사, 공단)에 더 중점을 둔다. 이러한 특성 때문에 흔히 영조물을 가리켜 공공시설이라고 한다. 각종 공사(대한주택공사, 한국조폐공사 등), 공단(건강보험공단 등), 특수은행(한국은행, 한국산업은행 등), 국립대학교(서울대학교, 한국과학기술원 등), 국립병원(서울대학교병원, 국립대학병원, 국립중앙의료원 등) 등이 영조물 법인에 해당한다.

영조물 법인은 모두 공법에 근거하여 설립된 법인이므로 공법인이다. 영조물법인은 사단법인과 달리 법인 운영에 참여할 권한을 가진 법인 구성원이 없다. 공공시설에 근무하는 사람은 시설 관리를 위해 고용된 인력이지 법인의 인적 요소가 아니다.

3) 특수법인

국가 정책상 필요나 공익 달성을 위해 「민법」 및 「상법」 이외 특별법에 기초하여 설립된 법인을 총칭하여 특수법인(special corporation)이라고 한다. 일반법인 「민법」 및 「상법」에 따라 설립된 법인은 일반법인이라고 한다. 특수법인에는 정부가 전액 출자하여 설립한 법인과 정부와 사인(私人)이 공동출자하여 설립한 법인이 있다. 공사,

6) 이 부분은 이상덕(2010). 영조물에 관한 고찰. 행정법연구, 26, 281-321의 내용을 주로 참고한 것임을 밝힌다.

공단, 기금, 공공기관, 사업단, 학교법인, 의료법인, 사회복지법인 등이 이에 해당한다. 특수법인의 설립은 정부 및 지방 공공단체가 자금의 전부 또는 일부를 출자하여 설립하므로 최고경영진과 임원 선임 및 임명, 사업계획의 보고 및 승인, 결산보고 등은 정부 내 주무부서의 특별관리하에 이루어진다.

4) 사단법인과 재단법인

사단법인(incorporated association)은 일정한 목적을 위하여 결합한 사람의 단체에 법인격을 부여한 것이다. 사단법인에 가입된 구성원을 '사원'이라고 한다. 사단법인은 사람들이 모여 이룬 집단이기 때문에 해당 법인의 사원의 단체의사와 목적에 따른 공동사업이 법인격을 부여받기 위해 필요한 기본요소이다.

재단법인(foundation corporation)은 일정한 목적을 위하여 출연된 재산을 그 실체로 하는 법인이다. 재단법인은 일정한 목적을 위하여 출연한 재산에 대해 법인격을 부여하는 것이기 때문에 재단 설립자의 설립 의지와 기본 재산이 기본 요소이다. 일반적으로 재단법인은 「민법」 또는 공법(공공재단법인의 경우)에 근거하여 설립하고, 사단법인은 「민법」 또는 「상법」에 따라 설립한다.

5) 영리법인과 비영리법인

법인의 설립 목적이 영리 추구인지 여부에 따라 법인은 영리법인과 비영리법인으로 구분된다. 영리법인은 「상법」상의 주식회사인 일반 기업을 말한다. 비영리법인은 학술·종교·자선·기예·사교 기타 영리 아닌 사업을 목적으로 하는 법인을 말한다.

모든 공익법인과 재단법인은 비영리법인이다. 사단법인 중에는 「민법」 제32조에 기초하여 설립된 사단법인이 비영리법인이다. 그 이외에도 의료법인, 사회복지법인 등이 비영리법인에 해당한다. 비영리법인이라도 비영리사업의 목적을 달성하는 데 필요하여 본질에 반하지 않을 정도의 영리행위, 즉 수익사업을 하는 것은 가능하다.

지금까지 살펴본 법인별 특성을 토대로 하여 법인의 종류를 구분하면 [그림 7-1]과 같이 구분할 수 있다.[7)]

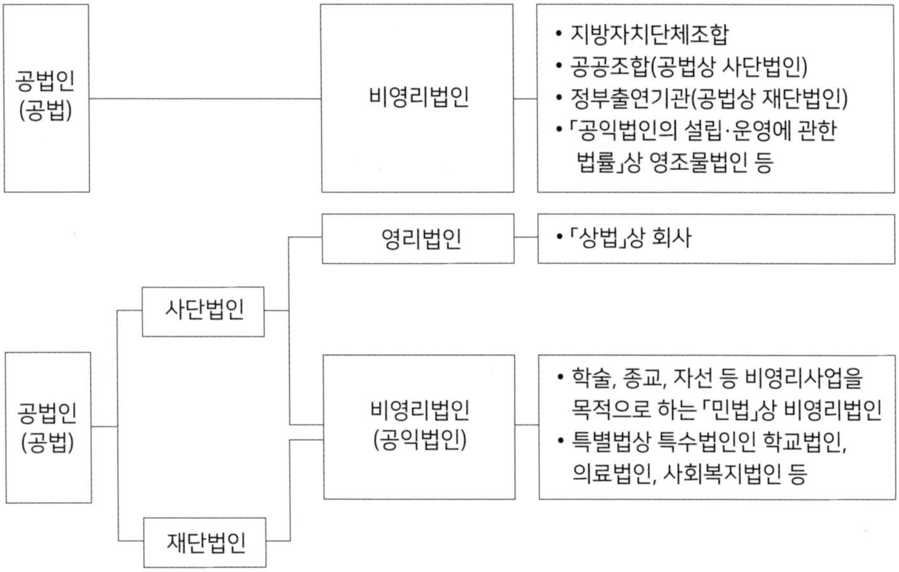

[그림 7-1] 법인의 종류

사법인 중 비영리법인은 사단법인과 재단법인 모두 그 설립을 법인의 목적사업을 관할하는 주무관청으로부터 허가받아야 한다. 예를 들면, 자선을 목적으로 하는 법인을 설립하기 위해서는 주무관청인 보건복지부로부터 설립허가를 받아야 한다. 주무관청인 18개 행정각부는 각 부가 설립을 허가한 「민법」과 「해당부 소관 비영리법인의 설립 및 감독에 관한 규칙」에 의한 비영리법인을 관리·감독해야 할 책임이 있다. 보건복지부 소관 비영리사단법인 및 재단법인 현황은 〈표 7-3〉과 같다.

7) 이러한 분류는 법인 종류를 개념적으로 이해하기 위한 분류일 뿐 절대적인 분류나 상호배타적인 분류가 아니라는 것을 염두에 두기 바란다.

〈표 7-3〉 2020년 기준 보건복지부 소관 비영리법인

법인구분	특수법인	사단법인	재단법인	의료법인
총계 721	70	287	165	10

출처: 보건복지부. 보건복지부 소관 비영리사단·재단법인 현황.

2. 민간기관: 비영리법인·비영리비법인

1) 사회복지법인

사회복지 민간기관 중 가장 대표적인 민간기관은 사회복지법인이다. 사회복지법인을 이해하기 위해서는 이 제도가 도입되게 된 역사적 배경에 대한 이해가 필요하다.

글상자 7-1 사회복지법인 제도 도입의 역사적 배경

- 1950년대 중반 이후 우리나라에는 해방과 한국전쟁을 겪으면서 발생한 수많은 피난민과 전쟁고아를 수용하는 민간시설이 급증함
- 민간시설들이 급증하자 정부는 무분별한 민간시설의 난립을 막고 적정한 보호와 양육사업을 수행할 수 있도록 1950년 2월 후생시설 설치기준을 제정함
- 이 기준만으로는 사회복지시설의 합리적 운영을 담보할 수 없었기에 1952년 4월 사회부장관 명령하에 '사회사업을 목적으로 하는 법인 설립허가 신청에 관한 건'을 마련하여 복지시설을 운영할 경우 재단법인을 필하게 함. 이어서 같은 해 10월에는 사회부장관훈령으로 '후생시설 운영요강'을 시달하여 등록제였던 후생시설을 허가제로 전환함
- 한국전쟁 직후 피난민과 전쟁고아 지원에서부터 시작한 우리나라의 사회복지는 1960년대 중반까지 규모가 크고 비교적 전문적인 서비스를 제공하는 활동은 사실상 정부가 아닌 외원단체에 의해 주로 이루어졌으며, 1950년대까지의 정부의 사회사업 관련 입법은 외원단체의 역할을 지원하는 차원에서 이루어졌다고 해도 과언이 아니라고 할 수 있음
- 1960년대 중반을 넘어서면서 외원기관들이 본국으로 철수하려는 움직임을 보이면서 그동안 거의 방치하다시피 했던 사회복지사업에 정부가 나서지 않을 수 없게 됨

- 「사회복지사업법」은 바로 이러한 배경에서 1970년 제정됨. 정부는 사회복지시설을 위탁받아 사회복지서비스를 제공하는 주체로서 사회복지법인이 필요하게 되었으며, 이 법에 따라 사회복지법인 제도가 탄생하게 됨[8)]

국가 또는 지방자치단체는 사회복지사업에 필요한 사회복지시설을 설치·운영할 수 있는데, 국가나 지방자치단체는 「사회복지사업법」 제34조4항에 따라 사회복지시설을 사회복지법인 또는 비영리법인에 위탁 운영하게 할 수 있다. 일반적으로 사회복지법인은 위탁받은 사회복지시설을 통해 주로 서비스 형태의 사회보장급여를 제공하는 역할을 수행하거나 사회복지시설을 지원하는 역할을 통해 사회복지 증진에 기여한다. 전자 역할을 수행하는 대표적인 사회복지법인은 사회복지관이며 후자 역할의 대표적인 예로는 사회복지공동모금회를 꼽을 수 있다.

글상자 7-2 사회복지시설의 예: 사회복지관

사회복지시설의 종류는 다양하다. 대표적인 사회복지시설로는 사회복지관을 꼽을 수 있다. 사회복지관은 지역사회의 특성과 지역주민의 복지욕구를 고려하여 서비스 제공 등 지역복지증진을 위한 사업을 실시하는 사회복지시설이다. 사회복지관은 모든 지역주민을 대상으로 사회복지서비스를 실시하되, 다음의 지역주민에게 우선 제공하여야 한다.

- 「국민기초생활 보장법」에 따른 수급자 및 차상위계층
- 장애인, 노인, 한부모가족 및 다문화가족
- 직업 및 취업 알선이 필요한 사람
- 보호와 교육이 필요한 유아·아동 및 청소년
- 그 밖에 사회복지관의 사회복지서비스를 우선 제공할 필요가 있다고 인정되는 사람

사회복지관의 설치·운영·사업 등에 필요한 사항은 보건복지부령으로 정한다.

8) 문순영(2005). 한국의 민간 비영리사회복지 부문에 대한 이해. 학술정보원(주), pp. 81-82.

사회복지법인은 사회복지시설의 설치·운영을 목적으로 설립된 시설법인과 사회복지사업 지원만을 목적으로 설립된 지원법인으로 나뉜다. 대개의 경우, 지원법인은 재단법인이다. 2020년 기준 지역별 시설·지원법인 분포 현황은 〈표 7-4〉와 같다.

〈표 7-4〉 2020년 지역별 사회복지시설 · 지원법인 분포 현황

구분	합계	시설법인	지원법인	구분	합계	시설법인	지원법인
전국	2,991	2,714	277	강원	204	180	24
서울	312	224	88	세종	19	18	1
부산	224	211	13	충북	165	146	19
대구	186	179	7	충남	221	205	16
인천	52	44	8	전북	241	234	7
광주	143	139	4	전남	221	213	8
대전	102	93	9	경북	187	177	10
울산	50	47	3	경남	273	258	15
경기	277	234	43	제주	114	112	2

출처: 보건복지부(2022). 2022 사회복지법인 관리안내. p. 5.

(1) 법원

사회복지법인은 「사회복지사업법」 제16조에 근거하여 사회복지사업을 행할 목적으로 설립되는 법인이다. 사회복지사업은 공익성과 공공성이 강한 사업이기 때문에 그러한 사업을 수행하는 사회복지법인은 그 설립·변경·소멸·지도·감독 등에 관한 사항이 사회복지사업의 일반법인 「사회복지사업법」에 세부적으로 규정되어 있다. 다만, 법인에 관하여 「사회복지사업법」에서 규정한 사항을 제외한 사항은 「민법」과 「공익법인 설립·운영에 관한 법률」을 준용한다(「사회복지사업법」 제32조). 사회복지법인은 사법인으로서 재단법인의 성격과 비영리 공익법인으로서의 성격이 강하다.

(2) 법인 설립·운영 관련 사항

○ 설립

사회복지법인을 설립하기 위해서는 대통령령이 정한 바에 따라 시·도지사의 허가를 받아야 한다. 법인 설립을 신청하려면 법인설립신청서와 다음의 서류를 법인이 소재하게 될 시·군·구에 제출해야 한다.

- 설립취지서 1부, 정관 1부, 재산출연증서 1부, 재산의 소유를 증명할 수 있는 서류 각 1부
- 재산의 평가조서 1부, 재산의 수익조서 1부, 임원의 취임승낙서 및 이력서 각 1부
- 「사회복지사업법」 제18조제2항 각 호의 어느 하나에 해당하는 기관으로부터 받은 이사 추천서 1부
- 임원 상호 간 관계에 있어 같은 법 제18조제3항에 저촉되지 않음을 입증하는 각서 1부
- 설립 해당 연도 및 다음 연도의 사업계획서 및 예산서 각 1부

신청을 접수한 시·군·구는 서류를 검토하고 자산에 대한 실지조사 결과와 법인 설립 필요성에 대한 의견을 첨부하여 시·도에 제출한다. 시·도가 설립을 허가할 경우, 시·도지사가 법인설립허가증을 발급한다. 허가받은 법인은 주된 소재지에서 설립등기를 해야 한다(「사회복지사업법」 제16조1항, 2항).

〈표 7-5〉 허가, 특허, 인가. 등록, 신고 간 차이

	학문적 개념	현행법상 특징
허가	일반적으로 금지되는 행위를 특정한 경우에 해제하는 것	금지-해제의 관계가 명백하게 규정되지 않은 경우가 많음
특허	특정인에게 일정한 권리나 법률관계를 설정하는 것	특허라는 용어는 거의 사용하지 않고 면허란 용어를 주로 사용함
인가	타인의 법률행위의 효력을 보충하여 법률상의 효력을 완성시키는 것	특허적 성격이 강한 사업에 대한 허가의 의미로 사용되기도 함

등록	일정한 사실이나 법률관계를 행정기관에 갖추어둔 장부에 등재하고 그 존부(存否) 공적으로 증명하는 것	허가와 신고의 중간에 속하는 인허가로 운영되는 사례가 많음
신고	특정한 사실이나 법률관계의 존부를 행정청에 알리는 것	신고에 따른 수리(受理) 제도를 두어 완화된 허가제로 운영되는 사례가 많음

출처: 법무부(2017). 법령 입안·심사기준. p. 38.

○ 정관

- 사회복지법인의 정관에는 다음의 사항이 포함되어야 한다. 법인이 정관을 변경하려는 경우에는 시·도지사의 인가를 받아야 하지만 보건복지부령이 정하는 경미한 경우에는 그러하지 아니해도 된다.
- 목적, 명칭, 주된 사무소의 소재지, 사업의 종류·자산·회계에 관한 사항, 임원의 임면 등에 관한 사항, 회의에 관한 사항, 정관 변경에 관한 사항, 수익을 목적으로 하는 사업이 있는 경우 그에 관한 사항, 공고 및 공공 방법에 관한 사항, 존립시기와 해산 사유를 정한 경우에는 그 시기와 사유 및 남은 재산의 처리방법

○ 임원

- 사회복지법인은 재단법인의 성격을 갖기 때문에 사단법인의 사원총회 같은 의사결정기관이 없다. 따라서 이사회가 의사결정기관의 역할을 수행하므로 이사회가 매우 중요하다. 사회복지법인은 대표이사를 포함한 이사 7명 이상과 감사 2명을 두어야 한다. 이사 정수의 1/3 이상을 지역의 사회복지위원회 또는 지역사회복지협의체가 추천하는 사람으로 한다.
- 이사회 구성에 있어서 친인척 등 대통령령으로 정하는 특별한 관계(예: 친인척)에 있는 사람이(「사회복지사업법 시행령」 제9조) 이사 현원의 1/5을 초과할 수 없다. 이사의 임기는 3년이고 연임할 수 있으며, 이사 임면 사실은 시도지사에게 보고해야 한다.
- 감사의 임기는 2년이며 연임할 수 있다. 감사 중 1명은 법률 또는 회계에 관한 지식이 있는 사람 중에서 선임해야 한다. 다만, 대통령령으로 정하는 일정

규모 이상의 법인(직전 3회계연도의 평균 세입이 30억 원 이상)은 시·도지사의 추천을 받아 「주식회사의 외부감사에 관한 법률」 제3조1항에 따른 감사인에 속한 사람을 감사로 선임하여야 한다.

○ 재산 및 수익사업

- 법인은 사회복지사업의 운영에 필요한 재산을 소유해야 한다. 법인의 재산은 복지부령에 따라 기본재산과 보통재산으로 구분한다. 기본재산은 목록과 가액을 정관에 적어야 한다. 목적사업의 경비에 충당하기 위하여 필요한 경우 설립 목적 수행에 지장이 없는 범위에서 수익사업을 할 수 있다. 단, 수익사업에서 생긴 수익을 법인 또는 법인이 설립한 시설의 운영 이외 목적에 사용할 수 없다. 수익사업에 관한 회계는 법인의 다른 회계와 구분해야 한다.

2) 사회적협동조합

사회적협동조합은 지역주민의 권익, 복리증진과 관련된 사업을 수행하거나 취약계층에게 사회서비스 또는 일자리를 제공하는 등 영리를 목적으로 하지 않는 협동조합으로서 비영리법인이다. 사회적협동조합은 아직 복지혼합 주체로서의 역할 비중이 사회복지법인에 비해 작으나 빠르게 진행되고 있는 사회경제적 변화 속에서 앞으로 협동조합과 함께 그 역할이 확대될 것으로 기대된다.[9] 사회적협동조합은 〈표 7-6〉과 같은 다섯가지 유형이 있다.

---

9) 사회적협동조합에 관한 자세한 논의는 뒤이어 소개할 '영리법인' 부분에서 하기로 하겠다.

〈표 7-6〉 사회적협동조합의 유형

유형	주 사업의 성격
지역사업형	지역사회 재생, 지역경제 활성화, 지역주민의 권익·복리증진 및 그밖에 지역사회가 당면한 문제해결에 기여하는 사업
취약계층사회서비스제공형	취약계층에게 복지·의료·환경 등의 분야에서 사회서비스를 제공하는 사업
취약계층고용형	취약계층에게 일자리를 제공하는 사업
위탁사업형	국가지방자치단체로부터 위탁받은 사업
기타 공익증진형	그밖에 공익증진에 이바지하는 사업

출처: 기획재정부(2021). 2021년 협동조합 설립 가이드북.

(1) 법원

사회적협동조합은 「협동조합 기본법」 등을 법원으로 한다. 「협동조합 기본법」은 협동조합의 설립·운영 등에 관한 기본적인 사항을 규정함으로써 자주적·자립적·자치적인 협동조합 활동을 촉진하고, 사회통합과 국민경제의 균형 있는 발전에 기여함을 목적으로 2012년 12월 제정된 법으로서 제2조1호에서 협동조합을 〈표 7-7〉과 같이 구분한다. 사회적협동조합 관련 사항 중 이 법에 규정되지 않은 사항은 「민법」의 규정을 준용한다.

〈표 7-7〉 협동조합 구분

유형	조건
협동조합	재화 또는 용역의 구매, 생산, 판매, 제공 등을 협동으로 함으로써 조합원의 권익을 향상하고 지역사회에 공헌하는 사업조직. 영리법인
사회적협동조합	협동조합 중 지역주민들의 권익, 복리증진과 관련된 사업을 수행하거나 취약계층에게 사회서비스 또는 일자리를 제공하는 등 영리를 목적으로 하지 않는 협동조합. 비영리법인
협동조합연합회	협동조합의 공동이익 도모를 위해 설립된 연합회
사회적협동조합연합회	사회적협동조합의 공동이익 도모를 위해 설립된 연합회

출처: 「협동조합 기본법」 제1장제2조.

중앙행정기관 중 협동조합에 관한 업무는 담당하는 기관은 기획재정부이며, 1차관 아래 장기전략국이 자문위원회인 협동조합정책심의위원회를 두고 협동조합 관련 기본계획을 수립하는 업무를 담당하고 있다.

3) 기타 비영리법인, 비영리단체 및 개인

사회복지법인이나 사회적협동조합 이외에 「민법」에 근거하여 설립된 비영리법인, 비영리비법인단체(이하 비영리단체) 및 개인도 사회복지사업을 할 수 있다. 비영리법인, 비영리단체 또는 개인이 사회복지사업을 수행하는 경우는 일반적으로 다음의 두 가지 경우이다.

- ○ 국가나 지방자치단체로부터 사회복지시설의 운영을 위탁받아 운영한다.
- ○ 사회복지시설 직접 설치·운영
  - 「사회복지사업법」 제34조제2항, 제3항에 따라 국가나 지방자치단체 외의 자도 사회복지시설을 설치·운영할 수 있다. 이 경우 사회복지법인뿐만 아니라 비영리법인이나 개인도 시설을 설치·운영할 수 있다. 다만, 정신요양시설과 교호시설은 시설생활자의 권익보호를 위해 사회복지법인 또는 비영리법인만 설치·운영할 수 있다.
  - 국가 또는 지방자치단체 외의 자가 시설을 설치·운영하려는 경우에는 보건복지부령이 정하는 바에 따라 시장·군수·구청장에게 신고하여야 한다. 다만, 같은 법 제40조에 따라 폐쇄명령을 받고 3년이 지나지 아니한 자는 시설의 설치·운영 신고를 할 수 없다. 시설을 설치·운영하는 자는 보건복지부령으로 정하는 재무·회계에 관한 기준에 따라 시설을 투명하게 운영하여야 한다.

비영리단체는 영리가 아닌 공익활동 수행을 주된 목적으로 하는 민간단체로서 다음의 요건을 갖춘 단체이다(「비영리단체 지원법」 제2조).

- 사업의 직접 수혜자가 불특정 다수일 것

- 구성원 상호 간에 이익분배를 하지 아니할 것
- 사실상 특정 정당 또는 선출직 후보를 지지·지원 또는 반대할 것을 주된 목적으로 하거나, 특정 종교의 교리 전파를 주된 목적으로 설립·운영되지 아니할 것
- 상시 구성원의 수가 100인 이상일 것
- 최근 1년 이상 공익활동 실적이 있을 것
- 법인이 아닌 단체일 경우에는 대표자 또는 관리인이 있을 것

〈표 7-8〉 공익사업유형별 공익활동 지원사업 분야

공익사업 유형		공익활동 지원사업 분야(예시)
1	사회통합	지역·계층 간 갈등해소, 지역공동체 활성화, 다문화가정 지원활동 등
2	사회복지	취약계층 복지 증진, 소외계층 인권보장, 장애인 자립생활 지원 등
3	시민사회 활성화	도덕성 주인의식 함양, 기초 법질서 준수, 사회참여 등
4	자원봉사기부문화	자원봉사 확산 실천, 재능기부 등
5	민생경제 및 문화·관광	청년일자리 창출, 전통문화 계승 발전, 융·복합 관광콘텐츠 개발 등
6	생태·환경분야	친환경, 기후변화 대응, 에너지·자원절약, 강·하천 살리기, 멸종위기 동·식물 보호
7	국가안보 및 평화증진	국가안보, 국토보전 및 나라사랑활동, 평화통일 기반 구축 등
8	사회안전	재해·재난 예방활동, 안전사고 예방교육, 생명존중, 외국인노동자 안전 등
9	국제교류협력	국제적 기아·빈곤 퇴치, 국제 문화교류, 지구온난화 등 글로벌이슈 공동대응 등

출처: 비영리민간단체 공익활동 지원사업 관리정보시스템(http://npas.mois.go.kr/nsbms/hmp/bsnsInfo/sotBsnsTyRamEx/sotBsnsTyRamExR.do).

비영리단체 중 비영리단체에 대해 제공되는 지원(보조금지원, 행정지원, 운편요금지원, 조세감면)을 받고자 하는 단체는 주무관청 또는 지방자치단체장에게 등록해야 한다. 그러나 이는 자율적 선택이며 강제된 의무는 아니다. 등록을 원하는 단체 중 그 사업범위가 2개 시·도에 걸쳐 있고, 2개 이상의 시·도에 사무소를 설치·운영하고 있

는 단체는 그의 주된 공익활동을 주관하는 중앙행정기관의 장에게, 그 외의 단체인 경우에는 당해 단체의 사무소가 소재하는 시·도의 광역지방자치단체장에게 등록을 신청한다.

〈표 7-9〉 2021년 기준 중앙행정기관별 비영리단체 등록 현황

계	방송통신 위원회	인사 혁신처	국가 보훈처	식품의 약품 안전처	공거래 위원회	금융 위원회	기획 재정부	과학기술 정보 통신부	교육부	국가 권익 위원회
1,733	9	4	15	2	8	7	7	23	52	1
	외교부	통일부	법무부	국방부	행정 안전부	문화체육 관광부	농림축산 식품부	산업통상 자원부	보건 복지부	환경부
	188	195	12	38	279	182	43	12	202	182
	고용 노동부	여성 가족부	국토 교통부	해양 수산부	중소벤처 기업부	국세청	통계청	경찰청	문화 재청	농촌 진흥청
	50	111	10	32	3	1	1	7	8	5
	산림청	특허청	국가 인권 위원회	법제처	소방청	해양 경찰청	기상청			
	18	2	1	1	12	9	1			

계	서울	부산	대구	인천	광주	대전	울산	세종특별자치시	
13,725	2,356	904	473	744	686	623	408	34	
	경기	강원	충북	충남	전북	전남	경북	경남	제주
	2,384	371	502	475	1,038	624	883	807	413

출처: 행정안전부(2021). 2021년 4/4분기 비영리민간단체 등록현황.
https://www.mois.go.kr/frt/bbs/type001/commonSelectBoardArticle.do?bbsId=BBSMSTR_000000000058&nttId=90082

3. 민간기관: 영리법인

1) 협동조합

협동조합이란 재화 또는 용역의 구매·생산·판매·제공 등을 협동으로 영위함으로써 조합원의 권익을 향상하고 지역사회에 공헌하고자 하는 사업조직을 말한다. 협동조합의 수는 2012년 1월「협동조합 기본법」제정 이후 지속적으로 늘고 있으며, 앞서 소개한 사회적협동조합과 함께 향후 복지혼합 주체로서의 역할이 기대된다.

사회적협동조합과 협동조합 간 핵심적 차이는 전자는 비영리법인이고 후자는 영리법인이라는 점이다. 즉, 사회적협동조합은 수익배분이 불가능하며 공익증진 및 지속가능 경영을 주된 관심사로 하는 반면, 협동조합은 조합원의 권익향상을 목적으로 하며 조합원 간에 수익배분이 가능하다.

〈표 7-10〉 협동조합과 사회적협동조합 간 공통점과 차이점

구분		협동조합	사회적협동조합
공통점	최소설립인원	5인	
	의결권	출자액에 상관없이 1인 1표	
	조합원 자격	협동조합 설립 목적에 동의하고 조합원으로서의 의무를 다하고자 하는 자	
차이점	법인 종류	영리법인	비영리법인
	목적	조합원의 권익 향상	지역주민의 권익·복리 증진 및 취약계층 지원 등 공익 증진
	사업범위	제한 없음	주사업(목적사업이 전체 사업의 40% 이상을 의미함)이 공익증진을 위한 사업이어야 함
	설립	시·도지사에 설립신고	주사업 소관 중앙행정기관 장의 인가
	배당	이용실적·출자액에 따라 수익배당	수익배당 불가
	세제상 혜택	없음	조세 이외 부과금 면제
	잉여금 적립	잉여금의 10/100 이상 적립	잉여금의 30/100 이상 적립
	행정기관 감독	없음	있음

출처: 협동조합 홈페이지(http://www.coop.go.kr/COOP/state/guildEstablish.do).

(1) 법원

협동조합은 「협동조합 기본법」에 기초하여 금융·보험업을 제외한 모든 분야에서 설립이 가능하다. 「협동조합 기본법」 제정 이전의 협동조합 설립은 「농협협동조합법」, 「수산업협동조합법」 등과 같은 개별법에 의해서 이루어졌는데, 설립 요건이 까다로워 협동조합의 수가 매우 제한적이었다. 그러던 것이 일반법 성격의 「협동조합 기본법」이 제정되면서 협동조합 및 사회적협동조합의 설립 요건이 대폭 수월해짐에 따라 조합을 설립하여 사회복지시설을 설치·운영하거나 사회서비스를 제공하는 등 사회복지사업을 수행할 수 있게 되었다.

〈표 7-11〉 2021년 협동조합 설립 현황

전체	일반협동조합	일반협동 조합연합회	사회적 협동조합	사회적협동 조합연합회	이종협동 조합연합회
21,451	18,064	91	3,284	20	2

〈표 7-12〉 2021년 지역별 일반협동조합 설립 현황

계	서울	부산	대구	인천	광주	대전	울산	세종특별자치시	
18,064	3,914	902	736	498	902	695	312	153	
	경기	강원	충북	충남	전북	전남	경북	경남	제주
	3,221	1,027	566	847	1,255	1,046	888	801	301

〈표 7-13〉 2021년 소관 부서별 관련 사회적협동조합 설립 현황

계	고용 노동부	과학기술 정보 통신부	교육부	국가 보훈처	국민권익 위원회	국토 교통부	금융 위원회	기상청	기획 재정부	소방청
24,481	902	902	695	312	3,221	1,027	566	847	1,255	301
	농림축산 식품부	문화재청	문화체육 관광부	법무부	보건 복지부	산림청	산업통상 자원부	새만금 개발청	여성 가족부	특허청
	1,046	801	301	801	301	801	301	801	801	301
	외교부	중소벤처 기업부	통계청	통일부	해 양 수산부	행정 안전부	환경부	경찰청	농촌진 흥청	
	301	801	301	801	801	301	90	3,914	888	

출처: 협동조합 홈페이지(https://www.coop.go.kr/home/contentsInfo.do?menu_no=2035).

(2) 설립 및 운영 관련 사항

○ 설립요건 및 절차[10)]

- 발기인 모집: 협동조합의 설립을 위해서는 협동조합에 뜻을 같이하고 설립을 주도할 최소 5인 이상의 발기인이 있어야 한다. 발기인은 협동조합의 조합원 자격을 가진 자로서 자연인, 법인 모두 가능하며, 경우에 따라서는 외국인 및 외국법인도 가능하다.
- 정관작성: 다음의 사항을 포함하여 정관을 작성한다.

1. 목적 2. 명칭 및 주된 사무소의 소재지 3. 조합원 및 대리인의 자격 4. 조합원의 가입·탈퇴·제명에 관한 사항 5. 출자 1좌(座)의 금액·납입·방법시기 및 조합원의 출자 한도 6. 조합원의 권리와 의무에 관한 사항 7. 잉여금과 손실금)의 처리에 관한 사항 8. 적립금의 적립방법 및 사용에 관한 사항 9. 사업의 범위 및 회계에 관한 사항 10. 기관 및 임원에 관한 사항 11. 공고의 방법에 관한 사항 12. 해산에 관한 사항 13. 출자금의 양도에 관한 사항 14. 그밖에 총회·이사회의 운영 등에 필요한 사항

- 설립동의자 모집: 발기인은 창립총회 전까지 조합원 자격을 가진 자에게 설립동의서를 받아 설립동의자를 모아야 한다.
- 창립총회: 창립총회를 개최하여 정관, 사업계획, 예산안, 이사장 및 임원·감사 선임 등에 대한 사항을 설립동의자 과반수 출석과 출석자 2/3 이상의 찬성으로 의결한다.
- 설립신고: 발기인이 주된 사무소의 소재지를 관할하는 특별시장·광역시장·특별자치시장·도지사·특별자치도지사에게 설립신고한다. 신고 시에는 협동조

10) 이하 내용은「협동조합기본법」제15조, 제16조, 제20조의 내용을 정리한 것이다.

합 설립신고서에 다음의 서류를 첨부하여 제출해야 한다.

1. 정관 사본
2. 창립총회 개최 공고문
3. 창립총회 의사록 사본
4. 임원이력서와 사진이 포함된 임원 명부
5. 사업계획서
6. 수입·지출 예산서
7. 출자 1좌당 금액과 조합원별 또는 회원별 인수 출자좌수를 적은 서류
8. 발기인 및 창립총회가 열리기 전까지 발기인에게 설립동의서를 제출한 자 또는 협동조합의 명부
9. 합병 또는 분할을 의결한 총회 의사록 사본

- 신고확인증발급: 신고 후, 제출 서류 보완 요구나 설립신고 반려 경우를 제외하고는 협동조합 설립신고서 제출일로부터 20일 이내에 신고확인증이 발급된다. 확인증 발급 후 발기인은 창립총회에서 선출된 이사장에게 지체 없이 사무인계를 해야 한다.
- 출자금 등 납입: 이사장은 사무를 인수 받은 후 조합원이 되려는 자에게 출자금을 납입하게 해야 한다. 조합원이 되려는 자는 1좌 이상 출자해야 하며, 총 출자좌수의 30/100 이내의 범위에서 출자할 수 있다. 출자의 형태는 정관이 정하는 바에 현물 출자도 가능하다.
- 설립등기: 협동조합은 출자금 납입이 끝난 날부터 14일 이내에 주된 사무소 소재지의 등기소에 설립등기를 하면 성립된다. 설립등기신청서에는 다음의 사항이 기재되어야 하며, 설립신고서, 창립총회의사록 및 정관의 사본을 첨부해야 한다.

1. 협동조합의 목적, 명칭 및 주된 사무소의 소재지
2. 설립신고 연월일
3. 출자 총좌수와 납입한 출자금의 총액
4. 임원의 성명·주민등록번호 및 주소

4. 사회적기업

복지혼합의 또 다른 민간주체는 사회적기업이다. 사회적기업(social enterprise)은 최근 우리나라에서 복지혼합의 새로운 주체로 부각되고 있는 사회적경제 주체들 중 하나이다.

〈표 7-14〉 사회적경제 주체 간 특성 비교

구분	사회적기업	(사회적) 협동조합	마을기업	자활기업
주관부처	고용노동부	기획재정부	행정안전부	보건복지부
근거법	「사회적기업육성법」	「협동조합기본법」	행정안전부지침 (마을기업육성사업 시행지침)	「국민기초생활보장법」
설립요건 (조직형태)	법인 또는 비영리민간단체	5인 이상	지역주민 5인 이상이 출자한 법인	2인 이상의 수급자 또는 차상위자로 구성된, 사업자등록을 마친 사업자(수급자 1/3 이상)
사업목표	취약계층을 위한 사회서비스 제공, 일자리 제공, 지역사회공헌	조합원 권익증진. 지역사회 공헌	마을단위 일자리 창출, 지역공동체 활성화	기초생활수급자 일자리 창출 및 탈빈곤 유도
사업내용	사회적목적 실현	금융 및 보험업 제외 모든 사업	지역의 인적·물적 자원 활용하는 사업	5대 전국표준화 사업 중심(간병, 집수리, 청소, 폐자원재활용, 음식물재활용)

출처: 기획재정부, 고용노동부, 보건복지부 및 행정안전부 홈페이지.

사회적기업을 이해하기 위해서는 먼저 사회적경제(social economy)에 대한 이해가 필요하다. 시장경제(market economy)가 경제적 이윤을 최고의 가치로 여기고 이윤 극대화를 목적으로 행해지는 경제 활동이라면, 사회적경제는 사람의 가치를 우위에

두고[11] 사회적 목적을 이루기 위해 행해지는 경제 활동이라고 정의할 수 있다.[12]

우리나라는 사회적경제가 2006년에 즈음하여 정부 주도하에 본격적으로 소개되고 육성되기 시작했지만, 유럽은 이미 1800년대부터 시장 경제에 대한 대안으로서 사회적경제 주체들이 자생적으로 발달해 왔다. 사회적경제의 초기 등장 원인은 시장 실패이지만, 최근의 사회적경제는 유럽에서도 시장 실패와 정부 실패 모두에 대한 대안으로 등장했다고 보는 것이 더 타당하다.[13]

1970년대 유럽은 실업급여, 각종 보조금 등으로 인한 폭발적 정부 지출 증가와 지속적인 사회서비스 확대로 인한 재정 위기를 경험하게 되면서 복지에 대한 국가 중심의 역할에 대해서 의문이 제기되기 시작했다. 많은 유럽 국가가 실업보조금 제도를 재편하고 사회서비스 공급 확대를 막거나 속도를 늦춤으로써 재정위기에 대응했다.

그러나 정부 대응에도 불구하고 재정위기가 쉽게 극복되지 않자 유럽 국가들은 기존 사회서비스의 제공구조에 관심을 기울이면서 복지제도 개혁을 시도했다. 예를 들면, 사회서비스 제공의 민간화 정책은 이러한 개혁 중 하나로 꼽을 수 있는데, 전적으로 국가 재원에 의해 이루어지던 서비스를 다양한 민간주체가 공급·운영하게 함으로써 재정을 포함한 전반적인 책임을 분산시켰다. 유럽의 사회적경제는, 물론 그 출발 시점은 훨씬 이전이지만, 이러한 과정 속에서 복지혼합의 새로운 주체로서 발달해 왔다.

---

11) GSEF2014(http://www.gsef2014.org/?act=sm1&lang=ko).

12) 사회적경제에서 '사회적'이라는 말의 의미는 아마도 칼 폴라니가 Polanyi, K. (1944). *The Great Transformation: the political and economic origins of our time*. Beacon에서 했던 "경제는 사회적 맥락에서 통제되어야 한다." "사람은 경제적 이익만을 위해 움직이는 것이 아니다." "경제 활동은 경제적 이익만이 아니라 사회적 목적을 이루기 위한 수단일 수 있다." 등의 말로 가장 적절히 표현될 수 있을 것이다. 사회적경제에 관한 자세한 논의는 정관영(2013). 이제는 사회적경제다. 공동체를, 사회적경제의 경제적 측면과 사회적 측면에 관한 논의는 OECD 홈페이지를 참조하기 바란다.

13) 저자는 국내 연구자 중 다수가 그들의 저서나 학술논문 등에서 사회적경제의 등장 원인을 시장 실패로만 한정하여 말하는 경향이 있다고 생각한다. 그리고 그러한 경향과 정부가 2000년대 초반에 "사회적경제를 정부가 나서서 육성할 수 있다."는 어리석은 판단을 내린 것이 결코 무관하지 않다고 본다.

글상자 7-3 유럽의회의 사회적경제에 대한 합의문

유럽의회의 사회적경제 합의

① 유럽 경제에서 사회적경제는 사람을 우선에 놓는 민주적 가치를 가진 경제의 하나로 지속 가능한 발전과 사회적·환경적·기술적 혁신을 지원하면서 다음과 같은 중요한 역할을 한다. 수익성과 연대의 조화를 이루고, 양질의 일자리를 창출하고, 사회적·경제적·지역적 결합을 강화하고, 사회적 자본을 생산하고, 시민의 활동을 촉진한다.

② 사회적경제는 산업민주주의와 경제민주주의를 강화하는 데 상징적으로나 실질적으로 모두 중요하다.

③ 사회적경제가 잠재력을 최대한 발휘하여 발전할 수 있으려면 사회적경제 관련 기관의 특수성과 풍부한 다양성을 인정하면서 적절한 정치적, 입법적, 경영적 조건을 마련해야 한다.

④ 사회적경제 기업은 일반 기업처럼 똑같은 경쟁의 규칙을 적용받아서는 안 된다. 사회적경제 기업이 일반 기업과 동등한 경쟁을 하기 위해서는 그들의 특수한 가치를 인정하는 가운데 법적 보호를 받아야 한다.

출처: 정태인, 이수연(2013). 정태인의 협동의 경제학. 서울: (주)레디앙미디어.

우리나라는 외환위기 이후 공공근로, 자활 등 정부재정지원에 의한 일자리가 확대되었으나, 안정적인 일자리로 연결되지 못함에 따라 정부재정지원의 효과성과 관련한 논란이 지속적으로 제기되었다. 그러던 중 2000년대 들어와서는 고용없는 성장의 구조화, 사회서비스 수요의 증가 등의 현상이 나타나게 되자 유럽의 사회적기업 제도 도입과 관련한 논의가 일기 시작했으며, 일자리 창출과 양질의 사회서비스 제공이라는 두 마리 토끼를 잡기 위한 방안으로서 비영리법인·단체 등 제3섹터 육성 필요성이 구체적으로 논의되기 시작했다.[14)]

우리나라의 사회적경제 주체는 이러한 배경하에서 2000년대 초반 정부 주도하에 소

14) 물론 이러한 두 가지 목적 가운데 전자가 훨씬 더 중요했다. 우리나라는 'the Great Doubling' 혹은 'the Great Convergence'로 표현되는 1990년대 초반의 세계 노동시장의 급격한 변화 이후 제조업의 경쟁력이 약화되면서 제조업 분야에서의 일자리 창출을 기대하기기 사실상 어려워졌다. 경제규모 자체는 증가하지만 다른 경제 선진국들과 마찬가지로 일자리는 줄어드는 '고용 없는 성장'의 시대를 맞게 된 것이다. 이러한 신사회적 위험하에서 일자리 창출은 1990년대 말부터 오늘날까지 보수 · 진보를 떠나서 모든 정부의 최대 고민거리였으며, 앞으로도 그럴 것이라 예상된다.

개되고 육성되기 시작했다.[15] 문제는 사회적경제가 복지혼합의 주체로 자생·발전한 것이 아니라 정부가 재정지원을 통해 사회적경제를 육성했다는 것이다.[16] 왜냐하면 그 만큼 일자리창출이 시급했기 때문이다. 그 결과, 사회적경제가 소개된 지 11년이 지난 오늘날까지 우리나라의 사회적경제 주체들로부터는 시장 실패와 정부 실패는 차치하고 비영리법인 실패, 즉 1970년대 후반부터 오늘날까지 40여 년 동안 정부 보조금으로 인해 매너리즘에 빠지거나 법인의 존재 그 자체가 목적이 되어 버린 비영리법인에 대한 대안으로서의 역할조차도 기대하기 어려운 상황이 벌어지고 있다. 그럼에도 불구하고 우리나라 사회적경제의 역사가 일천하다는 사실을 고려하면 복지혼합 주체로서의 사회적경제 주체들의 역할에 관해서는 좀 더 시간을 갖고 지켜볼 필요가 있다.

사회적기업은 이러한 사회적경제 주체 중 하나로서 경제적 이익과 사회적 목적을 동시에 추구하는 기업이라고 할 수 있다. 사회적기업은 이러한 역할을 통해서 복지혼합의 한 주체로서의 역할을 담당하고 있으며 향후 그 역할이 커질 것으로 예상된다.

글상자 7-4 「사회적기업 육성법」 제2조

제2조(정의)

1. "사회적기업"이란 취약계층에게 사회서비스 또는 일자리를 제공하거나 지역사회에 공헌함으로써 지역주민의 삶의 질을 높이는 등의 사회적 목적을 추구하면서 재화 및 서비스의 생산 · 판매 등 영업활동을 하는 기업으로서 제7조에 따라 인증받은 자를 말한다.
2. "취약계층"이란 자신에게 필요한 사회서비스를 시장가격으로 구매하는 데에 어려움이 있거나 노동시장의 통상적인 조건에서 취업이 특히 곤란한 계층을 말하며, 그 구체적인 기준은 대통령령으로 정한다.
3. "사회서비스"란 교육, 보건, 사회복지, 환경 및 문화 분야의 서비스, 그 밖에 이에 준하는 서비스로서 대통령령으로 정하는 분야의 서비스를 말한다.

---

15) 이러한 저자의 생각과 유사한 생각은 Jang, J(2017). The Development of Social Economy in South Korea: Focusing on the Role of State and Civil Society. *Voluntas*, *28*(6)에서도 찾아볼 수 있다.

16) 이러한 '하지 말았어야 하는 일'을 하기 위해서 사회적경제 주관 부서인 기획재정부는 유럽의 역사 깊은 사회적경제 주체들을 방문하였다. 기획재정부 관료들이 던진 "사회적경제 주체를 육성하기 위해 정부가 무엇을 해야 하는가?"라는 질문에 대해 유럽의 사회적경제 주체들이 준 답은 "정부는 아무 일도 하지 말아야 한다."라는 것이었다. 이러한 답에도 불구하고 정부는 재정지원을 통해 육성하는 정책을 추진했다. 자생력 없는 사회적경제 주체들이 양산된 오늘날의 현실은 결코 우연히 발생한 것이 아니다.

사회적기업은 목적에 따라 〈표 7-15〉와 같이 다섯가지 유형으로 나뉜다. 2021년 12월 기준 정부로부터 인증을 받은 사회적기업의 수는 총 3,215개이다(〈표 7-16〉 참조).

〈표 7-15〉 사회적기업의 유형별 목적 및 특성

유형	목적 및 특성
일자리제공형	취약계층에게 일자리를 제공
사회서비스제공형	취약계층에게 사회서비스를 제공
지역사회공헌형	조직의 주된 목적이 지역사회 공헌
혼합형	취약계층 일자리 제공과 사회서비스 제공이 혼합
창의·혁신형	사회적 목적의 실현 여부를 계량화하여 판단하기 곤란한 경우

〈표 7-16〉 2021년 기준 지역별 사회적기업 현황

총계	서울	인천	대전	대구	광주	울산	부산	세종	경기
	565	202	92	118	136	110	152	23	561
3,215	강원	충남	충북	전남	전북	경남	경북	제주	
	182	126	135	172	183	158	217	83	

출처: 한국사회적기업진흥원(https://www.socialenterprise.or.kr/social/ente/company.do?m_cd=D003). 사회적기업 현황.

1) 법원

사회적기업은「사회적기업 육성법」에 규정된 인증 기업이다.「사회적기업 육성법」은 사회적기업의 설립·운영을 지원하고 사회적기업을 육성하기 위해 2007년 7월에 제정된 법이다. 사회적기업은 취약계층에게 사회서비스 또는 일자리를 제공하거나 지역사회에 공헌함으로써 지역주민의 삶의 질을 높이는 등의 사회적 목적을 추구하면서 재화 및 서비스의 생산, 판매 등 영업활동을 하는 기업으로 사회적기업 인증을 받은 자를 말한다(「사회적기업 육성법」 제2조).

국가와 지방자치단체는「사회적기업 육성법」에 따라 사회적기업에 대한 지원대책을 수립하고 필요한 시책을 종합적으로 추진해야 한다.

〈표 7-17〉 국가와 지방자치단체의 사회적기업 지원 내용

국가 (고용노동부)	• 사회적기업 주관부서는 고용노동부이며 이를 위해 한국사회적기업진흥원을 두고 있음 • 고용노동부장관은 사회적기업을 육성하고 체계적으로 지원하기 위해 「고용정책 기본법」 제10조에 따른 고용정책심의회의 심의를 거쳐 사회적기업육성 기본계획을 5년마다 수립하고 기본계획에 따른 연도별 시행계획을 매년 수립·시행해야 함[17]
지방자치단체	• 지방자치단체는 지역별 특성에 맞는 사회적기업 지원시책을 수립·시행하여야 함 • 특별시장·광역시장·도지사 및 특별자치도지사는 관할 구역의 사회적기업을 육성하고 체계적으로 지원하기 위하여 시·도별 사회적기업 지원계획을 수립하고 시행하여야 함 • 지방자치단체의 지원계획은 고용노동부의 기본계획과 연계되어야 하며 시·도지사는 수립된 지원계획을 고용노동부장관에게 제출해야 함

출처: 「사회적기업 육성법」; 고용노동부(2022). 2022 사회적기업 인증 업무지침.

사회적적기업과 사회적협동조합은 사회적 목적을 추구하고 공익적 성격이 강하다는 공통점이 있다. 그러나 사회적협동조합은 그 자체가 새로운 형태의 비영리법인인데 비해 사회적기업은 기존 영리법인 또는 비영리법인이 다음의 요건을 모두 갖춘 다음 고용노동부에 신청하여 인증을 받는 인증 제도이다. 따라서 앞서 살펴본 협동조합이나 사회적협동조합도 사회적기업의 인증을 받을 수 있다.

2) 사회적기업 인증요건

사회적기업을 운영하려는 자는 인증 요건을 갖추어 고용노동부장관의 인증을 받아야 한다.(「사회적기업 육성법」 제7조). 사회적기업 인증의 방법 및 절차에 관하여 필요한 사항은 고용노동부령으로 정하고 사회적기업 인증 심사기준은 고용노동부장관이 고시한다. 사회적기업 인증을 받기 위해서는 기본적인 요건을 갖춰야 한다.

17) 기본계획에는 다음의 사항이 포함되어야 한다: 1. 사회적기업에 대한 지원의 추진방향, 2. 사회적기업의 활성화를 위한 여건조성에 관한 사항, 3. 사회적기업의 운영 지원에 관한 사항, 4. 그 밖에 사회적기업의 육성 및 지원을 위하여 대통령령으로 정하는 사항

글상자 7-5 사회적기업 인증 요건

1. 「민법」에 따른 법인·조합, 「상법」에 따른 회사·합자조합, 특별법에 따라 설립된 법인 또는 비영리 민간단체 등 대통령령으로 정하는 조직 형태를 갖출 것
2. 유급근로자를 고용하여 재화와 서비스의 생산·판매 등 영업활동을 할 것
3. 취약계층에게 사회서비스 또는 일자리를 제공하거나 지역사회에 공헌함으로써 지역주민의 삶의 질을 높이는 등 사회적 목적의 실현을 조직의 주된 목적으로 할 것. 이 경우 그 구체적인 판단기준은 대통령령으로 정한다.
4. 서비스 수혜자, 근로자 등 이해관계자가 참여하는 의사결정 구조를 갖출 것
5. 영업활동을 통하여 얻는 수입이 대통령령으로 정하는 기준 이상일 것
6. 정관이나 규약 등을 갖출 것
7. 회계연도별로 배분 가능한 이윤이 발생한 경우에는 이윤의 3분의 2 이상을 사회적 목적을 위하여 사용할 것(「상법」에 따른 회사·합자조합인 경우만 해당한다).
8. 그 밖에 운영기준에 관하여 대통령령으로 정하는 사항을 갖출 것

출처: 한국사회적기업진흥원(2021). 2022 사회적기업 인증 업무지침.

사회적기업의 인증을 받으면 '사회적기업'이라는 명칭을 사용할 수 있으며, 〈표 7-18〉과 같은 혜택을 받는다(「사회적기업육성법」 제10조~제16조).

〈표 7-18〉 사회적기업을 위한 지원의 종류 및 내용

지원 종류	지원 내용
경영지원	고용노동부장관은 사회적기업의 설립 및 운영에 필요한 경영·기술·세무·노무(勞務)·회계 등의 분야에 대한 전문적인 자문 및 정보 제공 등 지원을 할 수 있음
교육훈련지원	고용노동부장관은 사회적기업의 설립·운영에 필요한 전문인력의 육성, 사회적기업 근로자의 능력향상을 위하여 교육훈련을 실시할 수 있음
시설비지원	국가 및 지방자치단체는 사회적기업의 설립 또는 운영에 필요한 부지구입비·시설비 등을 지원·융자하거나 국유·공유 재산 및 물품을 대부하거나 사용하게 할 수 있음
우선구매	「중소기업제품 구매촉진 및 판로지원에 관한 법률」 제2조2호에 따른 공공기관의 장은 사회적기업이 생산하는 재화나 서비스의 우선 구매를 촉진하여야 함

조세감면 및 사회보험료 지원	국가나 지방자치단체는 국세와 지방세를 감면할 수 있음(법인세와 소득세 50% 감면. 사회적기업이 새로 창출한 일자리에 대해서는 근로자 최대 30명까지 최저임금수준의 인건비와 고용보험, 산재보험, 건강보험, 국민연금 보험료를 연차별로 1년차 90%, 2년차 80%, 3년차 70%까지 지원. 총 5년간 지원(예비 2년+인증 3년)
재정지원	고용노동부장관은 사회서비스를 제공하는 사회적기업에 대하여 예산의 범위에서 공개모집 및 심사를 통하여 사회적기업의 운영에 필요한 인건비, 운영경비, 자문비용 등의 재정적인 지원을 할 수 있음
연계기업지원	사회적기업에 기부한 연계기업, 법인, 개인에 대해서 국세와 지방세를 감면할 수 있음(소득세 및 법인세의 감면, 최저한세율의 적용, 지정기부금에 대한 조세 감면 등이 포함됨)

출처:「사회적기업육성법」; 한국사회적기업진흥원(2021). 2022 사회적기업 인증 업무지침.

일반적으로 사회적기업 인증을 받고자 하는 기업은 먼저 예비사회적기업 단계를 거친다. 예비사회적기업은 사회적기업의 이전 단계로서 사회적기업이 추구하는 사회적 목적을 실현하면서 기업활동을 하지만 사회적기업 인증요건을 다 갖추지 못한 기업을 육성하고 지원할 수 있도록 지정하는 제도이다. 그러나 예비사회적기업 단계를 거쳐야만 사회적기업 인증을 받을 수 있는 것은 아니다. 예비사회적기업은 지정주체에 따라 〈표 7-19〉와 같이 두 종류로 나뉜다.

〈표 7-19〉 지역형 예비사회적기업과 부처형 예비사회적기업 특성 비교

지역형 예비사회적기업	부처형 예비사회적기업
• 사회적 목적 실현, 영업활동을 통한 수익창출 등 사회적기업으로서의 실체를 갖추고 있으나 수익구조 등 일부 요건을 충족하지 못하고 있는 기업을 사회적기업을 육성하기 위하여 지방자치단체장이 지정한 기업 • 지방자치단체장이 사회적기업육성에 관한 조례 등 관련 규정의 제·개정을 통해 추진함 • 지역 특성을 반영한 사업 육성 목적	• 사회적 목적 실현, 영업활동을 통한 수익창출 등 사회적기업 인증을 위한 최소한의 요건을 갖추고 있는 기업 중 중앙행정기관의 장이 지정하여 장차 요건을 보완하는 등 사회적기업 인정을 목적으로 하는 기업 • 부처별 지침을 수립하여 추진함 • 부처형 예비사회적기업 중 우수기업은 중앙행정기관장의 명의로 사회적기업 인증을 추천함 • 부처 소관분야별로 특화된 사업 육성 목적

출처: 한국사회적기업진흥원(2021). 2022 사회적기업 인증 업무지침.

2022년 기준 중앙행정기관 중 10개 기관(산림청, 통일부, 국토교통부, 환경부, 보건복지부, 문화재청, 농림축산식품부, 여성가족부, 문화체육관광부, 고용노동부)이 예비사회적기업 지정제를 도입하여 운영하고 있다. 지역형 예비사회적기업은 부처형 예비사회적기업으로 중복지정이 가능하지만 부처형은 중복 지정이 불가능하다.

〈표 7-20〉 사회적기업과 예비사회적기업 비교

구분	사회적기업	예비사회적기업
주관	고용노동부장관 인증	광역자치단체장, 중앙부처장 지정
요건	① 조직형태 ② 유급근로자를 고용하여 영업활동 수행 (6개월 이상) ③ 사회적 목적 실현 ④ 이해관계자가 참여하는 의사결정구조 ⑤ 영업활동을 통한 수입 ⑥ 정관 및 규약 구비 ⑦ 이윤의 2/3 이상 사회적 목적 투자	① 조직형태 ② 유급근로자를 고용하여 영업활동 수행 (3개월 이상) ③ 사회적 목적 실현 ④ - ⑤ - ⑥ 「상법」상 회사 등의 경우 정관 및 규약 구비 ⑦ 이윤의 2/3 이상 사회적 목적 투자
신청	상시접수(한국사회적기업진흥원)	위의 주관별 연중 1~2차 일정공고
지원기간	최대 3년	최대 2년

출처: 한국사회적기업진흥원(2021). 2022 사회적기업 인증 업무지침.

5. 민간기업 사회공헌

최근 들어 민간기업들이[18] 기업의 윤리적 책임성과 자선적 책임성에 대한 사회의 요구에 부응하기 위해 사회공헌 활동에 점점 더 많은 관심을 보이고 있다. 민간기업의 사회공헌 활동은 재정적 지원과 비재정적 지원 등 기업의 다양한 자산과 핵심 역량을 사회에 투자하여 사회적 가치를 창출하고 지역사회의 역량을 강화하는 동시에 지속가능한 발전을 도모하는 사회 참여 및 투자활동을 말한다.[19] 기업의 사회공헌

18) 민간기업은 「상법」상의 주식회사를 말한다.

19) 사회공헌정보센터(http://futurechosun.com/archives/31528).

활동은 기업의 이미지 제고와 시장성 확보에 도움이 되기 때문에 기업의 사회공헌 활동은 앞으로 그 범위와 수준이 더 확대될 것으로 예상된다.

민간기업은 이러한 사회공헌 활동을 통해서 복지혼합의 주체로서의 역할을 담당하고 있다. 기업의 사회공헌 활동은 국가나 지방자치단체의 노력과 효과적으로 연계될 경우 정부나 지방자치단체의 복지 주체로서의 역할을 보완할 수 있다. 기업의 사회공헌은 국가나 지방자치단체가 충족시키기 어려운 특수성(지역적 및 대상적)을 가진 복지 욕구를 충족시키거나 정부나 지방자치단체 사업이 닿지 않는 사각지대를 찾아 지원할 수 있는 효과적인 정책수단으로 활용될 수 있다.

특히 이번 행정부가 추진하고자 하는 (복지)분권화는 민간기업의 복지혼합 주체로서의 역할 확대를 위한 획기적인 전환점이 될 수 있는 가능성이 높다. 지방자치단체별로 해당 지역사회가 재량적으로 활용할 수 있는 안정적인 민간 복지재원을 확보할 수 있다면 지방자치단체 차원의 지역사회보장은 지금보다 지역의 특성과 수요를 훨씬 더 잘 반영한 지역맞춤형 지역사회보장으로 발돋움할 수 있을 것이기 때문이다. 이러한 이유에서 지방자치단체 차원의 거시사회복지실천에 있어서 민간기업 사회공헌이 갖는 중요성은 매우 높다고 하겠다.

1) 기업 사회공헌[20)]

민간기업의 사회공헌은 기업이 직접 사회공헌을 하는 경우와 기업이 설립한 재단이 사회공헌을 하는 경우로 나누어지는데, 일반적으로 전자를 기업 사회공헌이라고 하고 후자를 기업재단 사회공헌이라고 한다.

먼저, 기업 사회공헌을 살펴보면 지난 2015년 기준 우리나라의 매출 상위 500대 기업 중 255개 기업이 한 해 동안 약 2조 9020억 원을 사회공헌으로 지출하였다. 이는 액수는 이들 기업의 총 매출액의 0.19%에 해당하는 규모이다.

다음으로, 기업 사회공헌 분야별 지출규모를 살펴보면 7개 지원 분야 중 취약계층

20) 이하의 내용은 전국경제인연합회(2016). 2016년 주요 기업·기업재단 사회공헌백서, pp. 1-4의 내용을 요약한 것이다.

을 위한 지원에 총 비용의 33.5%를 지출하여 취약계층지원이 가장 우선시되는 지원 분야임을 알 수 있다.

〈표 7-21〉 기업 사회공헌 분야별 지출 비율 (단위: %)

취약계층지원	교육 · 학교 · 학술	문화예술 · 체육	해외 지원	환경 보전	의료 보건	기타
33.5	17.5	16.4	3.7	1.3	1.6	26.0

출처: 전국경제인연합회(2016).

또한 기업 스스로가 사회공헌을 하는 기업들은 전국단위 사업보다는 사업장 소재지 또는 특정 지역을 기반으로 한 지역밀착형 프로그램을 통한 사회공헌을 더 선호하며, 사업을 추진하는 방식은 사회공헌 사업을 단독 혹은 직접 추진하는 것보다는 절반 이상의 사업을 NPO, 정부 또는 지방자치단체를 통해 추진함으로써 파트너십 방식의 사업추진을 선호하는 것으로 나타났다.

〈표 7-22〉 기업 사회공헌 유형

전국단위형	지역사회형	글로벌형
34.9	57.2	7.9

출처: 전국경제인연합회(2016).

〈표 7-23〉 기업 사회공헌 사업추진 유형

단독추진	NPO	정부 · 지자체	자사출연재단	기타
28.4	31.7	21.6	6.7	11.6

출처: 전국경제인연합회(2016).

2) 기업재단 사회공헌

기업재단 사회공헌은 2015년 기준 총 86개 기업재단 중 62개 재단이 사회공헌을 위해 3조 3,903억 원을 지출했으며, 가장 큰 비중을 차지한 분야는 의료보건 분야였다.

〈표 7-24〉 기업재단 사회공헌 분야별 지출 비율

(단위: %)

의료보건	교육·학교·학술	문화·체육·예술	취약계층 지원	환경보전	호국보훈	해외지원	응급재난 구호	기타
90.5	2.9	2.4	2.2	0.4	0	0	0	1.6

출처: 전국경제인연합회(2016).

이들 62개 기업재단의 자산 규모별 현황은 〈표 7-25〉와 같다.[21)]

〈표 7-25〉 사회공헌 참여 기업재단의 자산규모별 분포

자산 규모	재단 수	비율(%)	자산 규모	재단 수	비율(%)
1조 이상	2	3.2	250억-500억	12	19.4
1,000억 이상	7	11.3	100억-250억	16	25.8
500-1,000억	9	14.5	100억 이하	16	25.8

출처: 전국경제인연합회(2016).

21) 2015년 기준, 사업비 집행액 상위 10개 재단은 아산사회복지재단, 삼성생명공익재단, 삼성문화재단, LG연암문화재단, CJ나눔재단, LG상록재단, SK행복나눔재단, 생명보험사회공헌재단, 삼성복지재단, 두산연강재단이다.

제8장

재정

1. 재정
2. 재정 방식
3. 중앙정부예산
4. 지방자치단체재정

제8장

재정

국민의 사회보장 욕구를 충족시키기 위해 정부와 지방자치단체가 필요한 정책을 수립하고, 정책 실행에 필요한 법적 근거를 마련한 다음, 사회보장사업 수행체계 내의 다양한 주체들로 하여금 각자의 역할을 수행하게 할 준비가 되었다면, 그 다음으로 필요한 것은 재정이다. 재정이란 정책을 실현하는 데 필요한 자금을 마련하고 계획에 따라 지출하는 것이다. 재정과 관련된 거시사회복지실천의 핵심 과제를 한마디로 표현하면, "필요한 자금을 어떻게 마련하고 어떤 기준에 따라 어떻게 사용할 것인가?"라고 할 수 있다.

이 질문에 대한 답을 찾는 것은 매우 중요하지만, 이 질문에 답할 수 있으려면 이제까지 우리가 이 책을 통해 이해한 내용과 더불어서 거시경제 지식을 기반으로 하는 재정에 관한 깊이 있는 지식이 추가로 필요하다.[1] 이 책에서는 재정을 이해하는

1) 예를 들면, 정의론, 거시경제학 지식을 바탕으로 한 재정학 및 사회보장제도에 관한 이해가 필요하다. 재정은 분배적 특성(자원분배, 소득분배, 임금과 소득, 완전고용)과 더불어 화폐경제적 특성도 가지고 있다. 오늘날의 세계경제 속에서 재정을 자원분배, 소득분배, 임금과 소득, 완전고용의 문제로만 보고 국제무역과 해외수지, 화폐와 신용에 관한 문제들과 분리하여 보는 것은 사실상 불가능하다. 한 국가의 사회보장이 자국 내 분배 정책에 의해서만 결정되는 시대 또한 끝났다고 해도 과언이 아니다. 거시사회복지실천에 이러한 지식이 필수적인

데 필요한 기초 지식과 예산 및 예산 과정에 대한 이해에만 초점을 맞추기로 하고, 재정에 관한 심도 있는 논의는『거시사회사회복지실천 심화편』에서 하기로 하겠다. 이 장의 내용은 주로「국가재정법」,「지방재정법」,「국가회계법」 등의 법률과 국회예산정책처 홈페이지, 기획재정부 열린재정 등에 소개된 자료를 요약·정리·재구성한 것이므로 이들 자료를 참고하기 바란다.

1. 재정

재정(finance)이란 어떤 일을 하는 데 필요한 재력을 마련하고 유지하고 관리하고 사용하는 경제활동을 말한다. 국가(특히 복지국가)는 국민의 삶의 질을 유지·증진시키기 위해 사회보장을 포함한 다양한 사업을 수행해야 한다. 그러한 사업을 수행하기 위해 국가는 당연히 개인이나 기업과 마찬가지로 재력을 필요로 한다. 국가가 필요한 재력을 얻기 위해 수입을 마련하고 관리하고 지출하는 활동을 국가재정(public finance)이라고 한다.

종종 국가재정과 예산(budget)이 동일한 의미로 사용되는 경우가 있다. 물론 두 개념 사이에 공통되는 부분이 상당히 있기는 하지만, 재정과 예산은 엄밀히 말해서 다른 것이다. 앞서 언급한 바와 같이, 재정은 어떤 주체가 필요한 재원을 마련하고 지출하는 모든 경제활동을 말하는 것이고, 예산은 해당 주체가 행하는 재정의 한 형태이다. 즉, 재정이 예산을 포함하는 더 포괄적인 개념이다.[2)]

국가재정의 주체는 용어 자체가 말해 주듯이 국가, 즉 중앙정부와 지방자치단체이다.[3)] 국가가 재정할 수 있는 권한과 능력을 재정권이라 한다. 국가가 재정이라는 경제활동을 하기 위해서는 당연히 법적 근거가 필요하다. 국가와 지방자치단체가 재정

이유는 바로 이 때문이다.

2) 이에 관해서는 이 장의 뒷부분에서 자세하게 논하기로 하겠다.

3) 물론 국가재정에는 중앙정부와 지방자치단체뿐만 아니라 공공기관의 재정도 포함된다. 공공기관도 각각 자체 수입이 있고 중앙정부가 제공하지 않는 공공서비스를 제공하기 위해 자금을 지출하기 때문이다. 그러나 이 책에서는 국가재정 주체를 중앙정부와 지방자치단체로만 한정하기로 하겠다.

할 수 있는 법원으로는 다음과 같은 법 등이 있다.

•「헌법」	「국가재정법」	「국가회계법」
•「정부기업예산법」	「지방재정법」	「기금관리기본법」

재정은 주체, 수단 또는 방식 및 재정활동의 성격에 따라 다음과 같이 구분할 수 있다.

주체에 따른 구분	수단 또는 방식에 따른 구분	재정활동의 성격에 따른 구분
중앙정부재정, 지방(자치단체)재정	예산, 기금, 세입세출외 자금	수입활동, 지출활동

2. 재정 방식

국가의 재정은 예산, 기금 그리고 세입세출외 자금이라는 세 가지 수단 또는 방식(이하 방식)으로 이루어진다.[4] 재정에 대한 이해는 이 세 가지 재정 방식 각각을 이해하는 것에서부터 출발하는 것이 바람직한 것 같다.

4) 국가 간 재정 규모를 비교하기 위해서는 국가 간 재정의 범위를 통일할 필요가 있다. 현재 대부분의 OECD 국가들은 국제통화기금(IMF)이 마련한 재정통계지침에 따라 통합재정을 운영하고 있는데, 우리나라는 1979년부터 통합재정을 편성하고 있다. 현행 통합재정에는 중앙정부, 지방자치단체 및 비금융 공기업의 재정은 포함되지만, 비영리 공공기관과 한국은행 등의 공공금융기관은 제외된다. 비영리 공공기관이 제외되는 이유는 현행 통합재정이 회계 단위를 기준으로 편성되는데 비영리공공기관은 회계·기금 주체가 아니기 때문이다. 공공금융기관은 그들의 활동이 재정활동(financial activity)이 아니라 통화(금융)활동(monetary activity)이기 때문에 제외된다. 통화활동이란 금리 조절 및 통화 관리 활동을 말하는 것으로서 재력을 마련하고 사용하는 재정과는 다른 것이다. 일반적으로 재정활동은 정부가, 통화활동은 해당 국가의 중앙은행이 담당한다. 통합재정에 관한 자세한 내용은 윤영진(2010). 새 재무행정학. 대영문화사를 참조하기 바란다.

1) 예산

(1) 예산 개념

예산(government budget)이란 국가나 지방자치단체가 회계연도라고 하는 일정 기간 내에 동원할 수입과 지출할 경비의 규모 및 내역을 그 내용으로 하는 예정적 계획 또는 계획서라고 정의할 수 있다. 예산이 사전에 예상되는 수입과 지출의 예정적 계획이므로 예산은 사후에 그 수입과 지출을 집계하는 결산과 구분하는 것이 타당하다. 그러나 일반적으로 우리가 예산이라고 할 때는 예산과 결산 모두를 일컫는 것으로 이해하는 것이 바람직하다.

예산은 회계연도 내의 세입과 세출에 관한 예정적 계획임과 동시에 국가나 지방자치단체가 수행하려는 정책 및 사업에 관한 계획이기도 하다. 그렇기 때문에 예산은 세입과 세출의 내역뿐만 아니라 국가가 일정 기간 동안 펼칠 사회보장과 관련된 정책 및 사업의 종류, 내용, 규모 등에 관한 정보를 제공해 준다. 그렇기 때문에 사회보장에 관한 국가 정책 전체를 이해하는 폭넓은 시각을 갖고자 하는 거시사회복지실천가에 있어서 예산에 대한 이해는 필수적이다.

예산은 1회계연도(one fiscal year)라는 일정 기간에 대해서만 효력을 갖는다. 이 말은 특정 회계연도 t의 모든 지출은 t 기간 내에 발생한 수입인 세입으로만 이루어져야 하며, t 기간 내의 세입은 t 기간 내에 모두 지출되어야 한다는 것을 의미한다. 이 원칙을 가리켜 회계연도 독립의 원칙이라고 한다(「국가재정법」 제3조). 우리나라의 회계연도는 정부와 지방자치단체 모두 당해 1월 1일에 시작해서 12월 31일에 종료하는 1년을 그 기간으로 정하고 있다.[5)]

우리나라는 국가 예산의 내용을 행정부가 정한다. 예산의 내용을 정하는 것을 예산편성이라 하고, 예산을 편성할 수 있는 권한을 예산편성권이라 한다. 행정부는 또

---

5) 모든 국가의 회계연도가 1월 1일부터 12월 31일까지인 것은 아니다. 우리나라, 프랑스, 독일, 스페인, 중국 등은 회계연도가 1월 1일부터 12월 31일까지이지만, 미국 연방정부 회계연도는 당해 10월 1일부터 다음 해 9월 30일까지이다. 또한 캐나다, 영국, 일본 등은 당해 4월 1일부터 다음해 3월 31일까지, 호주, 뉴질랜드 등은 당해 7월 1일부터 다음 해 6월 30일까지를 회계연도로 정하고 있다.

글상자 8-1 예산 개념

- 정부가 1회계연도 동안 나라의 살림을 꾸려 가는 데 필요한 모든 세입과 쓰게 될 모든 세출을 사전에 화폐로 표현한 것
- 국가나 지방자치단체가 1회계연도 내에 조성하여 쓸 수 있는 공공재원
- 정부의 회계연도 내의 세입과 세출에 관한 예정적 계획
- 정부가 수행하려는 정책 및 사업에 관한 계획

한 예산을 집행하는 권한인 예산집행권도 가지고 있다. 그러나 예산은 행정부가 단독으로 결정할 수 있는 것은 아니며 의회의 승인이 있어야만 예산으로서의 효력을 갖게 된다. 의회는 행정부가 편성한 예산안을 심의·확정하는 권한인 예산심의확정권과 행정부가 집행한 예산에 대한 결산승인권을 가지고 있다.

예산과 관련하여 이처럼 행정부와 입법부 간에 권한을 분리하는 것은 예산에 대해서도 견제와 균형의 원리를 적용함으로써 법적 책임 한계를 명확히 하고 예산과 관련된 권력이 한 기관에 집중되는 것을 방지하기 위해 필요한 조치이다. 그러나 우리나라의 경우 행정부가 편성한 예산에 대한 의회의 심의·의결·확정은 말 그대로 심의·의결·확정일 뿐 미국이나 영국처럼 예산의 세출부분을 법률로 의결하는 것은 아니다.

예산을 법률로 의결하여 법적 효력을 갖게 하는 것을 예산법률주의라고 한다. 우리나라는 예산법률주의를 따르지 않기 때문에 의회의 재정에 대한 통제권이 약한 반면 예산의 내용을 정하는 데 주도권을 가진 행정부, 즉 기획재정부의 힘이 강하게 작용한다. 실제로 행정부가 편성한 예산안에 대해서 의회가 심의·의결·확정을 하지 않아 예산이 불성립되더라도 행정부는 전년도 예산을 기준으로 하여 준예산이라는 임시예산을 편성·운영할 수 있다(「헌법」 제54조3항).[6]

6) 물론 예산 불성립에 대비하는 준예산 제도가 우리나라에만 있는 것은 아니다. 예산불성립에 대비할 수 있는 제도는 준예산 외에 가예산과 잠정예산이 있다. 가예산은 1개월 단위로, 잠정예산은 수개월 단위로 예산을 편성해 운영하는 제도이다. 그러나 준예산과 달리 가예산과 잠정예산은 의회의 의결을 거쳐야 효력이 발생한다.

(2) 예산 구분

예산은 일반회계와 특별회계로 구분하여 관리한다. 이 두 개념을 이해하려면 먼저 회계(accounting)에 대한 이해가 필요하다. 저자는 회계라는 말이 어떤 문맥에서 사용되는가에 따라 [글상자 8-2]에 제시된 두 가지 중 어느 하나로 그 의미를 이해하는 것이 편리하다고 생각한다.

글상자 8-2 회계의 의미

회계는 상황에 따라 다음의 두 가지 것 중 어느 하나를 의미한다.

- 누군가에게 합리적 판단이나 경제적 의사결정을 하는 데 유용한, 재무적 정보(financial information)를 제공하는 것 또는 그렇게 하기 위한 체계
- 돈을 관리하는 것 또는 그렇게 하기 위해 만든 가상적인 돈주머니 혹은 계좌

대부분의 경우, 회계의 의미를 첫 번째보다는 두 번째 것으로 이해하고 사용하는 것이 직관적으로 더 쉽고 무리가 없다. 그러나 가능하다면 첫 번째 의미를 조금 더 단순화하여 회계를 '돈과 관련된 활동에 대한 정보를 제공하는 것'으로 이해하는 것이 바람직하다. 예산은 국민이 부담하여 조성하고 국민을 위해 쓰여야 하는 것이니만큼 정부는 예산과 관련된 정부 활동에 관한 정보를 국민과 정책결정자에게 제공하여 예산의 투명성과 책임성을 확립할 의무가 있다. 회계는 바로 그러한 의무 행위, 즉 국민에게 예산에 관한 정보를 제공하는 것이다.

국가와 지방자치단체가 이러한 목적에서 행하는 회계를 각각 국가회계, 지방자치회계라고 한다. 이 중에서 먼저 국가회계에 대해 살펴보기로 하자. 우리나라 국가회계는 일반회계와 특별회계로 나뉜다.

○ 일반회계

- 일반회계는 조세 수입 등을 주요 세입으로 하여 국가의 일반적인 세출을 충당하기 위하여 설치한다(「국가재정법」 제4조제2항).[7]

7) 이 경우는 회계를 두 번째 의미인 돈주머니 또는 계좌로 이해하는 것이 문맥상 무리가 없다.

- 예산 중 일반회계로 관리되는 예산을 일반회계예산이라 한다. 일반회계예산은 정부가 수행하는 사업 중 말 그대로 '일반적'이고 기본적이고 지속적인 사업을 위한 예산이다. 보통 우리가 국가재정이라고 말할 때의 국가재정은 바로 이 일반회계예산을 의미한다.

○ 특별회계

- 특별회계는 국가가 특정한 사업을 운영하거나, 특정한 자금을 보유하여 운용하거나, 특정한 세입으로 특정한 세출에 충당하고자 할 때, 그와 관련된 예산을 일반회계와 구분하여 계리할 필요가 있을 때 설치한다(「국가재정법」 제4조).

글상자 8-3 특별회계의 필요성

일반회계와 별도로 특별회계를 설치하는 이유는 예산 중 일부를 특별회계로 계리하여 예산에 관한 더 많은 정보를 얻기 위해서다. 예산에는 국가가 일반적인 역할을 수행하기 위한 예산과 그렇지 않은 예산이 있다. 예를 들면, 국가균형발전사업예산 같은 예산이다. 국가균형발전사업은 국가 전 지역의 균형적 발전이라는 특별한 목적을 위해 수행하는 사업이다. 이러한 특성 때문에 국가균형발전사업 예산은 그 성격이 일반예산, 즉 국가가 일반적인 역할을 수행하는 데 필요한 예산과 그 성격이 다르다. 이처럼 특별한 목적을 가진 사업의 예산을 일반회계예산과 별도로 관리하면 나중에 특별한 목적을 수행을 위해 사용한 예산의 종류와 규모를 파악하여 일반적인 역할 수행을 위해 사용한 예산과 비교하는 등의 분석이 가능하다. 즉, 예산을 목적의 특별성 여부를 기준으로 구분하여 계리함으로써 예산에 관한 더 많은 유용한 정보를 얻을 수 있게 되는 것이다. 특별회계는 바로 이러한 필요성 때문에 설치하는 회계이다.

- 예산 중 특별회계로 관리하는 예산을 특별회계예산이라 한다. 특별회계예산은 자체수입, 일반회계로부터의 전입금 등을 주된 세입으로 한다.
- 특별회계의 법적 근거는 「국가회계법」, 「국가재정법」 및 기타 개별법에[8]로 나누는데, 2021년 기준 5개 기업특별회계와 15개 기타특별회계가 설치되어 있다.

---

8) 「정부기업예산법」, 「책임운영기관특별회계법」, 「교통시설특별회계법」 등이 있다.

〈표 8-1〉 특별회계의 종류

구분	종류	법원
기업특별회계 (5개)	• 기업형태로 운영하는 정부사업인 정부기업과 기업형 책임운영기관의 운영을 담당하는 특별회계 • 양곡관리, 우체국예금, 우편사업, 조달, 책임운영기관	•「정부기업예산법」 •「책임운영기관의 설치 및 운영에 관한 법률」
기타특별회계 (15개)	• 개별법에 근거하여 설치된 특별회계 • 교도작업, 국가균형발전, 농어촌구조개선, 등기, 행정중심복합도시건설, 아시아문화중심도시조성, 에너지 및 자원사업, 우체국보험, 주한미군기지이전, 환경개선, 국방·군사시설이전, 혁신도시건설, 교통시설, 유아교육지원, 소재부품장비경쟁력강화	• 해당 개별법 •「국가재정법」 •「국가회계법」

출처: 국회예산정책처(2021). 2021 대한민국 재정.

특별회계는 예산에 관한 유용한 정보 제공뿐만 아니라 특수하고, 사업적이고, 일시적인 사업을 담당하는 재정 운영 주체에게 자율성을 허락하여 사업 수행상의 행정능률 제고 및 경영합리화를 도모할 수 있는 장점을 가지고 있다. 반면, 특별회계는 말 그대로 특별한 경우를 위해 설치하는 것이므로 정부 예산 중 특별회계가 지나치게 많아지면 자칫 예산 통제가 어려워지는 문제가 발생할 수 있다. 또한 특별회계도 국가재정의 일부이므로 일반회계와 마찬가지로 국회의 심의·의결을 받지만 그럼에도 불구하고 특별회계가 많아지면 예산 내에 일반적이지 않은 예산의 비중이 커져 예산 통제가 일반회계만 있을 때보다 어려워진다.[9]

이러한 단점 때문에 특별회계는 설치 목적이 달성된 경우, 설치 목적 달성이 불가능하다고 판단되는 경우, 특별회계와 기금 간 유사 중복이 발생하는 경우, 일반회계와 통합 운용하는 것이 바람직하다고 판단되는 경우에는 해당 특별회계를 폐지 또는 통합할 수 있다(「국가재정법」 제15조).[10]

9) 윤영진(2010). 새 재무행정학. 대영문화사, pp. 24-25.

10) 아울러 정부는 특별회계 신설에 신중을 기하기 위해서 기획재정부장관으로 하여금 모든 특별회계 신설 계획에 대해 해당 법률안의 입법예고에 앞서 신설하고자 하는 특별회계에 대해서 일반회계, 기존 특별회계 또는 기금보다 해당 특별회계를 신설하여 사업을 수행하는 것이 더 효과적인지, 일반회계와 구분하여 계리할 필요가 있는지 등의 적절성을 심사하게 하고 있다.

〈표 8-2〉 일반회계, 특별회계 및 기금 간 특성 차이

구분	예산		기금
	일반회계	특별회계	
설치사유	국가 고유의 일반적 재정활동	• 특정 사업 운용 • 특정 자금 운용 • 특정 세입을 특정 세출에 충당	특정 목적을 위해 특정 자금 운용
운용형태	공권력에 의한 조세수입과 무상급부 원칙	일반회계와 기금의 운용형태 혼재	출연금·부담금 등 다양한 재원으로 다양한 목적사업 수행
수입·지출연계	특정 수입과 지출의 연계배제	특정 수입과 지출의 연계	특정 수입과 지출의 연계
확정절차	• 부처의 예산 요구 • 기획재정부의 정부예산안 편성 • 국회의 심의·의결로 확정		• 기금관리주체의 기금운용계획안 수립 • 기획재정부장관과 운용주체 간의 협의·조정 • 국회의 심의·의결로 확정
집행절차	• 합법성에 입각하여 엄격히 통제 • 목적 외 사용금지		합목적성 차원에서 상대적으로 자율성과 탄력성 보장
계획변경	• 추경예산편성 • 이용·전용·이체		주요 항목 지출금액의 20% 초과 변경 시 국회 의결 필요(금융성 기금 경우 30%)
결산	국회 심의·의결		

출처: 국회예산정책처(2021). 2021 대한민국 재정.

2) 기금

(1) 기금 개념

기금(fund)은 국가가 세입세출예산에 의하지 않고 특정 사업을 위해 법률로써 설치하여 보유·운용하는 특정 자금이다(「국가재정법」 제5조1항, 2항). 기금은 특정한 목적을 위한 돈이라는 점에서는 특별회계예산과 유사하지만, 특별회계예산과 달리 세입세출예산에 의하지 아니하고 운용할 수 있는 차이가 있다. 이러한 차이로 인해 기금은 예산과 달리 목적에 따라 자금을 신축·탄력·자율적으로 운용하는 것이 가능하다.

글상자 8-4 기금의 필요성을 보여 주는 예: 국민연금기금

기금이 가진 이러한 특성이 왜 중요한지 이해하기 위해서 국민연금기금을 예로 들어보자. 국민연금기금은 미래에 발생할 연금 수요에 대응하기 위해서 매달 가입자들로부터 일정 금액의 기여금을 거둬 적립하여 조성하며 연금의 특성상 조성된 기금은 연금 수요가 발생할 때마다 지출한다. 만일 국민연금을 위해 조성한 자금이 (특별회계)예산이라면 연금 수요가 발생할 때마다 자금을 지출하기가 어려울 수 있다. 왜냐하면 앞서 살펴본 바와 같이 예산은 회계연도 독립 원칙을 따라야 하므로 국민연금도 당해 회계연도 조성한 자금은 연금 수요가 많든 적든 상관없이 당해 회계연도에 모두 지출해야 하기 때문이다.[11] 이러한 문제점 때문에 국민연금을 위해 조성한 자금은 예산이 아니라 그 목적에 맞게 신축 · 탄력 · 자율적으로 운용할 수 있는 기금 형태(방식)로 조성한다.

물론 기금은 장점뿐만 아니라 단점도 가지고 있다. 기금은 특정 목적을 위해 조성한 자금이므로 그 목적에 해당하는 수요가 어떻게 변하는가에 따라 지출이 급증(또는 급감) 할 수 있어서 예산에 비해 국가재정에 압박 요인으로 작용할 수 있는 위험성이 크다.[12] 이러한 위험성에도 불구하고 기금은 신축·탄력·자율적 운용이라는 장점 때문에 정치적으로 예산보다 선호되는 경향이 있다. 따라서 자칫 지나치게 많은 기금이 설치되면 예산사업이어도 되는 사업들이 불필요하게 기금 사업화하거나 기금 사업이 예산 사업과 중복되는 등 비효율이 발생할 수 있으므로 기금 설치에는 신중을 기할 필요가 있다.[13]

---

11) 회계연도 독립원칙을 따를 경우, 어떤 회계연도에 연금 수요가 급증하여 조성한 자금 전부를 당해 회계연도가 끝나기도 전에 연금액으로 모두 지출해서 회계연도 기간 동안에는 연금액을 지급하지 못하는 사태가 벌어지거나 연금 수요가 적은 회계연도에 정반대 사태가 벌어지더라도 문제를 해결할 방법이 없다.

12) 물론 기금이 예산에 비해 반드시 그런 것은 아니다. 단적인 예를 들면, 건강보험을 위해 조성된 자금은 기금이 아니지만 인구고령화 등의 이유로 인해 시간이 갈수록 기금 사업인 다른 사회보험보다 국가재정에 더 큰 압박 요인이 되고 있다.

13) 이러한 위험을 막기 위해서 정부는 1994년 이후부터 정부의 출연금 및 법률에 따른 민간부담금을 재원으로 하는 기금은 「국가재정법」 개정과 관련 법률 제정이 있어야만 설치할 수 있게 하였으며, 2004년 이후부터는 기금 신설은 해당 법률을 입법예고하기에 앞서 기획재정부장관이 기금 신설 계획서를 심사하여 일정 기준이 충족되었는지 여부를 판단하고 더 나아가 기금정책심의위원회의 심의를 하고 있다(「국가재정법」 제14조).

⑵ 기금의 종류

정부와 지방자치단체는 필요에 따라 기금을 설치할 수 있는 권한을 가지고 있다. 정부가 설치한 기금을 정부기금이라고 하고 지방자치단체가 설치한 기금을 지방자치단체 기금이라고 한다.

○ 정부기금

• 정부기금은 일반적으로 설치목적에 따라 〈표 8-3〉과 같이 네 가지 유형으로 구분한다.

〈표 8-3〉 기금의 유형: 설치목적별 구분

유형	설치목적
사회보험성기금	사회보험제도 운영에 필요한 자금을 관리·운용하는 기금
계정성기금	금융적 성격을 갖는 기금
금융성기금	특정 자금 관리를 위한 기금
사업성기금	특정 목적사업을 수행하는 데 필요한 자금을 관리·운용하는 기금

기금은 또한 관리·운영주체별로 구분하기도 하는데, 정부가 직접 관리하는 직접관리기금, 위탁하여 관리하는 위탁관리기금, 부속기관이 관리하는 기금으로 구분한다.

• 2021년 기준 총 67개 정부기금이 설치·운용되고 있으며, 그 규모는 773.7조 원에 달한다.[14] 이들 67개 정부기금 중 가장 많은 것은 사업성기금으로서 총 48개가 있고, 금융성기금이 8개, 계정성기금이 5개, 사회보험성기금이 6개가 있다. 정부기금의 소관 부서별, 설치목적별 현황은 〈표 8-4〉와 같다.

14) 국회예산정책처(2021). 2021 대한민국 재정. p. 304.

〈표 8-4〉 2021 부처별 기금 현황

소관위원회 (기금 수)	소관 부처 (기금 수)	기금명	유형	관리운용주체	2021 지출계획
법제사법 위원회(2개)	법무부(1개)	범죄피해자보호기금	사업성	법무부	1,100
	대법원(1개)	사법서비스진흥기금	사업성	법원행정처	1,453
정무위원회 (8개)	국가보훈처 (2개)	보훈기금	사업성	국가보훈처	8,360
		순국선열·애국지사사업기금	사업성	국가보훈처	1,613
	금융위원회 (6개)	공적자금상환기금	계정성	금융위원회	61,424
		농림수산업자신용보증기금	금융성	농협중앙회	20,499
		농어가목돈마련저축장려기금	금융성	금융위원회	684
		신용보증기금	금융성	신용보증기금	95,862
		예금보험기금채권상환기금	금융성	예금보험공사	30,529
		주택금융신용보증기금	금융성	한국주택금융공사	44,957
기획재정 위원회(6개) 위원회(6개)	기획재정부 (6개)	공공자금관리기금	계정성	기획재정부	2,633,324
		복권기금	계정성	복권위원회	64,760
		외국환평형기금	계정성	기획재정부	1,054,039
		산업기반신용보증기금	금융성	신용보증기금	6,464
		대외경제협력기금	사업성	기획재정부	13,668
		국유재산관리기금	사업성	기획재정부	16,664
과학기술 정보방송 통신위원회 (4개)	과학기술정보 통신부(2개)	과학기술진흥기금	사업성	과학기술정보통신부	3,068
		정보통신진흥기금	사업성	과학기술정보통신부	16,185
	과학기술 정보통신부· 방송통신 위원회(1개)	방송통신발전기금	사업성	과학기술정보통신부 방송통신위원회	14,418
	과학기술 정보통신부· 원자력안전 위원회(1개)	원자력기금	사업성	과학기술정보통신부 (원자력연구개발계정), 원자력안전위원회 (원자력안전규제계정)	4,911
교육위원회 (2개)	교육부(2개)	사립학교교직원연금기금	보험성	사립학교교직원연금공단	130,135
		사학진흥기금	사업성	한국사학진흥재단	4,703

<table>
<tr><td rowspan="7">문화체육관광
위원회(7개)</td><td rowspan="6">문화체육
관광부(6개)</td><td>관광진흥개발기금</td><td>사업성</td><td>문화체육관광부</td><td>16,625</td></tr>
<tr><td>국민체육진흥기금</td><td>사업성</td><td>서울올림픽기념
국민체육진흥공단
(국민체육진흥계정),
사행산업통합감독위원회
(사행산업중독예방치유
계정)</td><td>26,839</td></tr>
<tr><td>문화예술진흥기금</td><td>사업성</td><td>한국문화예술위원회</td><td>5,239</td></tr>
<tr><td>언론진흥기금</td><td>사업성</td><td>한국언론진흥재단</td><td>340</td></tr>
<tr><td>영화발전기금</td><td>사업성</td><td>영화진흥위원회</td><td>3,052</td></tr>
<tr><td>지역신문발전기금</td><td>사업성</td><td>문화체육관광부</td><td>100</td></tr>
<tr><td>문화재청(1개)</td><td>문화재보호기금</td><td>사업성</td><td>문화재청</td><td>1,419</td></tr>
<tr><td rowspan="3">외교통일
위원회(3개)</td><td rowspan="2">외교부(2개)</td><td>국제교류기금</td><td>사업성</td><td>국국제교류재단</td><td>1,697</td></tr>
<tr><td>국제질병퇴치기금</td><td>사업성</td><td>외교부</td><td>651</td></tr>
<tr><td>통일부(1개)</td><td>남북협력기금</td><td>사업성</td><td>통일부</td><td>16,756</td></tr>
<tr><td rowspan="2">국방위원회
(2개)</td><td rowspan="2">국방부(2개)</td><td>군인연금기금</td><td>보험성</td><td>국방부</td><td>36,074</td></tr>
<tr><td>군인복지기금</td><td>사업성</td><td>국방부</td><td>8,383</td></tr>
<tr><td>행정안전
위원회
(1개)</td><td>인사혁신처
(1개)</td><td>공무원연금기금</td><td>보험성</td><td>공무원연금공단</td><td>240,614</td></tr>
<tr><td rowspan="8">농림축산
식품
해양수산
위원회(8개)</td><td rowspan="7">농림축산
식품부(7개)</td><td>양곡증권정리기금</td><td>계정성</td><td>농림축산식품부</td><td>2,225</td></tr>
<tr><td>농산물가격안정기금</td><td>사업성</td><td>농림축산식품부</td><td>26,051</td></tr>
<tr><td>농어업재해재보험기금</td><td>사업성</td><td>농림축산식품부</td><td>5,279</td></tr>
<tr><td>농지관리기금</td><td>사업성</td><td>농림축산식품부</td><td>28,507</td></tr>
<tr><td>농업소득보전직접지불기금</td><td>사업성</td><td>농림축산식품부</td><td>24,172</td></tr>
<tr><td>자유무역협정이행지원기금</td><td>사업성</td><td>농림축산식품부</td><td>5,512</td></tr>
<tr><td>축산발전기금</td><td>사업성</td><td>농림축산식품부</td><td>10,354</td></tr>
<tr><td>해양수산부
(1개)</td><td>수산발전기금</td><td>사업성</td><td>해양수산부</td><td>10,249</td></tr>
</table>

산업통산 자원 중소벤처 기업위원회	산업통상 자원부(4개)	무역보험기금	금융성	한국무역보험공사	46,146
		방사성폐기물관리기금	사업성	산업통상자원부	64,812
		전력산업기반기금	사업성	산업통상자원부	63,940
		산업기술진흥 및 사업화촉진 기금	사업성	산업통상자원부	2,652
	중소벤처 기업부(3개)	중소기업창업 및 진흥기금	사업성	중소기업진흥공단	105,728
		소상공인시장진흥기금	사업성	소상공인시장진흥공단	56,218
		기술보증기금	금융성	기술보증기금	29,106
보건복지 위원회(3개)	보건복지부 (3개)	국민연금기금	보험성	보건복지부	1,337,688
		국민건강증진기금	사업성	보건복지부	43,629
		응급의료기금	사업성	보건복지부	3,079
환경노동 위원회(10개)	환경부(5개)	금강수계관리기금	사업성	금강수계위원회	1,566
		낙동강수계관리기금	사업성	낙동강수계위원회	2,641
		영산강·섬진강수계관리기금	사업성	영산강·섬진강수계위원회	1,176
		한강수계관리기금	사업성	한강수계위원회	6,589
		석면피해구제기금	사업성	환경부	391
	고용노동부 (5개)	고용보험기금	보험성	고용노동부	224,348
		산업재해보상보험 및 예방기금	보험성	고용노동부	181,964
		근로복지진흥기금	사업성	근로복지공단	5,104
		임금채권보장기금	사업성	고용노동부	10,083
		장애인고용촉진 및 직업재활 기금	사업성	고용노동부	16,772
국토교통 위원회(2개)	국토교통부 (2개)	주택도시기금	사업성	국토교통부	824,862
		자동차사고피해지원기금	사업성	국토교통부	2,607
여성가족 위원회(2개)	여성가족부 (2개)	양성평등기금	사업성	여성가족부	5,191
		청소년육성기금	사업성	여성가족부	1,690
합 계					7,736,941

출처: 국회예산정책처(2021). 2021 대한민국 재정. pp. 12-14; 기획재정부(2021). 2021년도 기금현황.

3) 세입세출 외 자금

세입세출 외 자금이란 전대차관 도입분 또는 세계잉여금 등을 말한다. 전대차관이란 국내 거주자에게 전대(subloan)할[15] 목적으로 기획재정부 장관이 차인이 되어 외국의 금융기관으로부터 빌려온 자금을 말한다. 이 자금은 정부가 외국 금융기관으로부터 도입하여 관리하다가 갚는 자금이므로 세입세출에는 나타나지 않는 자금이다.

세계잉여금이란 세입 또는 세출이 당초 예산과 달라 발생하는 자금이다. 국가의 재정 결과, 세입이 예산보다 초과 징수되거나 세출이 당초 예산보다 적게 집행되면 초과세입이나 세출불용액이 발생하는데, 이 두 자금의 합을 세계잉여금이라 한다. 세계잉여금은 예산 상에 없는 자금이기 때문에 제한된 용도로만 지출할 수 있다. 왜냐하면 정부의 모든 지출은 당초 예산에 있어야만 집행이 가능하기 때문이다.

세계잉여금은 국채원리금과 차입금을 상환하는 용도로만 사용할 수 있다. 국가는 자금이 부족할 경우, 정부 외부로부터 자금을 차입 조달한다. 즉, 국채발행, 전대차관 등을 통해 자금을 꿔 오는 것이다.[16] 자금을 차입한 정부는 매년 원리금, 즉 원금의 일부와 이자를 상환해야 하는데, 세계잉여금은 바로 이 원리금과 차입금을 상환하는 용도로만 쓸 수 있다.[17]

4) 중앙정부 재정체계

지금까지 살펴본 내용을 바탕으로 중앙정부의 재정구조와 재정체계를 그림으로 정리하면 각각 [그림 8-1] 및 [그림 8-2]와 같다.

---

15) 전대란 A가 B에게서 돈을 빌린 다음, 그 돈의 전부 또는 일부를 C에게 다시 빌려주는 것이다.

16) 부족한 자금을 조달하기 위해서 국가가 발행하는 채권을 국채라고 하고, 지방자치단체가 발행하는 채권을 공채라고 한다.

17) 이처럼 국가가 정부 외부로부터 자금을 빌리고 상환하는 경제활동도 재정의 일부이므로 원리금과 차입금을 갚기 위해 사용하는 세계잉여금을 재정의 한 형태(방식)로 본다.

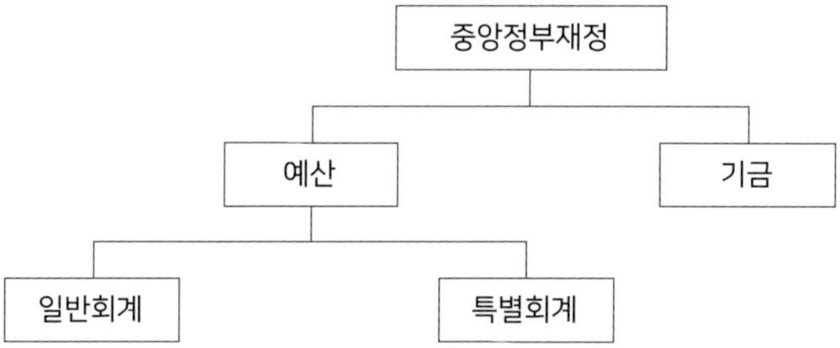

[그림 8-1] 중앙정부 재정구조

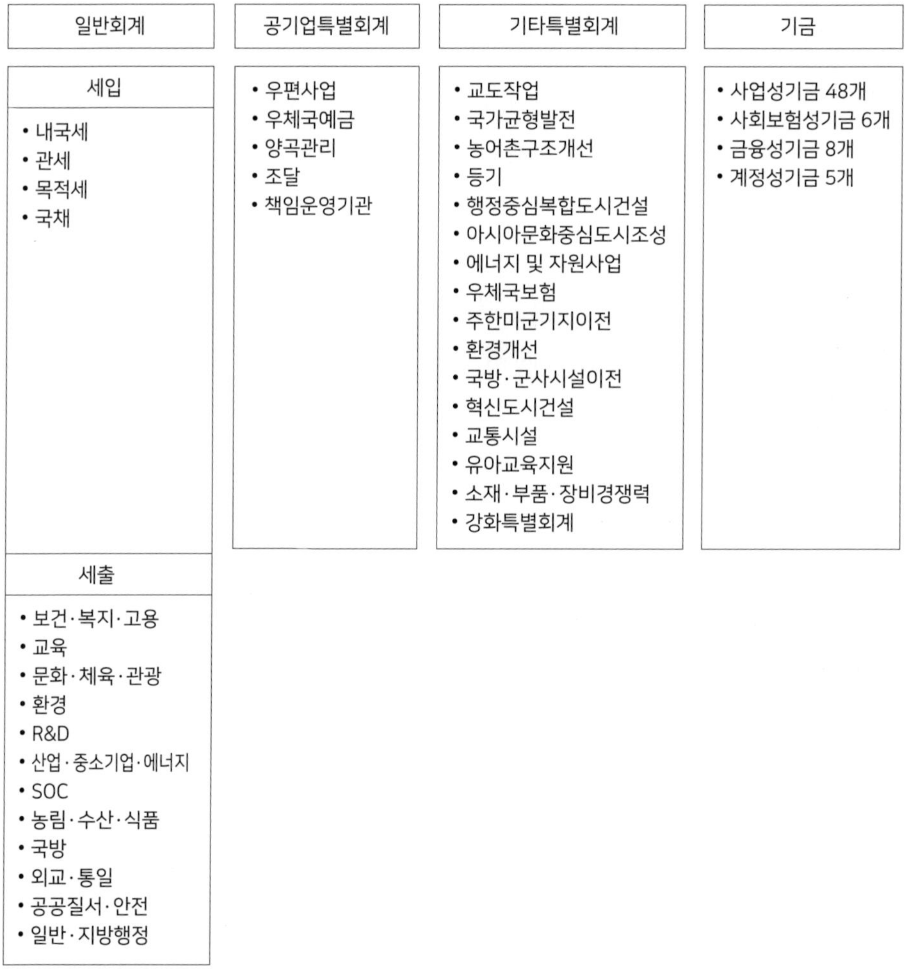

[그림 8-2] 중앙정부 재정체계

3. 중앙정부예산

1) 예산 편성

예산 편성이란 말 그대로 예산을 짜는 것을 말하는데, 당해 연도의 예산이 짜는 것이 아니라 다음 회계연도의 예산을 짜는 것이다. 예산을 편성하는 활동은 시작부터 종결까지가 1회계연도 내에 이루어진다.[18)]

종종 예산 편성과 예산 과정을 동일시하는 경우가 있는데, 예산 과정이란 예산을 편성하고 집행하고 결산하는 활동의 시작되고 종결되기까지의 전 과정을 말한다.[19)] 예산 편성이 1년 주기인 것과 달리 예산 과정은 3년 주기 과정이다. 왜냐하면 회계연도 t에 편성한 예산은 그 다음 회계연도인 $t+1$에 집행되고, 예산 결산은 집행이 모두 끝나야 가능하므로 집행 회계연도 다음 해인 회계연도 $t+2$에 결산이 이어지기 때문이다.

예를 들면, 2020 회계연도에는 당해 연도 예산을 집행하는 활동이 이루어지고, 전년도인 2019년의 예산에 대한 결산 활동이 함께 이루어질 뿐만 아니라 다음 연도인 2021년의 예산을 편성하는 활동 또한 동시에 진행된다. 이처럼 예산의 편성·집행·결산 과정이 3년을 1주기로 하여 이루어지기 때문에, 예를 들어서 전국단위의 어떤 사회보장 사업을 신설하고 그에 필요한 예산을 확보하고자 한다면 그러한 작업은 사업 시행 시점으로부터 최소한 3년 이전부터 이루어져야 한다.

〈표 8-6〉 예산의 편성-집행-결산 주기

활 동	2019(전년도)	2020(당해 연도)	2021(다음 연도)
예산 편성	2020년 예산 편성	2021년 예산 편성	2022년 예산 편성
예산 집행	2019년 예산 집행	2020년 예산 집행	2021년 예산 집행
예산 결산	2018년 예산 결산	2019년 예산 결산	2020년 예산 결산

18) 따라서 이하 내용에서 '다음 회계연도 예산 편성'이라고 표현하지 않더라도 예산 편성은 당연히 다음 회계연도 예산 편성을 의미하는 것으로 이해하기 바란다. 동일한 논리에서 결산은 전년도 예산에 대한 결산을 의미한다.

19) 대개는 예산 편성 과정과 예산 과정이 비슷하게 들리기 때문에 두 용어의 의미가 같다고 생각하는 것 같다.

우리나라는 2005년부터 예산총액배분자율결정제도를 시행하고 있다 일명 톱-다운(top-down) 예산 편성 제도라고 불리는 이 제도는 재정의 총량을 사전에 결정하여 재정 적자를 적절히 관리하고 재원 배분의 효율성을 높이기 위한 제도이다. 이 제도의 핵심은 중앙예산기관인 기획재정부가 지출 총액을 사전적으로 결정하고 전략적 자원배분을 위해 분야별·부처별 지출 한도를 설정하면 각 부처가 그 한도 내에서 사업별로 재원을 배분하는 것이다. 이 제도가 시행됨에 따라 각 회계연도 정부예산은 국가재정운용계획과 연계하여, 다시 말해서 국가재정운용계획을 염두에 둔 상태에서 편성된다.

정부예산 편성은 국가재정운용계획 수립지침의 통보에서부터 예산안이 최종적으로 확정·공포되기까지 〈표 8-7〉의 과정을 거치게 된다.

〈표 8-7〉 예산편성 과정

과정	일정	기한
국가재정운용계획 수립지침 통보	기획재정부 장관이 각 중앙행정기관의 장에게 국가운용계획 수립지침을 통보	전년도 12월 31일
중기사업계획서 제출	각 부서가 기획재정부에게 중기사업계획서 제출	1월 31일
예산편성지침 시달	기획재정부가 각 부처로 예산편성지침 시달	3월 31일
예산요구서 제출	각 부처가 기획재정부에 예산요구서 제출	5월 31일
의견수렴 및 협의조정	소관 부처 의견수렴, 시·도지사 협의, 당정협의 등을 통해 정부예산안 마련을 위한 협의조정	6-8월
정부예산안 편성	정부예산안 작성	6-8월
	재정정책자문회의 자문	
	국무회의 심의 및 대통령 승인	
국회 심의·의결	기획재정부가 국회에 정부예산안 국회 제출	9월 3일
	각 상임위, 예산결산위원회가 심의 및 의결	9-11월
	국회 본 회의에서 심의 및 의결	12월 2일

○ 국가재정운용계획수립지침 통보

예산 편성의 첫 과정은 기획재정부장관이 각 중앙행정기관의 장에게 전년도

12월 31일까지 국가재정운용계획 수립 지침을 통보하는 것에서부터 시작된다. 국가재정운용계획은 국가의 정책 전망과 재원배분계획을 제시하는 5년 단위의 계획으로서 단년도 예산 편성의 기본 틀이 된다. 기획재정부장관은 매년 경제 사회적 여건의 변화를 반영하여 국가재정운용계획을 수정·보완한다.

○ 중기사업계획서 작성

각 중앙행정기관은 통보받은 지침에 따라 당해 회계연도부터 5개 회계연도 이상의 기간 동안의 신규 사업 및 기획재정부장관이 정하는 주요 계속사업에 대한 중기사업계획서를 작성하여 매년 1월 31일까지 기획재정부장관에게 제출한다(「국가재정법」 제28조). 중앙행정기관의 사업계획 중 총사업비가 500억 원 이상인 사업이 포함된 경우, 당해 사업에 대해서 별도의 예비타당성 심사결과를 첨부하여 제출한다. 중기사업계획서는 예산과 기금(기금 중 금융성기금과 외국환평형기금 제외) 모두를 대상으로 한다. 기획재정부장관은 중기계획서를 국가재정운용계획 및 다음 회계연도 예산안 편성의 기초 자료로 활용한다.

○ 예산편성지침 시달

기획재정부장관은 매년 3월 31일까지 예산안 편성지침과 기금운용계획안 작성지침을 국무회의 심의와 대통령의 승인을 받아 각 중앙행정기관의 장 및 기금관리 주체에게 통보한다(「국가재정법」 제29조). 아울러 기획재정부장관은 예산안 편성지침을 국회 예산결산특별위원회에 보고해야 한다(「국가재정법」 제30조).

○ 부처별 지출한도액 결정 및 통보

기획재정부장관은 매년 4월 30일까지 각 부처에 부처별 지출 한도를 통보한다. 부처별 지출 한도를 정하는 이유는 예산총액배분 자율편성제도에 따라 국가재정운용계획과 예산 편성을 연계하기 위해서이다(「국가재정법」 제29조2항). 지출한도 결정 과정에서는 각 부처와의 협의 및 다양한 분야로부터의 의견수렴이 이루어진다. 그러나 지출한도 설정 시 사전 협의가 충분히 이뤄지지 않는다는 점과 지출 한도를 설정한 만큼 지출 한도 내에서의 자율성 확대가 미흡하다는 점 등은 개선되어야 할 점이라 하겠다.

○ 예산요구서 작성 및 제출

각 중앙행정기관은 매년 5월 31일까지 예산편성지침에 따라 다음 회계연도의 세입세출예산, 계속비, 명시이월비 및 국고채무부담행위 요구서를 작성하여 기획재정부장관에게 제출한다. 각 중앙행정기관 내에서는 각 부서가 소관 사업계획과 소요 예산을 결정하고 예산요구서를 작성하여 부서 내 예산 총괄부서로 보낸다. 예산 총괄부서는 각 부서와의 조정을 통해 세입세출요구서안을 작성한다. 이 과정에서 각 부서는 기존 정책 및 사업에 대한 평가, 신규 정책 및 사업 개발, 계속사업에 대한 추진 실적 점검, 신규 사업에 대한 경제적 타당성 검토 등을 통해 부서 사업을 전반적으로 둘러보는 기회를 갖는다. 예산 총괄부서가 작성한 세입세출요구서안은 장관/차관 주재 회의를 거쳐 최종적으로 확정하고 장관의 결재를 받아 기획재정부에 제출한다.

○ 예산 사정

기획재정부는 각 중앙행정기관에서 송부된 예산요구서에 대해 6월부터 8월까지 사정을 실시한다. 이 과정에서 정책의 우선순위 및 대통령의 정책 의지 등이 반영되고 예산 관련 이해관계 조정이 이루어진다. 2004년 예산총액배분 자율편성제도 도입 이후 각 부서의 과다 예산 요구가 점차 감소함에 따라 예산 사정은 사업의 타당성에 더 많은 비중을 두고 이루어지는 것으로 알려져 있다.

○ 예산안 확정

기획재정부가 다음 회계연도 정부예산안(그리고 기금운용계획안)을 작성하고 나면 재정정책자문회의를 개최하여 자문의견을 수렴한다.[20] 그런 다음 국무회의의 심의를 거쳐 대통령의 승인을 받음으로써 정부예산안이 확정된다.

○ 국회 심의·확정

• 확정된 정부예산안은 회계연도 개시일로부터 120일 전인 9월 3일까지 국회

---

20) 재정정책자문회의는 기획재정부장관, 각 부처 차관, 시장·도지사, 여러 분야 민간위원 등으로 구성된 자문회의이다. 이 자문회의는 자문기관이지만 형식적으로 운영되는 경향이 있는데, 기획재정부의 예산안이 편성되고 나면 그 이후에 진행되는 과정들은 사실상 정부예산안을 확정하기 위한 형식적인 공식화 과정이기 때문이다(윤영진, 2010: 162).

에 제출하도록 되어있다(「헌법」 제54조2항, 「국가재정법」 제33조). 국회는 제출된 확정 정부예산안에 대해서 심의·의결하는데 예산안 심의·의결 절차는 제2장에서 살펴보았던 법률 제·개정 절차와 대동소이하다.

- 정부 예산안이 국회에 제출되면 국회의 심사에 앞서 행정부의 수장인 대통령이 국회 시정연설을 통해 정부가 편성한 예산의 내용 및 방향을 설명하는 기회를 갖는다.
- 국회는 제출된 확정 정부예산안에 대해 소관 상임위원회별 예비심사와 예산결산특별위원회의 종합심사 등을 통해 심의한다.
- 예산 편성과 관련된 과정은 아니지만 국회는 일반적으로 10월 전후에 30일 범위 내에서 일정 기간을 정해 놓고 소관 상임위원회별로 당해 회계연도 국

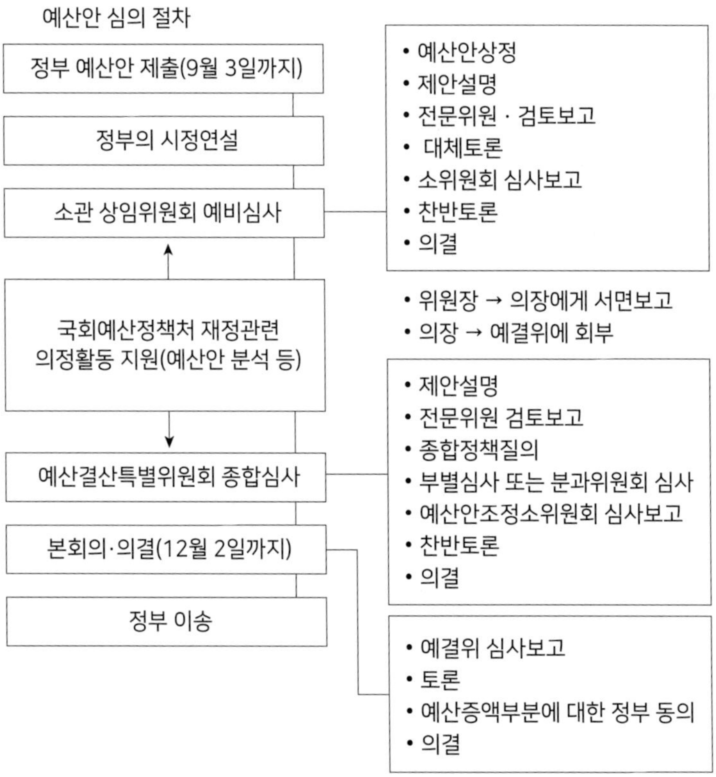

[그림 8-3] 국회 예산안 심의 절차

정에 대한 감사를 실시한다. 국회는 국정감사를 통해서 예산 심의에 필요한 자료 등을 수집한다.[21)]

- 국회는 예산안 심의에 이어서 정부예산안의 구체적인 금액을 조정하기 위해 예산결산특별위원회 위원 중 11~12인으로 구성된 계수조정소위원회를 운영하여 사업별로 구체적인 예산 금액을 조정한다. 계수조정소위원회의 조정안은 예산결산특별위원회 전체 회의에 보고되고 전체 회의에서 채택 여부를 의결한다.
- 마지막으로, 정부예산안은 국회 본회의 의결을 거쳐 확정된다. 국회는 회계연도 개시 30일 전인 12월 2일까지 의결을 마쳐야 한다.

2) 예산 수정

국회의 심의·의결을 거쳐 다음 회계연도 예산으로 확정된 예산을 본예산이라고 한다. 본예산이 확정되면 예산은 당초의 계획에 따라 집행되어야 한다. 그러나 예산을 집행하는 과정에서 예산 편성 과정에서 예상하지 못했던 여러 가지 상황이나 조건의 변화로 인해 본예산을 변경해야 하는 상황이 종종 발생한다. 이러한 상황이 발생하면 정부는 본예산을 대신할 수정예산이나 추가경정예산을 편성한다.

○ 수정예산

당초 예산안이 국회의 심의·의결을 통해 확정되기 전에 정부는 당초 예산안을 수정한 수정예산안을 국무회의의 심의와 대통령의 승인을 얻은 후 국회에 제출할 수 있다(「국가재정법」 제35조). 수정예산안은 국회의 의결을 통해 확정된 예산이 아니므로 반드시 국회 상임위원회와 예산결산특별위원회의 심사를 받아야 한다.

---

21) 행정부가 예산안을 편성하는 데 있어서 주도권을 갖고 있는 우리나라의 현실과 국회와 행정부 간의 정보 비대칭성 및 전문성 차이 등을 고려할 때 국정감사는 국회의 권한 중 예산 심의에 특히 도움이 되는 권한이라고 볼 수 있다.

○ 추가경정예산

- 예산안이 본예산으로 확정된 후에 본예산을 변경해야 할 경우, 정부는 추가경정예산을 편성할 수 있다. 추가경정예산은 본예산과 별개의 예산으로 성립되며 본예산과 마찬가지로 국회의 심의·의결을 거쳐야 한다. 일단 국회의 확정을 받고나면 추가경정예산은 본예산과 통합되어 운영된다. 추가경정예산의 재원은 전년도 세계잉여금, 당해 연도 세수 증가분, 공기업 매각 수입, 한국은행 잉여금, 국채 수입 등이다.
- 추가경정예산 편성은 가능한 한 지양하는 것이 바람직하다. 왜냐하면 추가경정예산은 그 본질이 예외적 지출이고 예외적 지출이 많아지면 예산 단일화 원칙에 어긋날 뿐만 아니라 예산 팽창으로 이어져 재정 건전성을 해칠 위험성이 높아지기 때문이다. 이러한 이유에서 「국가재정법」(제89조)은 추가경정예산을 편성할 수 있는 경우를 구체적으로 제한하고 있다.[22]

글상자 8-5 추가경정예산 편성이 가능한 경우

- 전쟁이나 대규모 자연재해가 발생한 경우
- 경기 침체, 대량실업, 남북 관계의 변화, 경제 협력과 같은 대내외 여건에 중대한 변화가 발생했거나 발생할 우려가 있는 경우
- 법령에 따라 국가가 지급해야 하는 지출이 발생하거나 증가하는 경우

○ 준예산

- 예산수정 제도는 아니지만 알아 두어야 할 또 한 가지 예산제도는 준예산제도이다. 준예산이란 예산안에 대한 국회의 심의·의결이 회계연도 개시 전에 이루어지지 않아 예산이 확정되지 못하는 예산 불성립하에서 정부가 편성할

22) 2019년 예산이 확정된 이후 모든 정당이 국민의 여론을 의식하여 미세먼지 문제를 해결하기 위해 추가경정예산을 편성해야 한다는 목소리를 냈다. 추가경정예산을 편성하려면 미세먼지가 추가경정예산을 편성할 수 있는 경우에 해당되어야 했다. 그렇기 때문에 국회는 추가경정예산 편성에 앞서 미세먼지를 국가재난으로 선포했다.

수 있는 예산이다.[23)]

- 예산 성립되지 않으면 정부는 예산을 집행할 수 없기 때문에 예산 불성립은 국가 재정활동이 마비되는 상황으로까지 이어질 수도 있다. 이러한 상황에 대한 대비책으로 정부는 특정 지출에 한해서만 전년도 예산에 준하여 예산을 편성하고 운영할 수 있는데 이 예산을 준예산이라고 한다(「헌법」 제54조 제3항).
- 준예산을 편성할 수 있는 지출 범위는 제한되어 있다(「헌법」 제54조제3항). 준예산은 당해 연도 예산이 확정되면 그 확정된 예산에 따라 집행된 것으로 본다.

> - 법이나 법률에 의해 설치된 기관 또는 시설의 유지 운영
> - 법률상 지출 의무 이행
> - 이미 예산으로 승인된 사업의 계속

3) 예산 집행

예산 집행이란 국회에서 확정된 예산에 대해 회계연도가 개시됨과 동시에 필요한 재원을 조달하고 공공경비를 지출하는 활동을 말한다. 예산을 집행하는 과정 중에는 예산에 정해진 자금을 수납하고 지출하는 활동뿐만 아니라 수입의 규모와 시기를 조정하고, 예산을 배정하고, 필요한 경우 국채를 발행하고, 확정 예산의 내용을 조정하여 집행하는 등 다양한 활동이 이루어진다.

---

23) 예산 불성립 기준 시점은 「국가재정법」과 「헌법」에 다르게 규정되어 있는데, 「국가재정법」에 따르면 회계연도 개시 30일 전인 12월 2일이고 「헌법」에 따르면 회계연도 개시 전인 12월 31일이다. 「국가재정법」이 12월 2일을 기준 시점으로 규정한 이유는 예산이 회계연도 개시 일로부터 적어도 30일 정도 이전에 확정되어야 그 후의 작업, 예를 들면 개별 부처에 예산을 배정하고 지방자치단체를 위한 교부금 및 보조금 확정 등의 작업이 이루어질 수 있기 때문이다.

(1) 예산 분류

예산 집행 과정을 이해하기 위해서는 먼저 예산을 분류하는 방식을 알아야 한다. 예산을 분류한다는 것은 세입 내용과 세출 내용을 일정한 기준에 따라 체계적으로 배열하여 정리하는 것을 말한다. 예산 분류를 이해하기 위해서는 과목체계와 프로그램 예산제도에 대한 이해가 필요하다.

○ 과목체계

- 예산을 일정한 기준에 따라 구분해 놓은 것을 예산 과목이라 한다. 예산 과목 내에 예산이 어떻게 구분되어 있는지는 당연히 사용한 구분 기준에 따라 달라진다. 정부의 세입세출예산은 기능별, 성질별 또는 기관별(중앙행정기관 부서별) 등으로 구분할 수 있는데, 세입예산인지 세출예산인지에 따라 과목 구분이 다음과 같이 달라진다(「국가재정법」 제21조).

세입예산	그 내용을 성질별로 관·항·목으로 구분함
세출예산	기능별, 성질별 또는 기관별로 장·관·항·세항·(세세항)·목·(세목)으로 구분함

- 예산 과목 중 「국가재정법」에 의거하여 구분하는 것을 입법과목이라고 하고, 기획재정부장관이 구분하는 것을 행정과목이라 한다.

입법과목	• 세입과목과 세출과목 모두의 장, 관, 항 • 국회의 심의·의결 대상이 되는 과목으로서 과목 간 융통·신설·변경이 제한됨 • 입법과목의 신설·변경은 추가경정예산을 통해서만 가능함
행정과목	• 세입과목과 세출과목 모두의 세항, 목 • 행정부의 재량에 의해 운용이 가능함 • 추가경정예산을 통하지 않고도 신설 또는 변경이 가능함

○ 프로그램예산제도

우리나라는 중앙정부는 2007년부터, 지방자치단체는 2008년부터 프로그램예산제도에 따라 예산을 편성하고 있다.[24] 프로그램예산제도는 예산을 동일한 정책을 수행하기 위해 필요한 단위사업들의 묶음 중심으로 편성하는 제도이다. 프로그램예산은 기능, 정책, 프로그램, 단위사업의 구조를 갖는다. 이 구조는 정부의 추상적인 기능을 구체적인 프로그램 및 단위사업으로 전환하여 표현하기 때문에 예산을 성과 지향적으로 편성하고 운용하는 데 편리하다.

- **기능**: 정부의 여러 가지 기능
- **정책**: 각 기능 아래 다수의 정책
- **프로그램**: 각 정책 아래 다수의 프로그램
- **단위사업**: 각 프로그램 아래 다수의 단위사업
- **세부사업**: 각 단위사업을 구성하는 다수의 세부사업

프로그램예산제도하에서의 예산구조는 다음과 같다.

기능별 분류		사업별 분류				품목별 분류	
분야	부문	프로그램	회계· 기금분류	단위사업	세부사업	편성비목	통계비목

(2) 예산 배정

의회의 의결을 통해 확정된 예산은 예산 배정이라는 절차를 거쳐 집행된다. 예산 배정이란 예산집행의 과정 중 첫 단계로서 기획재정부가 각 중앙행정기관에 예산액, 즉 자금을 일정한 기간별로 나누어 배정해 주는 것을 말한다. 이처럼 기획재정부가 예산을 배정하는 이유는 다음과 같다.

- 각 부처가 연도 초부터 지나치게 자금을 많이 사용함으로써 초래될 수 있는 후반기의 자금부족 상태를 미연에 방지하기 위해
- 불경기 등으로 인해 세수가 예상 외로 부진하여 세입이 세출보다 적을 경우를 대비하여 자금지출을 조정하기 위해

24) 지방자치단체는 이 예산 제도를 사업 예산제도라고 부른다.

예산 배정은 다음과 같은 절차를 거친다.

○ 중앙행정기관 장이 예산배정요구서 및 월별 자금계획서 제출

- 의회의 의결을 통해 예산이 성립되면 각 중앙행정기관의 장은 회계연도 사업운영계획과 사업운영계획에 따른 세입세출예산, 계속비와 국고채무부담행위를 포함한 예산배정요구서 그리고 월별 자금계획서를 기획재정부장관에게 제출한다. 기획재정부장관은 각 중앙행정기관의 장이 제출한 요구서에 따라 분기별 예산배정 계획과 월별 자금계획을 수립한 다음, 국무회의의 심의와 대통령의 승인을 얻은 후 각 중앙행정기관의 장에게 예산배정을 통보하고 이를 감사원에 통지한다.

○ 기획재정부장관이 예산배정

기획재정부장관은 대통령의 승인을 받은 예산배정 계획에 따라 각 중앙행정기관에 예산을 배정한다. 예산을 배정한다는 것은 예산에 대한 집행 권한을 부여하는 것이다. 기획재정부장관은 또한 매년 1월 말까지 예산집행지침을 각 중앙행정기관의 장관에게 통보하여 예산집행의 공통 기준을 제시한다. 예산배정은 분기별로 이루어지는 것을 원칙으로 하지만 예산의 효율적인 집행을 도모하기 위해 예외가 인정된다. 예외는 정기배정, 수시배정, 조기배정, 당겨배정, 회계연도 개시 전 예산 배정 등이 있다.[25)]

○ 중앙행정기관 장의 재배정

- 산을 배정받은 각 중앙행정기관은 배정 받은 금액의 범위 내에서 지출원인행위와 지출을 할 수 있다. 각 부의 장관은 배정받은 예산에 대한 지출 권한을 산하기관에 재배정하는데, 이를 예산재배정이라 한다. 예산을 재배정받은 산하기관의 장은 배정된 예산의 범위 내에서 예산을 지출할 수 있다.
- 각 중앙행정기관의 장은 대통령의 승인을 받은 월별 자금계획에 따라 수입과

25) 예외에 관한 더 자세한 설명은 「국가재정법」을 참조하기 바란다.

지출의 전망, 그 밖에 자금의 출납에 관한 사항을 종합적으로 고려한 월별 세부자금계획서를 작성하여 매월 기획재정부장관에게 제출한다. 기획재정부장관은 제출받은 월별 세부자금계획서를 종합하여 월별 세부자금계획을 작성한 다음 각 중앙행정기관의 장과 한국은행에 통지한다. 기획재정부로부터 세부자금계획을 통지받은 각 중앙행정기관의 장은 다시 소속 지출관별로 월별 세부자금계획을 통지한다. 각 중앙행정기관은 세부자금계획에 따라 소관부서별로 자금을 집행한다.

○ 자금 집행

예산이 배정되면 각 중앙행정기관별로 자금이 집행된다. 자금 집행은 지출과 수입으로 구분된다.

- 지출은 세출예산 및 기금운용계획의 집행에 따라 국고에서 현금 등이 지급되는 것이다. 지출관리를 담당하는 기관을 지출관리기관이라고 하는데, 국가 지출사무는 기획재정부장관이 총괄하며, 각 중앙행정기관의 장은 각 소관 부서의 지출원인행위와 지출에 관한 업무를 관리한다. 지출은 지출원인행위, 지출행위, 지급 등 업무로 구분된다.

글상자 8-6 지출원인행위, 지출행위 및 지급

- 지출원인행위: 지출원인행위 업무를 담당하는 기관인 재무관이 세출예산 계속비, 국고채무부담행위 및 기금운용계획에 따라 지출의 원인이 되는 계약, 즉 국가 또는 지방자치단체의 채무를 부담하는 일체의 계약 등을 행하는 것
- 지출행위: 지출관이 재무관으로부터 지출원인행위 관련 서류를 송부받아 채권자 또는 법령이 정하는 바에 따라 국고금의 지급사무를 수탁해 처리하는 자의 계좌로 전자이체하거나 현금 등을 직접 지급하는 행위
- 지급 업무: 출납공무원이 지출관으로부터 자금을 교부받아 지급하는 업무

- 수입은 조세, 기타의 세입을 법령에 의해 징수 또는 수납하는 것을 말한다. 국가 수입사무는 기획재정부장관이 총괄하고 각 중앙행정기관의 장은 소관 수입사무를 관리한다. 수입은 징수 업무와 수납 업무로 구분된다.

글상자 8-7 징수와 수납

- 징수란 수입 조치해야 할 금액을 조사하고 결정하여 이를 납부할 자에게 통지하는 행위이다. 징수 업무는 수입징수관이 담당하는데, 각 중앙관서에는 중앙관서의 장 외에 중앙관서의 장으로부터 수입징수사무를 위임받은 수입징수관이 있다.
- 수납은 납부 의무자가 납부하는 현금을 수령하는 행위이다. 수납 업무는 출납공무원이 담당한다. 수납기관으로는 출납공무원 외에 한국은행 및 금고은행(특별회계 또는 기금의 출납사무를 담당하는 금융기관)이 있다.

(3) 예산 집행의 신축성 유지 방안

예산은 당초 편성대로 집행하는 것이 원칙이다. 그러나 예산 집행 과정에서 필요한 경우 이용과 전용이라는 두 가지 방안을 통해 예산 집행의 신축성을 기할 수 있다.

글상자 8-8 이용과 전용

- 이용: 예산 이용이란 입법과목인 장, 관, 항 간의 금액을 바꿔 사용하는 것을 말한다. 예산 이용은 원칙적으로 허용되지 않으나 예산 집행상 필요에 의해 사전에 국회의 의결을 얻는 경우는 기획재정부장관의 승인을 얻어 이용하거나 기획재정부장관이 위임하는 범위 내에서 자체적으로 이용할 수 있다.
- 전용: 행정과목인 세항, 목 간의 금액을 바꿔 사용하는 것을 말한다. 각 중앙행정기관의 장은 예산의 목적 범위 안에서 재원의 효율적 활용을 위해 기획재정부장관의 승인을 얻어 각 세항 또는 목 간의 금액을 전용할 수 있다. 다만, 예산을 전용하는 경우 해당 중앙행정기관의 장은 전용한 과목별 금액 및 이유를 명시한 명세서를 기획재정부장관과 감사원에 송부해야 한다(「국가재정법」 제46조1항, 3항).

4) 예산 결산

예산 결산이란 한 회계연도 내에 이루어진 세입예산과 세출예산의 모든 수입과 지출을 확정적인 계수로 표시하는 활동이다. 예산의 편성이 당해 회계연도 내의 수입과 지출에 관한 사전적인 숫자적 예정계획이라고 하면, 결산은 예정된 계획의 사후적 달성도를 평가하는 데 주안점을 두는 활동이다. 정부 내에서 이루어지는 예산 결산은 다음과 같은 과정을 거친다.

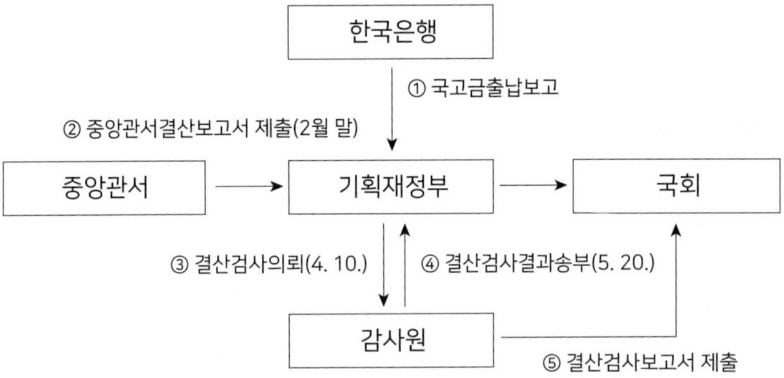

[그림 8-4] 정부의 결산 과정

〈표 8-8〉 국회 결산심의 절차

과정	일정	기한
국고금출납 보고	한국은행이 기회재정부에 국고금출납보고서를 제출	다음 연도 2월 10일
결산보고서 작성·제출	각 중앙행정기관은 전년도 결산에 대한 보고서(중앙관서결산보고서)를 작성하여 기획재정부장관에게 제출함	2월 말일
결산감사의뢰	기획재정부는 제출받은 결산보고서를 감사원에 보내 결산감사 의뢰	4월 10일
결산감사결과 송부	감사원은 의뢰받은 보고서에 대해 합법성·정확성을 검사하고 확인하는 결산검사를 실시하여 그 결과를 기획재정부장관에게 송부	5월 20일
국가결산보고서 제출	기획재정부가 감사원의 그 결산검사결과를 반영하여 국가결산보고서를 작성하고 국회에 제출	5월 31일
국회 심의·의결	각 상임위, 예산결산위원회가 심의 및 의결	정기국회개정 전(8월 31일)까지
	국회 본 회의에서 심의 및 의결	

국회의 결산심의는 행정부의 재정집행에 대한 승인으로서, 예산집행에 대한 사후적인 심의를 통하여 적법·타당성을 확인하는 절차이다. 국회의 결산심의는 재정운용결과에 관한 정보제공기능, 예산이 위법·부당하게 집행되지는 않았는지 여부와 국회의 의도대로 집행되었는지 여부를 심의하는 재정통제기능 내지 행정부 활동에 대한 감시기능, 그리고 재정운용에 대한 분석결과를 다음연도의 예산편성에 반영하는 환류기능 등을 갖는다.

국회의 예산 결산에 대한 심의·의결 과정은 앞서 살펴본 정부 예산안에 대한 심의·확정 과정과 동일하다. 다만, 예산 결산의 경우 국회는 「국회법」에 따라 정기국회개회 전까지(8월 31일) 의결해야 한다. 국회의 결산승인은 단지 그 집행책임을 정치적으로 해제받는 의미를 지니고 특정한 사항에 대한 회계적·법적 책임은 별개의 것이다. 즉, 행정부에게 정치적·도의적 책임만 물을 수 있지 징계·회계 책임을 물을 수 없다는 것이다. 결산 불승인 시에도 이미 집행한 금액은 유효하다고 보는 것이 일반적인 견해이다.

5) 중앙정부재정 현황

중앙정부재정의 현황은 수입부문과 지출부문으로 구분하여 이해해야 한다. 먼저 중앙정부의 재정수입은 예산수입과 기금수입으로 구성된다. 예산수입이란 국세수입과 세외수입 등의 수입을 말한다. 2021년 기준 우리나라의 조세는 총 25개이며, 그 중 국세가 14개이고 지방세가 11개이다.

국세는 중앙정부가 국세청과 관세청을 통해 부과·징수하는 세금으로서 내국세와 관세가 있다. 관세는 우리나라에 반입하거나 우리나라에서 소비 또는 사용하는 외국물품에 대해서 부과·징수하는 조세이고, 내세는 통관절차를 필요로 하지 않고 부과되는 조세이다. 관세를 제외한 모든 국세는 내국세이다.

내국세는 직접세, 간접세, 목적세로 구분된다. 조세를 부담하는 사람으로부터 직접 징수하는 세금은 직접세, 납세자 이외의 사람에게 전가되는 세금은 간접세이다. 직접세에는 소득세, 법인세 등이 있으며, 간접세에는 부가가치세, 개별소비세 등이

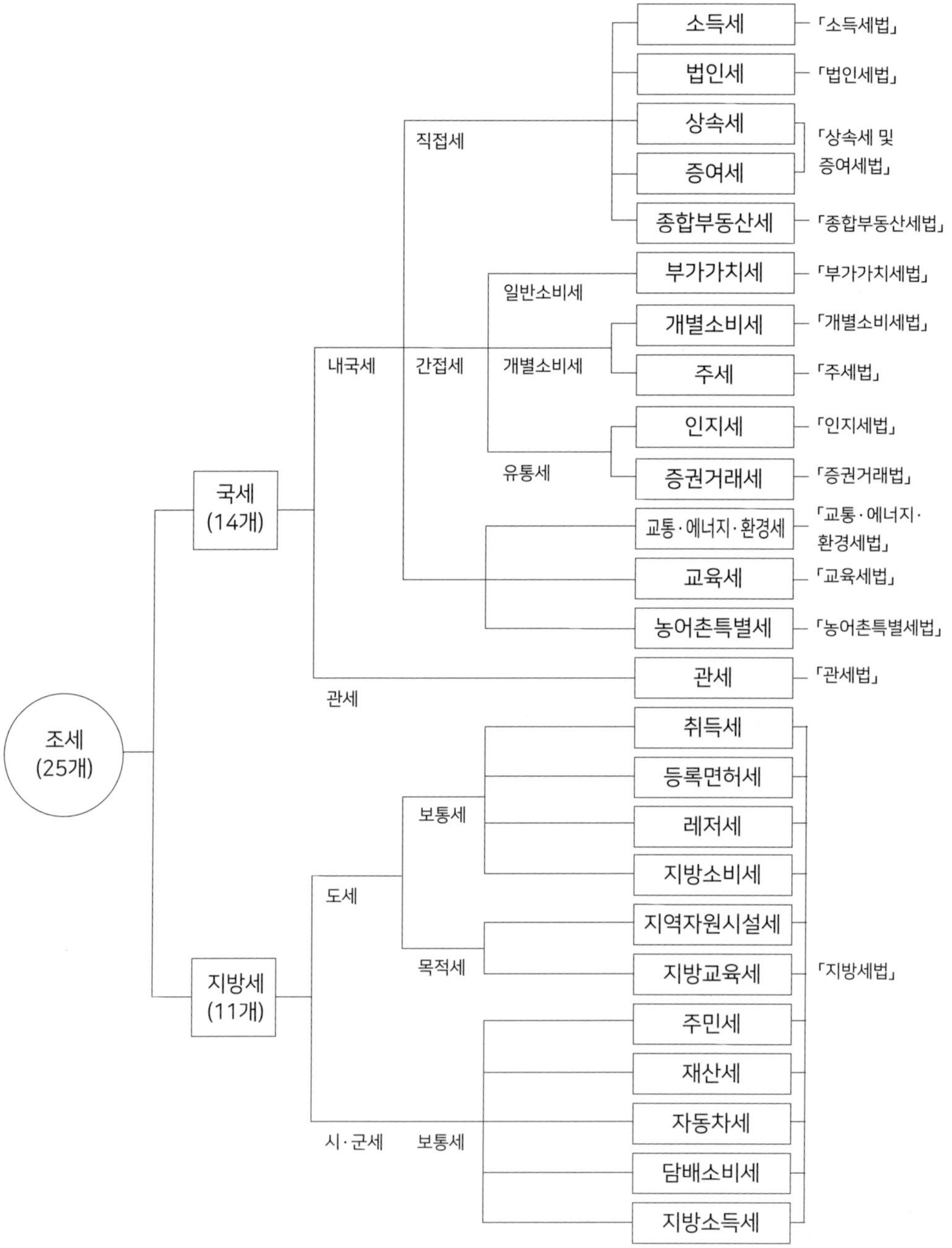

[그림 8-5] 조세 체계

출처: 국회예산정책처(2019). 2019 대한민국 재정. p. 79.

있다. 목적세는 특정 경비를 충당하기 위해 부과하는 세금으로서 교통·에너지·환경세, 교육세, 농어촌특별세가 있다. 특정 경비가 아닌 일반 경비에 충당하기 위한 세금을 일반세 또는 보통세라고 한다.

국세를 회계별로 살펴보면, 농림축산식품부 소관 농어촌구조개선특별회계의 세입항목인 농어촌특별세와 기획재정부 소관 국가균형발전특별회계의 세입항목인 주세는 특별회계의 세입으로 계상되고, 나머지 12개의 국세 모두는 기획재정부 소관 일반회계의 세입으로 계상된다. 2021년 중앙정부가 이들 14개 세목의 국세, 기금 및 세외수입을 통해 거둬들인 총수입은 481.8조 원이고 이를 바탕으로 지출한 총지출은 512.3조 원이다.

〈표 8-9〉 2021년 중앙정부 총수입 · 총지출 (단위: 조 원, %)

	2019 결산	2020 결산					2021 예산
		본예산	제1회 추경(A)	제2회 추경(B)	제3회 추경(C)	제4회 추경(D)	
총수입	473.1	481.8	481.6	482.2	470.7	470.7	482.6
예산	318.8	319.9	319.8	320.3	308.8	308.8	311.6
• 국세	293.5	292.0	291.2	291.2	279.7	279.7	282.7
• 세외수입	25.3	27.9	28.6	29.1	29.1	29.1	28.9
기금수입	154.0	161.9	161.9	161.9	161.9	161.9	171.0
총지출	485.1	512.3	523.1	531.1	546.9	554.7	558.0
예산	329.0	351.1	358.3	366.9	374.1	377.5	375.0
• 일반회계	277.7	296.0	303.0	312.9	320.1	323.5	314.8
• 특별회계	51.3	55.1	55.3	54.0	54.0	54.0	60.2
기금	144.9	161.1	164.8	164.2	172.8	177.2	182.9

출처: 국회예산정책처(2021). 대한민국 재정, p. 6.

〈표 8-10〉 2021년 국세 수납액

(단위: 조 원)

회계	소관	세목	2019 수납	2020		2021 예산
				예산	수납	
총 국세			293.5	279.7	285.5	282.7
일반회계	기획재정부	소득세	83.6	88.5	93.1	89.8
		법인세	72.2	58.5	55.5	53.3
		상속·증여세	8.3	8.4	10.4	9.1
		부가가치세	70.8	64.6	64.9	66.7
		개별소비세	9.7	9.5	9.2	10.1
		증권거래세	4.5	4.9	8.8	5.1
		인지세	0.8	1.1	1.0	0.9
		과년도수입	5.9	4.9	4.2	4.6
		관세	7.9	7.7	7.1	8.3
		교통·에너지·환경세	14.6	15.5	14.0	15.7
		교육세	5.1	5.0	4.7	5.3
		종합부동산세	2.7	3.3	3.6	5.1
국가균형발전 특별회계	기획재정부	주세	3.5	3.2	3.0	3.2
농어촌구조개선 특별회계	농림축산 식품부	농어촌특별세	3.9	4.7	6.3	5.5

출처: 국회예산정책처(2021). 2021 대한민국 재정. p. 55.

〈표 8-11〉 2021년 분야별 재원배분 추이

(단위: 조 원, %)

구분	2015	2016	2017	2018	2019	2020	2021	연평균 증가율
보건·복지·고용	120.4	126.9	131.9	144.7	161.0	180.5	199.7	8.8
교육	52.9	55.1	59.4	64.2	70.6	72.6	71.2	5.1
문화·체육·관광	6.4	6.9	7.0	6.5	7.2	8.0	8.5	4.8
환경	6.9	7.0	7.1	6.9	7.4	9.0	10.6	7.4
R&D	18.9	19.1	19.5	19.7	20.5	24.2	27.4	6.4
산업·중소기업·에너지	18.1	18.6	18.8	16.3	18.8	23.7	28.6	7.9
SOC	26.1	23.7	22.2	19.0	19.8	23.2	26.5	0.3

농림·수산·식품	19.8	19.6	19.8	19.7	20	21.5	22.7	2.3
국방	37.6	38.8	40.3	43.2	46.7	50.2	52.8	5.8
외교·통일	4.5	4.7	4.6	4.7	5.1	5.5	5.7	4.0
공공질서·안전	17.1	17.5	18.2	19.1	20.1	20.8	22.3	4.5
일반·지방행정	58.2	62.9	65.1	69.0	76.6	79.0	84.7	6.5
총 지출	384.7	398.5	410.1	428.8	469.6	512.3	558	6.4

출처: 국회예산정책처 재정경제통계시스템(https://www.nabostats.go.kr). 중앙정부 분야별 지출.

〈표 8-12〉 2020년 사회복지·보건 분야별 예산 (단위: 조 원, %)

구분	2012	2013	2014	2015	2016	2017	2018	2019	2020	연평균 증가율
사회복지·보건[A]	92.6	99.3	106.4	115.7	123.4	129.5	144.7	161.0	180.5	8.7
국가총지출[B]	325.4	349.0	355.8	375.4	386.4	400.5	428.8	469.6	512.3	5.8
비중[A/B]	28.5	28.5	29.9	30.8	31.9	32.3	33.7	34.3	35.2	2.7
[사회복지, 억 원]	847,715	904,712	972,051	1,052,815	1,128,656	1,191,272	1,338,014	1,488,769	1,664,919	8.8
기초생활보장	79,100	87,761	88,310	94,773	101,311	104,904	113,147	127,046	139,659	7.4
취약계층지원	13,946	16,849	17,987	23,688	25,989	26,082	28,268	34,019	39,603	13.9
공적연금	312,678	331,382	364,031	396,612	427,062	449,930	478,007	503,116	554,491	7.4
보육·가족·여성	33,847	45,431	57,156	54,278	57,654	59,225	67,348	231,548	262,400	17.1
노인·청소년	40,510	45,034	65,619	90,362	94,210	98,013	112,749			
노동	131,242	140,362	144,588	155,162	172,950	182,653	238,104	267,185	299,892	10.9
보훈	40,541	43,152	44,576	46,376	48,181	49,754	55,254	55,588	57,345	4.4
주택	190,062	187,679	182,343	183,867	194,381	212,421	233,870	257,309	297,314	5.8
사회복지일반	5,789	7,062	7,440	7,697	7,917	8,290	11,265	12,958	14,215	11.9
[보건, 억 원]	78,589	88,213	92,203	104,009	105,339	103,558	108,573	121,203	135,218	7.0
보건의료	16,039	20,247	19,451	22,808	23,278	23,405	24,420	25,930	27,694	7.1
건강보험지원	60,113	65,131	69,665	77,442	77,860	75,811	79,434	90,187	101,956	6.8
식품의약품안전	2,437	2,835	3,087	3,760	4,201	4,342	4,719	5,086	5,568	10.9

출처: 통계로 보는 사회보장 2020.

4. 지방자치단체재정

지방재정이란 지방자치단체가 관할 구역의 자치사무와 국가로 위임받은 사무를 수행하는 데 필요한 재력을 마련하고 유지하고 관리하고 사용하는 활동과 지방자치단체의 자산 및 부채를 관리·처분하는 활동을 말한다(「지방재정법」 제2조).

국민의 복지 욕구가 점점 더 복잡·다양해지고 있는 오늘날의 사회에서는 국가의 역할만으로 국민의 복지 욕구를 충족시키는 데는 분명한 한계가 있기 때문에 지방자치단체(그리고 다양한 민간기관의)의 협력적 역할이 반드시 필요하다. 지방자치단체가 이러한 역할을 수행하는 데 필요한 재력과 관련된 것이 지방재정이므로 지방재정은 지방자치단체만을 위한 활동이 아니라 국가 전체를 위한 활동으로 보는 것이 타당하다. 아울러 지방재정은 국가재정과 상호 보완적 역할 분담을 통해 자치구역 주민의 복지증진뿐만 아니라 전 국민의 복지증진이라는 공통의 목표를 달성하는 데 기여해야 한다.

지방재정의 법원은 「대한민국헌법」, 「지방재정법」, 「지방자치법」 등이 있다.

1) 지방재정 방식

지방재정은 크게 일반재정과 교육재정으로 구분된다. 일반재정은 중앙정부재정과 마찬가지로 예산과 기금으로 이루어지며, 예산은 다시 일반회계와 특별회계로 나뉜다. 교육재정은 교육비특별회계 방식으로 이루어진다.

(1) 일반재정 예산

지방예산은 지방자치단체의 수입·지출·사업계획이 반영된 예정적 계획이다. 지방예산은 중앙정부 예산과 마찬가지로 1회계연도를 단위로 편성하고 집행한다. 지방예산 중 일반회계예산은 일반적인 지방자치단체 활동에 관한 세입세출을 망라하여 편성한 예산으로서 일반회계로 계리한다.

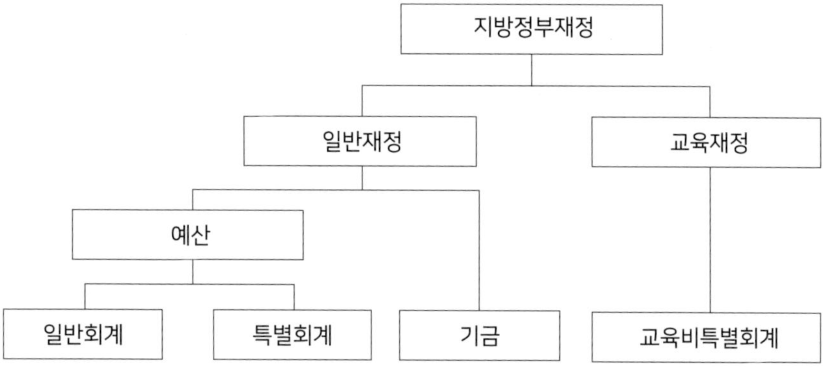

[그림 8-6] 지방자치단체 재정구조

특별회계예산은 특정한 목적을 달성하기 위한 예산으로서 특정한 세입으로 특정한 세출을 충당하는 회계인 특별회계로 계리한다. 지방자치단체의 장은 조례에 근거하여 특별회계를 신설하거나 그 존속기한을 연장할 수 있는데, 해당 조례안을 입법예고하기에 앞서 반드시 지방재정계획심의위원에의 심의를 거쳐야 한다. 특별회계는 지방공기업특별회계와 기타특별회계가 있다.

글상자 8-9 특별회계의 종류

- 지방공기업 특별회계: 「지방공기업법」에 의하여 조례로 설치·운영되는 지방직영기업, 지방공사, 지방공단에 적용되는 특별회계로서 상하수도 사업 등 사업 추진에 필요한 예산 계리를 위한 회계
- 기타특별회계: 지방자치단체가 설치·운영하는 각종 특별회계 중 지방공기업특별회계와 교육비특별회계를 제외한 모든 특별회계를 총칭. 2021년 기준 의료보호, 토지구획정리, 영세민 등 100여 종이 넘는 다양한 특별회계가 존재함

(2) 일반재정 기금

지방 기금은 지방자치단체가 특정한 목적을 달성하기 위해 설치·운용하는 자금이다. 지방자치단체는 「지방재정법」, 「지방자치단체 기금관리기본법」 등에 근거하여 특정한 행정목적을 달성하거나 공익상 필요한 경우 조례에 의하여 기금을 설치할 수 있

다. 단, 일반회계예산이나 특별회계예산으로 사업을 하는 것이 곤란한 경우에만 설치하며, 기금 신설의 타당성을 심사하기 위하여 미리 행정안전부장관과 협의해야 한다.

지방자치단체의 기금은 설치 목적에 따라 사업 및 관리기금, 융자성기금, 적립성기금의 세 가지 종류로 구분한다. 2019년 말 기준 총 2,403개 기금이 설치·운용되고 있으며, 조성액 규모는 총 40조 8,543억 원에 달한다.

〈표 8-13〉 연도별 지방자치단체 기금 수 및 조성액 규모 (단위: 개, 억 원)

2015		2016		2017		2018		2019	
기금 수	조성액	기금 수	조성액	기금 수	조성액	기금 수	조성액	기금 수	조성액*
2,364	172,664	2,312	162,877	2,323	336,127	2,316	324,341	2,403	408,543

출처: 기획재정부(2021). 2021 대한민국 재정. p. 20에서 재인용.
*2019년 기금조성액이 전년 대비 증가한 주요 사유는 재정안정화기금, 자체기금, 통합관리기금 등이 증가했기 때문임

(3) 교육재정

지방자치단체의 교육재정은 교육을 지원하기 위한 시·도교육청의 재정활동으로서 「지방교육자치에 관한 법률」 제38조에 따라 17개 시·도교육청의 교육감이 관장한다. 교육·학예에 관한 경비를 별도로 경리하기 위하여 일반재정과 구분하여 교육비특별회계로 운영된다. 지방교육재정의 재원은 중앙정부 이전수입, 지방자치단체 이전수입, 기타이전수입 자세수입, 지방교육채로 구성된다.

시·도별 교육비특별회계예산 편성은 당해 시·도교육청과 지방의회가 담당한다. 먼저 시·도교육청은 중기지방교육재정계획을 수립하여 예산안과 함께 지방의회에 제출한다. 각 지방의회는 지방재정계획심의위원회의 심의·확정을 거쳐 본회의에서 예산안을 의결한다. 교육청은 지방의회가 승인한 예산을 회계연도 개시 30일 전까지 교육부에 제출한다. 교육부는 이를 종합하고 관계부처 협의를 거쳐 종합 중기지방교육재정계획을 수립한다. 그런 다음 국무회의에 보고하고 시·도교육청에 송부한다. 지방자치단체의 교육비특별회계예산 편성 절차는 뒤이어 살펴볼 일반재정 예산 편성 절차와 대동소이하므로 자세한 소개는 생략하기로 한다.

〈표 8-14〉 지방교육재정의 구성

<table>
<tr><td rowspan="16">지방교육</td><td rowspan="5">중앙정부</td><td rowspan="3">지방교육재정교부금</td><td>내국세분 교부금</td><td>내국세 총액의 일정 %</td></tr>
<tr><td>교육세분 교부금</td><td>국세교육세분 전액 등</td></tr>
<tr><td>증액교부금</td><td>고등학교 무상교육 등에 필요한 재원</td></tr>
<tr><td>국고보조금</td><td colspan="2">국고사업 보조금</td></tr>
<tr><td>유아교육지원 특별회계전입금</td><td colspan="2">취학 직전 유아에 대한 공통 교육·보육과정 소요경비</td></tr>
<tr><td rowspan="8">지방자치단체 이전수입</td><td>지방교육세 전입금</td><td colspan="2">취득세액·등록면허세액·재산세액의 20% 등</td></tr>
<tr><td>담배소비세 전입금</td><td colspan="2">특광역시 담배소비세액의 일정 %</td></tr>
<tr><td>시·도세 전입금</td><td colspan="2">시·도보통세 총액의 일정 %</td></tr>
<tr><td>학교용지 일반회계 부담금</td><td colspan="2">특례법에 따른 지방자치단체 일반회계 부담금</td></tr>
<tr><td>지방교육재정 교부금보전금</td><td colspan="2">지방소비세 확대에 따른 지방교육재성교부금 감소 보전금</td></tr>
<tr><td>교육급여보조금</td><td colspan="2">국민기초생활보장법에 따라 광역·기초지자체가 지원하는 보조금</td></tr>
<tr><td>무상교육경비 전입금</td><td colspan="2">고등학교 등의 무상교육에 필요한 비용(20. 01. 01-24. 12. 31)</td></tr>
<tr><td>비법정전입금</td><td colspan="2">광역지자체전입금, 기초지자체전입금, 국고이전전입금</td></tr>
<tr><td>기타 이전수입</td><td colspan="3">기부금, 기타 지원금, 지자체 간 전입금</td></tr>
<tr><td>자체수입</td><td colspan="3">학생납입금, 사용료, 수수료, 자산수입, 이자수입 등</td></tr>
<tr><td>지방교육채</td><td colspan="3">금융기관 차입금, 공공자금관리기금 차입금 등</td></tr>
</table>

출처: 교육부(2020). 2020 지방교육재정의 이해.

(4) 지방재정 체계

지방자치단체의 재정체계는 [그림 8-7]과 같다.

[그림 8-7] 지방자치단체의 재정체계

출처: 국회예산정책처(2021). 2021 대한민국 재정. p. 16.

지방재정의 규모는 〈표 8-15〉에 제시된 바와 같이 2020년 통합재정수입지출을 기준으로 할 때 일반재정이 252조 2,743억 원, 교육재정이 73조 9,014억 원 규모로 이는 2018년도 국가재정의 38.9%에 해당한다. 2020년 국가재정 중 중앙정부재정, 지방정부 일반재정, 지방정부 교육재정의 규모를 구성비로 비교하면 〈표 8-16〉과 같다.

〈표 8-15〉 2020년 통합재정수입지출 현황 (단위: 억 원)

구분	2019		2020
	당초	최종	
통합재정수입	2,084,028	2,332,523	2,295,880
• 예산	2,061,709	2,306,945	1,916,448
- 일반회계	1,843,968	2,074,460	1,680,237
- 특별회계	217,741	232,485	236,211
• 기금	22,319	25,578	22,504
통합재정지출	2,307,488	2,629,459	2,522,743
• 예산	2,265,708	2,575,575	2,474,467
- 일반회계	1,794,210	2,048,899	1,975,403
- 특별회계	471,498	526,676	499,064
• 기금	41,779	53,884	48,277

출처: 행정안전부(2020). 2020년도 지방자치단체 통합재정개요.

〈표 8-16〉 국가재정 중 중앙정부재정과 지방정부재정의 비중 (단위: %)

기준	중앙정부	지방일반재정	지방교육재정
본예산 총지출	61.1	30.1	8.8
총 재정사용액	51.0	37.4	11.6

출처: 기획재정부(2021). 2021 대한민국 재정. p. 16.

2021년 지방자치단체의 통합재정지출을 분야별로 비교해 보면(〈표 8-17〉 참조), 총 14개 분야 중 사회복지 분야의 지출이 804,035억 원으로 가장 크며 전년대비 지출 증가폭 또한 14개 분야 중에서 가장 큰 것을 알 수 있다. 여기에 보건 분야 지출을 합할 경우, 사회복지·보건 지출의 규모는 총지출의 32.7%를 차지한다. 이 수치는 2020년 중앙정부 총지출 중 사회복지·보건 지출이 차지하는 비중인 35.2%보다는 낮은 수치이지만 지방자치단체 차원에서도 사회보장 관련 사업 및 업무가 지방자치단체 행정 중 사실 상 가장 큰 비중을 차지한다는 것을 단적으로 말해 주는 수치이다.

〈표 8-17〉 2021년도 분야별 통합재정지출 (단위: 억 원, %)

분야		2020(A)	2021(B)	증감	
				B-A	(B-A)/A
사회복지		751,269	804,035	52,766	7.0
인력운영비		315,350	330,228	14,877	4.7
SOC	수송 및 교통	194,590	194,380	△210	△0.1
	국토 및 지역개발	174,642	157,224	△17,417	△10.0
	소계	369,232	351,604	△17,627	△10
환경보호		254,764	252,507	△2,256	△0.9
농림해양수산		160,475	172,788	12,313	7.7
교육		139,438	137,836	△1,602	△1.1
일반공공행정		123,831	126,767	2,936	2.4
문화 및 관광		120,302	118,198	△2,104	△1.7
기본 경비 등		81,825	82,837	1,012	1.2
산업중소기업		75,080	82,879	7,799	10.4
예비비		45,483	38,292	△7,191	△15.8
보건		40,546	44,597	4,051	10.0
공공질서및안전		41,423	47,985	6,562	15.8
과학기술		3,725	3,338	△387	△10.4
합계		2,522,743	2,593,891	71,148	2.8

출처: 행정안전부(2021). 2021년도 지방자치단체 통합재정개요.

2) 지방재정조정제도

지방재정조정제도는 중앙정부와 지방자치단체 간, 지방자치단체 상호 간의 수직적·수평적 재정불균형을 조정하는 수단이다. 지방재정조정제도는 중앙정부가 지방자치단체 또는 지방교육자치단체에게 재정 이전을 통해 하는 수직적 재정조정과 광역지방자치단체가 기초지방자치단체에게 재정 이전을 통해 하는 수평적 재정조정 두 가지 유형이 있다.

〈표 8-18〉 지방재정조정제도 유형

유형	관계	이전 재정 종류
수직적 재정조정	중앙정부—지방자치단체·지방교육자치단체	지방교부세, 국고보조금, 지방재정교부금
수평적 재정조정	광역지방자치단체—기초지방자치단체	조정교부금

중앙정부는 반드시 재정불균형을 조정하기 위한 목적이 아니더라도 지방자치단체 재정의 일부를 부담해야 한다. 그 이유는, 앞서 언급한 바와 같이, 우리나라의 지방자치단체는 관할지역의 고유 사무와 함께 중앙정부로부터 국가 행정사무 중 상당 부분을 위임받아 수행하는 보통지방행정기관이기 때문이다.[26] 현재 지방자치단체 사무 중 약 70~80%에 달하는 사무가 중앙정부로부터 위임받은 사무인 것으로 알려져 있다.

이처럼 국가행정에서 지방자치단체 차지하는 역할이 크기 때문에 국가와 지방자치단체 간 사무 분담 및 경비 부담의 원칙은 제도로서 규정되어 있다. 국가와 지방자치단체의 역할에 있어서 지방자치단체가 담당해야 하는 사무는 「지방자치법」 제11조에 규정되어 있고, 국가와 지방자치단체 간 재정 부담의 원칙은 「지방재정법」 제20조, 제21조에 명시되어 있다.

글상자 8-10 「지방재정법」 제20조, 제21조

- 지방자치단체의 관할 구역의 자치사무에 필요한 경비는 당해 지방자치단체가 그 전액을 부담한다(제20조).
- 지방자치단체 또는 그 기관이 법령에 의하여 처리하여야 할 사무로서 국가와 지방자치단체 상호 간에 이해관계가 있는 경우에, 그 원활한 사무 처리를 위해 국가가 부담하지 않으면 안 되는 경비는 국가가 그 전부 또는 일부를 부담한다(제21조1항).
- 국가가 스스로 행해야 할 사무를 지방자치단체 또는 그 기관에 위임하여 수행하는 경우에 그 소요되는 경비는 국가가 그 전부를 당해 지방자치단체에 교부하여야 한다(제21조2항).

26) 이 책의 제4장을 참조하기 바란다.

(1) 자체재원

지방재정조정제도와 국가·지방자치단체 간 재정 부담 관계를 이해하기 위해서는 먼저 지방재정의 자체재원과 의존재원에 대한 기본적인 이해가 필요하다. 자체재원이란 지방자치단체가 자체적으로 마련하는 재원으로서 지방세와 세외수입으로 나뉜다.

○ 지방세

- 지방자치단체는 재정수요에 충당하기 위해 「지방세법」, 「지방세기본법」 등에 근거하여 11개 세목의 지방세를 부과·징수한다.[27)]
- 지방세는 지방재정의 주된 세입이다. 지방세는 재정수요 용도에 따라서 보통세와 목적세로 구분하는데, 취득세, 등록면허세, 레저세, 지방소비세, 주민세, 재산세, 자동차세, 담배소비세, 지방소비세는 보통세이고, 지역자원시설세와 지방교육세는 목적세이다.
- 보통세는 과세 대상을 기준으로 재산세, 소득세, 소비세로 구분할 수 있는데, 이 중 재산세가 지방세수입의 대부분을 차지한다. 그렇기 때문에 지방자치단체의 세원은 중앙정부에 비해 매우 약하다.
- 지방세를 해당 지방자치단체의 사무에 따라 구분하면 특별시세, 광역시세, 도세, 구세, 시·군세로 구분할 수 있다. 각 지방자치단체는 〈표 8-19〉와 같은 세목의 지방세를 징수한다.

〈표 8-19〉 지방자치단체별 세목

구분	보통세	목적세
특·광역시(7/2)	취득세, 레저세, 담배소비세, 지방소비세, 주민세, 지방소득세, 자동차세	지역자원시설세, 지방교육세
도(4/2)	취득세, 등록면허세, 레저세, 지방소비세	지역자원시설세, 지방교육세
시·군(5)	주민세, 재산세, 자동차세, 담배소비세, 지방소득세	-
자치구(2)	등록면허세, 재산세	-

27) 중앙정부재정 현황 부분의 조세체계도를 참조하기 바란다.

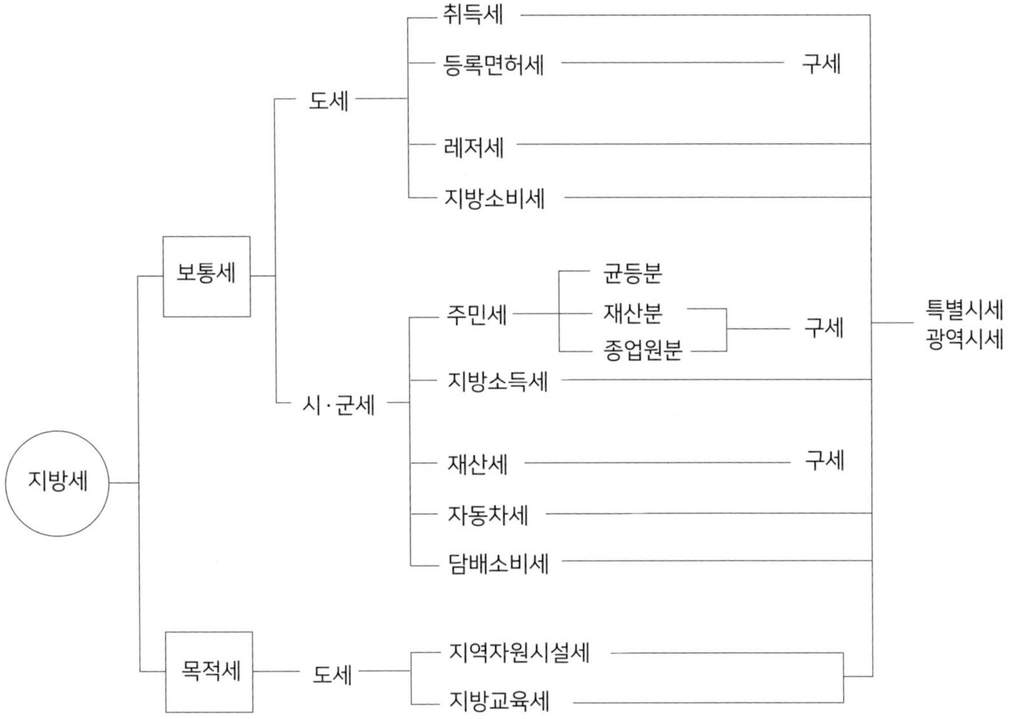

[그림 8-8] 지방세 구조

* 광역시의 군지역은 도세와 시·군세로 세목 구분/광역시의 구세는 주민세 재산분과 종업원분을 포함/지방교육세가 부과되는 세목은 취득세, 등록면허세(등록분), 레저세, 주민세(균등분), 재산세, 자동차세, 담배 소비세임/ 농어촌특별세가 부과되는 세목은 취득세, 등록면허세(감면세액), 레저세임

출처: 행정안전부(2021). 2021 지방세통계연감. p. 3.

○ 세외수입

지방자치단체의 세외수입원은 일반회계 세외수입과 특별회계 세외수입으로 구분할 수 있으며, 각각은 다시 지속적으로 확보 가능한 실질적 세외수입과 불규칙적으로 확보할 수 있는 명목적 세외수입으로 구분된다.[28)]

우리나라 지방자치단체는 과세자치권을 가지고 있지 않다. 지방자치단체의 과세권은 정부가 「지방세법」을 통해 통제하고 있는데, 지방세의 세목, 세율, 과세 방법 등이

28) 보다 자세한 논의는 원구환(2012). 재무행정론. 대영문화사를 참조하기 바란다.

전국적으로 획일적으로 적용되고 있다. 지방자치단체에 과세자치권을 부여하지 않는 이유는 대도시, 중소도시, 농어촌 등 지역 간 세원 편차가 매우 심한 상황에서 과세자치권이 허락되면 지역 간 빈익빈 부익부 현상이 심화될 것으로 예상되기 때문이다.

그러나 과세자치권의 부재가 한편으로는 이러한 지역 간 재정격차 심화를 방지하는 효과를 갖지만, 다른 한편으로는 세원이 부족한 지방자치단체들로 하여금 자주재원을 확보하기 위해 노력하기보다 중앙정부의 이전재원에 의존하려는 성향을 갖게 만드는 부작용도 있다.

〈표 8-20〉 2016-2019년 지방세 수납액 (단위: 조 원)

구분		2016	2017	2018	2019
도세	취득세	21.7	23.5	23.8	23.9
	등록면허세	1.7	1.6	1.7	1.8
	레저세	1.1	1.1	1.0	0.9
	지역자원시설세	1.4	1.5	1.6	1.7
	지방소비세	6.4	7.3	7.5	11.3
	지방교육세	6.3	6.4	6.5	6.7
시·군세	주민세	1.8	1.9	2.0	2.1
	지방소득세	13.1	14.4	16.7	17.4
	재산세	9.9	10.7	11.5	12.7
	자동차세	7.6	7.8	7.9	7.7
	담배소비세	3.7	3.6	3.5	3.4
과년도 수입		0.9	0.7	0.5	0.7
합계		75.5	80.4	84.3	90.5

출처: 행정안전부(2021). 2021 지방세통계연감.
https://www.mois.go.kr/frt/bbs/type001/commonSelectBoardArticle.do?bbsId=BBSMSTR_000000000014&nttId=88072#none

(2) 의존재원

의존재원은 국가 또는 타 지방자치단체로부터 지원받은 재원이다. 의존재원은 지방교부세, 국고보조금, 지방교육재정교부금, 조정교부금 등으로 구성된다.

○ 지방교부세

- 지방교부세는 국가가 지방자치단체의 기본 행정 운영에 필요한 최소한의 재원을 보장하고 지역 간 재정 불균형을 시정하기 위해서 중앙정부가 재정력이 약한 지방자치단체 또는 지방교육자치단체에 국세의 일부를 이전하는 제도이다.
- 지방교부세는 지방자치단체에 제공하는 재정 원조가 아니라 지방자치단체 고유재원으로 보는데, 이는 국가가 지방세로 배분되어야 할 세원을 지역 간 세원 편재로 인해 재정 격차가 심화되는 것을 막기 위해서 일단 국세로 징수한 다음 일정한 기준에 따라 지방자치단체에 교부세로 재배분하여 지방재원으로 사용하게 하기 때문이다. 지방세의 세원을 국세로 징수할 수 있는 근거는 국가와 지방자치단체가 세원을 공유한다는 세원공유원칙이다.
- 지방교부세는 지방자치단체의 고유 재원이므로 지방자치단체는 지방교부세를 일반예산으로 사용할 수 있다. 즉, 지방교부세는 그 용도가 정해져 있지 않다. 지방교부세의 종류는 보통교부세, 특별교부세, 분권교부세, 부동산교부세로 구분한다. 각 지방교부세의 재원은 국세의 일정 부분으로 미리 정해져 있다.

〈표 8-21〉 교부세의 종류

교부세 종류	목적
보통교부세	지방자치단체가 일정한 수준의 행정을 유지할 수 있도록 표준 수준의 행정수행 경비를 산출하여 그 충당 부분을 일반 부분으로 보전하기 위해 교부하는 재원. 내국세의 19.24%. 일반재원
특별교부세	보통교부세 산정 시 발생하는 획일성과 시기성으로 인해 각 지방자치단체의 재정 현실을 정확하게 반영하지 못하는 경비를 지원하는 제도. 내국세의 19.24%. 특정재원
부동산교부세	종합부동산세 전액. 일반재원
소방안전교부세	담배에 부과되는 개별소비세의 45.0%. 일반 및 특정 재원

출처: 국회예산정책처(2021). 2021 대한민국 재정.

〈표 8-22〉 중앙정부 지방재정조정제도 간 특성 비교

<table>
<tr><th rowspan="2">구분</th><th rowspan="2">지방교부세</th><th rowspan="2">국고보조금</th><th>지방재정교부금</th></tr>
<tr><th>유아교육지원특별회계 보조금</th></tr>
<tr><td rowspan="2">근거 법령</td><td rowspan="2">「지방교부세법」</td><td rowspan="2">「보조금 관리에 관한 법률」</td><td>「지방교육재정교부금법」</td></tr>
<tr><td>「유아교육지원특별회계법」</td></tr>
<tr><td rowspan="2">재원 구성</td><td rowspan="2">• 보통·특별교부세: 내국세의 19.24%
• 부동산교부세: 종합부동산세 전액
• 소방안전교부세: 담배세에 부과되는 개별소비세의 45.0%</td><td rowspan="2">국가 예산으로 계상</td><td>• 내국세의 20.79%와 교육세 일부
- 보통교부금(내국세 교부금 97% + 특별회계전입금을 제외한 교육세)
- 특별교부금(내국세 교부금 3%)</td></tr>
<tr><td>• 교육세 일부
• 중앙정부 일반회계 전입금 등</td></tr>
<tr><td rowspan="2">용도</td><td rowspan="2">• 보통·부동산교부세: 용도 지정 없음. 자치단체 일반 예산으로 사용 가능
• 특별교부세: 용도지정, 조건부여 가능
• 소방안전교부세: 특수수요 용도 지정 가능</td><td rowspan="2">용도와 조건이 지정되어 특정 목적 재원으로 운용</td><td>• 보통교부금: 용도지정 없음
• 특별교부금: 용도지정, 조건부여 가능</td></tr>
<tr><td>• 누리과정 지원</td></tr>
<tr><td rowspan="2">성격</td><td rowspan="2">• 보통·부동산교부세: 일반재원(자주재원 성격)
• 특별교부세: 특정재원(자주재원 성격)
• 소방안전교부세: 일반 및 특정재원(자주재원 성격)</td><td rowspan="2">특정목적재원 (이전재원 성격)</td><td>• 보통교부금: 일반재원(자주재원)
• 특별교부금: 특정재원(자주재원)</td></tr>
<tr><td>• 특정목적재원(이전재원 성격)</td></tr>
</table>

출처: 국회예산정책처(2021). 2021 대한민국 재정. p. 29.

○ 보조금

- 국가는 시책상 필요하다고 인정될 때 또는 지방자치단체의 재정 사정상 특히 필요하다고 인정될 때 예산의 범위 내에서 보조금을 지급할 수 있다.[29]
- 국가가 지방자치단체나 민간이 행하는 사무 또는 사업에 대해서 국가가 이를 조성하거나 재정상의 원조를 위해 교부하는 재원을 국고보조금이라고 한다. 국고보조금은 매년 지방자치단체장이 중앙행정기관의 장에게 신청하여 받는 경상적 재원이며 국고보조금의 재원은 지방교부세와 달리 국세의 일정 부분으로 미리 정해져 있지 않다.
- 국고보조금 지급체계는 지방자치단체를 위한 보조인지 민간을 위한 것인지에 따라 지방자치단체보조와 민간보조로 나뉘며, 대상에 따라서는 직접보조와 간접보조로 나뉜다.

〈표 8-23〉 국고보조금 지급체계

구분	직접보조	간접보조
지방자치단체보조	시·도	시·군·구
		민간사업자
민간보조	민간사업자	

- 국고보조금은 정해진 용도 외의 사용이 금지되어 있기 때문에 국고보조금을 재원으로 하는 국고보조사업은 중앙관서의 장과 상급기관의 통제를 받는다. 국고보조사업은 국가가 전액 지원하는 사업의 경우를 제외하고는 지방자치단체가 반드시 비용의 일부를 지방비에서 부담하는 것을 조건으로 한다.
- 그렇기 때문에 지방자치단체의 자체수입이 증가하지 않는 상황에서 국고보조금사업의 수와 규모와 급증할 경우 재정력이 높은 지방자치단체에게조차도 큰 재정 부담으로 작용할 수 있다. 따라서 중앙정부가 지방재정 상황을 고

29) 보조금이란 국가 외의 자가 행하는 사무 또는 사업에 대해서 국가가 이를 조성하거나 재정상의 원조를 위해 교부하는 보조금, 부담금, 기타 상당한 반대급부를 받지 아니하고 교부하는 교부금을 말한다(「보조금의 예산 및 관리에 관한 법률」 제2조).

려하지 않거나 지방자치단체들과의 협의 없이 국고보조금사업의 수나 규모를 늘리는 것은 지양해야 한다.

○ 국가균형발전특별회계

- 국가균형발전특별회계는「국가균형발전특별법」제30조에 근거하여 국가균형발전계획과 관련 사업을 효율적으로 추진하기 위하여 설치한 특별회계로서 기획재정부장관이 관리·운용을 담당한다.[30] 국가균형발전특별회계예산(이하 균특회계예산)은 지방자치단체 또는 중앙정부 부처가「국가균형발전특별법」에 규정된 대상포괄보조사업 중 원하는 사업을 선택하여 당해 사업에 필요한 예산을 기획재정부에 요구하는 방식으로 예산을 편성하는 자율편성사업이다.
- 기획재정부장관은 매년 4월 10일까지 17개 시·도별로 각 시·도가 신청할 수 있는 균특회계예산 기본한도를 통보한다. 지방자치단체와 부처는 이 기본한도 내에서 선택한 사업의 예산신청서를 관계 중앙행정기관의 장 및 국가균형발전위원회에 제출하여 예산을 신청한다. 지방자치단체가 사업을 선택하여 자율적으로 예산을 편성하는 사업을 시·도 또는 시·군·구 자율편성사업이라 하고 부처가 직접 사업을 선택하는 사업을 부처직접사업이라 한다.
- 2022년 기준 균특회계는 지역자율계정, 지역지원계정, 세종특별자치시계정 및 제주특별자치도계정으로 구분한다. 각 계정별 사업의 종류는 〈표 8-24〉와 같다.

---

30) 국가균형발전특별회계는「국가균형발전특별법」(2004년 시행)의 시행 및 국고보조사업의 개편과 함께 2005년 신설된 특별회계이다. 그 당시 국고보조사업 개편으로 인해 533개 국고보조사업 중 233개 사업은 국고보조사업으로 남고 대부분이 사회복지사업인 163개 사업은 지방자치단체로 이양, 126개 사업은 국가균형발전특별회계로 이관되었다. 2009년「국가균형발전특별법」이 개정되어 국가균형발전특별회계를 광역·지역발전특별회계로 개편하면서, 지역개발사업의 투자효율성 제고를 위해 지역개발사업계정 내 200여 개 사업을 24개 포괄보조사업으로 재편하고 지방자치단체의 자율성 확대를 위해 재원의 용도를 포괄적으로 지정하는 포괄보조금제도가 도입되었다. 2015년에는 기존 광역경제권이 행정구역 중심으로 인위적 설정되어 정책체감 효과가 낮다는 문제를 해결하고자 지역발전특별회계로 명칭을 변경하고 지역개발계정, 광역발전계정을 각각 생활기반계정, 경제발전계정으로 변경하였다. 그러다가 2018년「국가균형발전특별법」개정으로 인해 명칭이 다시 국가균형발전특별회계로 변경되었으며, 생활기반계정, 경제발전계정이 각각 지역자율계정, 지역지원계정으로 변경되었다[국회예산정책처(2021). 2021 대한민국 재정. p. 31에서 수정 인용].

〈표 8-24〉 국가균형발전특별회계 계정별 자율편성사업

계정	자율편성사업 종류
지역자율계정	• 시·도자율편성사업: 13개 포괄보조사업 중 선택 • 시·군·구자율편성사업: 5개 포괄보조사업 중 선택
지역지원계정	• 부처직접편성사업: 268개 대상사업 중 선택
세종특별자치시계정	• 시·도자율편성사업: 환경부 1개 사업(농어촌마을하수도정비) • 시·군·구자율편성사업: 농식품부 1개 사업(일반농산어촌개발) • 부처직접편성사업: 14개 대상사업 중 선택
제주특별자치도계정	• 시·도자율편성사업: 4개 대상사업 중 선택 • 시·군·구자율편성사업: 3개 대상사업 중 선택 • 특별지방행정기관편성사업: 26개 대상사업 중 선택 • 부처직접편성사업: 10개 대상사업 중 선택

출처: 기획재정부(2022). 2022.국가균형발전특별회계 예산안 편성 지침.

- 지역자율계정의 경우 시·도는 33개 대상포괄보조사업 중에서, 시·군·구는 5개 대상포괄보조사업 중에서 필요한 사업을 선택하여 예산을 신청할 수 있다. 지역지원계정의 경우, 지방자치단체는 자율편성사업을 할 수 없고 부처만 총 268개 대상사업 중 원하는 사업을 선택하여 부처직접편성사업을 할 수 있다. 부처직접편성사업은 주로 광역협력권 지원을 위한 시·도 간 연계사업 등 국가적 우선순위가 높은 사업을 그 내용으로 하는데, 각 부처가 시·도 발전계획 및 중장기 투자계획 등에 의거 지방자치단체의 요구 등을 받아 부처에서 직접 예산을 편성한다. 세종특별자치시와 제주특별자치도는 모두 시·도, 시·군·구 및 부처직접편성사업이 가능하며, 제주도의 경우 특별지방행정기관자율편성사업도 가능하다.
- 균특회계예산 사업과 일반예산 및 기타 특별회계예산 사업 간 중복으로 인한 예산의 비효율적 집행을 방지하기 위해서 중앙행정기관의 장 및 시·도지사는 균특회계로 요구하거나 신청한 사업 또는 그와 유사한 사업에 대하여는 기획재정부장관 또는 중앙행정기관의 장에게 중복하여 예산을 요구하거나 신청하지 못하게 되어 있다(「국가균형발전특별법」 제41조).

○ 시·도비 보조금, 조정교부금, 교육청 전출금

- 지방재정조정은 중앙정부와 지방자치단체 사이에서뿐만 아니라 광역지방자치단체와 기초지방자치단체 간에도 수평적으로 이루어진다. 광역지방자치단체와 기초지방자치단체 간에 이루어지는 수평적 재정조정의 재원으로는 시도비 보조금, 조정교부금, 교육청 전출금 등이 있다.

〈표 8-25〉 지방자치단체 간 재정조정제도의 조정재원

조정재원	목적 및 내용
시·도비보조금	광역지방자치단체의 정책적 필요에 따라 기초지방자치단체 사업에 대한 지원 또는 시·도·위임사무의 수행을 위한 사업비의 전부 또는 일부를 지원하기 위한 보조금
조정교부금	광역지방자치단체 중 특별시와 광역시가 자치구의 기본 행정 운영에 필요한 최소한의 재원을 보장하고 자치구 간의 재정 불균형을 시정하기 위해 특별시세수입과 광역시세수입 중 일정액을 확보하여 조례로 정하는 기준에 따라 자치구에 교부하는 교부금
교육청 전출금	지방교육재정교부금과 함께 교육비특별회계의 주요 재원을 구성하기 위해 지방자치단체 일반회계로부터 전입되는 전입금

〈표 8-26〉 지방자치단체간 지방재정조정제도

구분	시·도비 보조금	자치구 조정교부금	교육청 전출금
		시·군 조정교부금	
근거 법령	「지방재정법」 제23조2항	「지방재정법」 제29조의2 「지방재정법 시행령」 제36조의2	「지방교육재정교부금법」 제11조
		「지방재정법」 제29조 「지방재정법 시행령」 제36조	
재원 구성	시·도의 일반회계 또는 특별회계	• 특별·광역시의 보통세 중 조례로 정하는 일정액 • 일반조정교부금(90%), 특별조정교부금(10%)	• 지방교육세 전출금 • 담배소비세 전출금 • 시·도세 전출금 • 학교용지 일반회계 부담금 • 지방교육재정교부금 보전금 • 교육급여 보조금 • 기타 전출금

		• 광역시·도세 총액 및 지방소비세의 27%(인구가 50만 명 이상의 시와 자치구가 아닌 구가 설치되어 있는 시는 47%)에 해당하는 금액 • 일반조정교부금(90%), 특별조정교부금(10%)	
용도	특정한 지원대상사업 재정수요 충당 (용도 지정)	• 일반조정교부금: 용도 지정 없이 자치단체의 일반재원으로 사용 • 특별조정교부금: 교부 시 부과된 조건이나 목적에 맞게 사용	지방의 교육학예에 드는 경비

출처: 국회예산정책처. 2021 대한민국 재정. p. 33.

○ 지방채

• 지방채란 지방자치단체가 사업수행에 소요되는 경비를 조달하기 위해 증서차입 또는 증권 발행의 형식을 통해 자금을 조달하는 제도이다. 지방자치단체의 장은 지자체에 항구적 이익이 되거나 긴급한 재난복구 등의 필요가 있는 때는 지방채를 발행할 수 있다(「지방재정법」 제11조).

• 지방채는 지방자치단체가 과세권을 실질적 담보로 자금을 조달하는 채무이니만큼 지방채 발행은 지방의회의 의결을 얻어야 한다. 지방채 채무의 이행기간은 2회기연도 이상에 걸쳐 이루어진다.

3) 재정자립도·재정자주도

지방자치단체는 이상에서 소개한 자체재원, 의존재원 및 기타 재원을 통해 자체사무 및 위임사무를 수행하는 데 필요한 재력을 마련한다. 〈표 8-27〉은 지방자치단체의 총예산 중 자체재원, 의존재원 및 기타 재원이 차지하는 비중을 보여준다.

〈표 8-27〉 2020년 지방자치단체예산 재원구성(총계 기준) (단위: 조 원)

구분			2016	2017	2018	2019	2020
총계예산(A+B+C)			290.7	304.5	324.5	367.7	345.0
자체재원(지방세+세외수입)(A)			96.7	102.6	108.0	114.0	118.6
의존재원	의존재원 합계(B)		140.9	146.8	163.6	194.7	184.6
의존재원	중앙 → 지방	소계(a)	117.4	127.2	136.8	164.3	155.9
의존재원	중앙 → 지방	지방교부세	37.3	43.4	47.9	56.2	49.4
의존재원	중앙 → 지방	국고보조금	80.1	83.8	88.9	108.1	106.5
의존재원	광역 → 기초	소계(b)	23.4	19.6	26.8	30.4	28.7
의존재원	광역 → 기초	자치구 조정교부금	4.9	5.5	5.7	6.1	5.4
의존재원	광역 → 기초	시·군 조정교부금	5.6	6.1	6.0	6.7	5.6
의존재원	광역 → 기초	시·도비 보조금	13.0	13.9	15.1	17.6	17.8
기타(지방채+보전수입등 및 내부거래(C)			53.2	47.6	50.9	59.0	41.8
총계예산 대비 비중	중앙-지방(a)		40.4	41.8	42.2	44.7	45.2
총계예산 대비 비중	광역-기초(b)		8.0	6.4	8.3	8.3	8.3
총계예산 대비 비중	의존재원(B)		48.5	48.2	50.4	53.0	53.5

출처: 국회예산정책처(2021). 2021 대한민국 재정. p. 34.

2020년 기준 지방자치단체의 총계예산 중 의존재원의 비중은 53.5%로서 지방자치단체는 필요한 재력 중 절반 이상을 의존재원으로 충당하였다. 이처럼 지방자치단체가 자체적으로 충당할 수 있는 예산이 필요 예산의 절반에도 미치지 못하는 현상은 2021년에만 나타난 일시적인 현상이 아니다. 중앙정부와 지방자치단체 간 그리고 지방자치단체 간 재정조정은 바로 이러한 현실을 개선하기 위해 필요한 제도이다.

글상자 8-11 총계예산과 순계예산

예산은 중복하여 계상되는 부분의 유무 여부에 따라 총계예산과 순계예산으로 구분한다. 총계예산이란 정부나 지방자치단체의 총예산, 즉 모든 예산의 단순 합을 말한다. 정부나 지방자치단체의 총계예산에서 동일한 예산이 중복 계상되는 부분을 뺀 예산을 순계예산이라고 한다. 예산의 중복 계상은 내부거래(일반회계와 특별회계 간 전출로 인한 예산 중복)나 외부거래(정부와 지방자치단체 간 또는 광역지방자치단체와 기초지방자치단체 간 재정 이전 등으로 인해 발생한 예산 중복)로 인해 발생한다. 일반적으로 개별 지방자치단체의 재정 규모 등을 파악할 때는 총계예산을 사용하지만 전체 지방자치단체의 예산 규모를 파악할 때는 순계예산을 사용해야 예산이 실제보다 부풀려지는 문제가 발생하지 않는다.

출처: 국회예산정책처(2021). 2021 대한민국 재정, p. 17, 지방재정365. 지방재정통합공개시스템. http://lofin.mois.go.kr/websquare/websquare.jsp?w2xPath=/ui/portal/stat/local/budget/sd002_bg204.xml

그렇다면 과연 지방자치단체의 재정 상황은 재정조정제도를 통해 얼마나 그리고 어떻게 바뀌는가? 이 논의를 위해서는 먼저 재정자립도와 재정자주도 개념을 이해해야 한다. 지방자치단체의 필요 재정수입 중 지방자치단체가 스스로의 능력으로 충당한 정도를 지방재정 건전성이라고 한다. 재정자립도와 재정자주도 모두 지방재정 건전성을 나타내는 지표이다.

(1) 재정자립도

재정자립도는 지방자치단체의 재정수입의 자체 충당 능력을 나타내는 세입분석지표이다. 일반회계 세입 중 지방세와 세외수입의 비율로 측정한다. 재정자립도는 총 일반회계예산에서 자체재원이 차지하는 비중이 클수록 높아진다. 따라서 재정자립도가 높다는 것은 해당 지방자치단체의 세입기반이 좋다는 것을 의미한다.

31) 재정자립도와 재정자주도 모두 전국 및 시·도별 평균을 산출하는 경우는 순계예산규모로 산출하고, 지방자치단체별로 산출하는 경우는 총계예산규모로 산출한다.

재정자립도	=	(지방세 + 세외수입) x 100/ 일반회계 예산규모[31)

(2) 재정자주도

재정자주도는 지방자치단체가 재량적으로 사용할 수 있는 지방교부세와 조정교부금이 반영된 지표이다. 이 지표가 '자주도' 지표인 이유는 지방자치단체가 재량권을 가지고 사용할 수 있는 재원이 전체 세입에서 차지하는 비중을 보여 주기 때문이다. 재정자주도는 지방자치단체의 의존재원이 많을수록 높아진다. 따라서 재정자주도와 재정자립도와 비교하면 지방자치단체의 재정력이 의존재원에 의해서 어느 정도 증가하는지 알 수 있다.

재정자립도	=	((자체수입: 지방세+세외수입)+(자주재원: 지방교부세+조정교부금))x100/ 일반회계 예산규모

지방자치단체의 재정자립도와 재정자주도는 2021년 기준 각각 48.7%와 70.8%이며(〈표 8-28〉 참조), 이 수준이 최근 몇 년간 큰 변화 없이 유지되고 있음을 알 수 있다. 재정자립도가 48.7%라는 것은 지방자치단체가 필요한 총예산 중 자체 재원으로 충당할 수 있는 예산이 총예산의 절반에도 미치지 못하는 수준이라는 것을 의미한다. 지방자치단체의 재정 조달 능력이 이 정도 수준이라는 것은 심각한 문제가 아닐 수 없다.

또 한 가지 문제는 지방자치단체의 재정 상황이 지방자치단체 종류에 따라 상당한 차이를 보인다는 것이다. 지방자치단체 종류별 재정자립도를 비교해 보면 특·광역시의 경우는 재정자립도가 전국 평균보다 높은 58.9% 수준인 반면, 나머지 지방자치단체의 재정자립도는 40% 수준에도 미치지 못하는 것으로 나타나고 있다.

〈표 8-28〉 2021년 지방자치단체 평균재정자립도 및 평균재정자주도

구분	2018		2019		2020		2021	
	자립도	자주도	자립도	자주도	자립도	자주도	자립도	자주도
전국평균(순계)	53.4	75.3	51.4	74.2	50.4	73.9	48.7	70.8
특·광역시(총계)	65.7	73.4	62.7	71.8	60.9	69.8	58.9	67.4
도(총계)	39.0	50.2	36.9	48.9	39.4	50.6	36.5	46.5
시(총계)	37.9	66.4	31.1	64.8	33.5	63.8	32.3	60.9
군(총계)	18.5	65.2	18.3	65.3	17.3	64.9	17.3	61.2
자치구(총계)	30.3	47.5	29.8	46.1	29.0	45.5	28.5	44.8

출처: 국회예산정책처. 재정경제통계시스템. 지방자치단체 평균통합재정자립도. 지방자치단체 평균통합재정자주도. http://www.nabostasts.go.kr.

지방자치단체 중에서도 특히 기초자치단체의 재정 건전성은 광역지방자치단체에 비해 상대적으로 더 열악하다. 2018년 기준 전국 226개 기초지방자치단체 중 재정자립도가 60%를 넘은 곳은 14개에 불과하며, 13개 기초지방자치단체는 재정자립도가 10%에도 미치지 못했다. 또한 지방세 수입으로 인건비를 지출하지 못하는 기초지자체가 무려 124개에 달한다.

〈표 8-29〉 2019년 재정자립도 수준별 지방자치단체 분포

재정자립도 60% 이상	14개(모두 수도권)
재정자립도 50% 이상	30개
재정자립도 20% 미만	86개
재정자립도 10% 미만	13개

출처: 국회예산정책처 재정경제통계시스템(http://www.nabostasts.go.kr). 지방자치단체 평균통합재정자립도.

지방자치단체의 자체수입에 지방교부세와 조정교부금을 더해 구한 재정자주도는 2021년 기준 70.8%이다. 이 수치는 지방자치단체의 재정 상황이 중앙정부와 상위 지방자치단체로부터의 재정지원에 의해 평균 약 22%p 정도 개선되지만, 총예산의 29.2%는 여전히 부족한 상태에 있다는 것을 나타낸다.

평균 부족분인 총예산의 29.2%는 의존재원 중 재정자주도 산식에 포함되어 있지

않은 의존재원인 국고보조금이나 지방채 등의 기타 재원으로 충당된다. 그런데 국고보조금은 정해진 용도 외의 사용이 금지되어 있어 국고보조금을 재원으로 하는 사업은 중앙관서의 장과 상급기관의 통제를 받아야 하며, 국고보조사업은 국가가 전액 지원하는 사업의 경우를 제외하고는 지방자치단체가 반드시 비용의 일부를 지방비에서 부담하는 것을 조건으로 하기 때문에 지방자치단체의 총예산 중 국고보조금이 차지하는 비율이 높을수록 해당 지방자치단체는 자율성을 가질 수 있는 사업보다는 사실상 중앙정부의 사업을 대행하는 역할을 하게 되는 상황에 처하게 될 가능성이 높다.

문제는 이처럼 낮은 지방재정 건전성이 지방자치단체가 중앙정부를 보완하는 사회보장 주체로서의 역할을 수행할 수 있는 가능성을 실현하지 못하게 하는 걸림돌로 작용하고 있다는 것이다. 지방자치단체는 지역이 가진 욕구의 특수성을 반영한 사회보장 사업을 수행하는 데 있어서 중앙정부보다 효과적이다. 이러한 상대적 강점을 고려하여 정부는 지방자치단체로 하여금 「사회보장기본법」에 따라 매 5년마다 지역사회보장기본계획을 수립하는 등 지역사회보장 주체로서 적극적인 역할을 수행할 것을 요구하고 있다.

그러나 현재 수준의 지방재정 건전성으로는 서울을 포함한 극히 일부 특·광역시를 제외하고는 지방자치단체가 그러한 역할을 담당하는 것은 현실적으로 불가능하다. 그렇기 때문에 지방재정 상황을 개선할 수 있는 획기적인 변화(예: 재정분권 같은) 가 없는 한 지방자치단체가 자신이 가진 상대적 강점을 활용하는 사회보장 주체로서의 역할을 기대하는 어려울 것이라 판단된다.

4) 지방예산 편성

지방자치단체 예산은 중앙정부 예산 편성 절차와 매우 유사한 〈표 8-30〉의 절차에 따라 편성된다.[32]

32) 이하에서 소개할 내용은 모두 일반재정에 관한 내용이다.

○ 중기지방재정계획 수립

- 우리나라는 1992년부터 지방재정관리운영제도를 도입하여 시행하고 있다. 리운영제도는 효율적인 재원배분을 통한 계획적인 지방재정운용 및 지방재정 건전성 제고를 위해 도입된 제도이다.
- 이에 따라 지방자치단체의 장은 계획성 있는 지방재정 운용을 위해 매년 다음 회계연도부터 5회계연도 이상의 기간에 대한 중기지방재정계획을 수립하여 예산안과 함께 지방의회에 제출하고, 회계연도 개시 30일 전까지 행정안전부장관에게 제출해야 한다.[33)]

〈표 8-30〉 지방자치단체예산 편성 절차

과정	일정	기한
중기지방재정계획 수립 지침 통보	행정안전부장관이 각 지방자치단체의 장에게 중기지방재정계획 수립지침을 통보	전년도 8월 31일
중기지방재정 계획서제출	각 지방자치단체의 장이 행정안전부장관에게 중기지방재정계획서 제출[34)]	전년도 12월 1일
투자심사	각 지방자치단체가 중기지방재정계획에 반영된 사업에 대해 투자심사 실시. 각 지방자치단체의 장이 투자심사결과보고서를 행정안전부장관 또는 시·도지사에게 제출	전년도 시·도: 12월 30일 시·군·구: 12월 20일
예산편성운영기준 시달	행정안전부장관이 각 지방자치단체의 장에게 다음연도 기준경비 및 예산편성운영 기준 시달. 각 지방자치단체의 예산부서는 이를 각 실·국·본부(실·과 및 사업소)에 시달	7월 31일
예산요구서 제출	각 실·국·본부(실·과 및 사업소)가 예산부서에 예산요구서 제출	각 지자체가 지정한 기한
예산 조정	소관 부서 의견수렴 등을 통해 예산안 마련을 위한 조정	8~10월

33) 예산편성과 관련된 지방재정관리운영제도는 중기지방재정계획제도 외에 투자심사제도, 지방비부담협의제도, 지방채발행승인제도, 주민참여예산제도 등이 있다.

34) 행정안전부장관은 이를 토대로 매년 중기지방재정계획을 수립하여 국무회의에 보고해야 한다.

예산안 편성	각 지방자치단체의 예산부서가 예산안 편성	8~10월
	각 지방자치단체의 예산부서가 지방의회에 예산안 제출	시·도: 11월 11일 시·군·구: 11월 21일
지방의회 심의·의결	지방자치단체장의 본회의 시정연설, 소관 상임위 및 예산결산특별위원회의 심의 및 의결	11~12월
	지방의회 본 회의에서 심의 및 의결	시·도: 12월 16일 시·군·구: 12월 21일
예산 이송	지방의회가 집행부로 예산 이송	의결 후 3일 이내
예산 고시	각 지방자치단체의 장이 이송된 예산을 고시(시·도는 행정안전부장관에게, 시·군·구는 시·도지사에게 고시)	이송 즉시

- 중기지방재정계획은 지방자치단체의 발전계획과 수요를 중장기적으로 전망하여 반영한 다년도 예산이다. 중기지방재정계획은 행정안전부장관이 정하는 계획수립 절차 등에 따라 그 계획이 관계 법령에 따른 국가계획 및 지역계획과 연계되도록 수립하여야 한다. 이를 위해 행정안전부장관은 각 지방자치단체의 장에게 전년도 12월 31일까지 지방재정계획 수립 지침을 통보해야 한다.

○ 투자심사제도

- 투자심사제도 역시 지방재정관리운영제도에 따라 시행하는 제도이다. 투자심사제도는 지방예산의 계획적·효율적 운영과 각종 투자 사업에 대한 무분별한 중복투자를 방지하기 위해 주요 투자사업 및 행사성 사업에 대하여 예산편성 전에 그 사업의 필요성·타당성 등을 심사하는 제도이다.
- 지방자치단체의 장은 재정투자사업에 관한 예산을 편성하고자 하는 경우에는 대통령령이 정하는 바에 따라 예산 편성 전에 사업의 필요성, 사업계획의 타당성 등에 대하여 투자심사를 거쳐야 한다(「지방재정법」 제 37조). 투자심사

는 자체심사, 시·도의뢰심사 및 중앙의뢰심사로 구분한다. 시·도의뢰심사는 시·도지사가, 중앙의뢰심사는 행정안전부장관이 실시한다. 심사제도별 대상사업은 〈표 8-31〉과 같다.

〈표 8-31〉 투자심사제도별 대상사업

자체심사	시·도심사	중앙의뢰심사
• 시·도 사업비 40억 원 이상 300억 원 미만 또는 전액자제재원부담 40억 원 이상 신규투자사업 등 • 시·군·구 사업비 20억 원 이상 60억 원 미만 또는 전액 자체재원 부담 20억 원 이상 신규투자 사업 등	• 시·군·구 60억 원 이상 200억 원 미만 신규투자사업 등	• 시·도 사업비 300억 원 이상의 신규투자사업 등 • 시·군·구: 사업비 200억 원 이상의 신규투자사업 등
• 총사업비 500억 원 이상의 사업은 투자심사에 앞서 타당성조사 실시 • 재해복구 법령 또는 국가 관련 계획에 의해 확정된 사업에 대해서는 심사 제외		

- 지방자치단체의 장은 투자심사결과보고서를 시·군·구는 12월 20일까지 시·도지사에게, 시·도는 12월 31일까지 행정안전부장관에게 각각 제출해야 한다. 행정안전부장관 또는 시·도지사는 중기지방재정계획에 포함된 투자심사 관련 사항이 투자심사결과에 따라 변경되는 경우 이를 중기지방재정계획에 반영하여야 한다.
- 행정안전부장관 또는 시·도지사는 투자심사결과 재정지원 등의 조치가 필요한 경우에는 관계 중앙행정기관의 장에게 당해 사업에 대한 재정지원 등을 요청할 수 있고, 투자심사를 거치지 않은 사업에 대해서는 관계 중앙행정기관의 장에게 당해 사업에 대한 재정지원중단 등을 요청할 수 있다.

○ 지침 시달 및 예산요구

- 행정안전부가 예산편성운영 기준을 제시하면 각 지방자치단체는 해당 지방자치단체의 예산편성지침을 각 실, 국, 본부(실 과 및 사업소) 등에 시달한다. 예산부서로부터 예산편성지침을 통보받은 각 실, 국, 본부(실 과 및 사업소) 등은 각 부서별로 각 지방자치단체가 지정한 기일까지 세입세출예산요구서와 사업관리카드를 작성하여 예산부서에 제출한다.

○ 예산 조정

- 예산요구서가 제출되면 예산부서에서 부서별 설명을 청취한 후 단체장의 방침, 재정상황, 사업의 효율성 등을 검토하여 산출근거까지 조정한다.

○ 주민참여제도

- 「지방재정법」 제39조에 따라 지방자치단체의 장은 지방예산 편성 과정에 주민이 참여할 수 있는 절차를 마련하여 시행하여야 한다. 주민참여를 위한 방법은 다음과 같다.

> • 주요 사업에 대한 공청회 또는 간담회
> • 주요 사업에 대한 서면 또는 인터넷 설문조사
> • 사업공모
> • 그밖에 주민의견 수렴에 적합하다고 인정하여 조례로 정하는 방법

○ 예산안 제출 및 심의·의결

- 지방자치단체의 장은 예산안이 편성되면 시·도는 회계연도 시작 50일 전까지, 시·군·구는 회계연도 시작 40일 전까지 지방의회에 제출해야 한다. 지방의회는 예산안에 대해서 소관 상임위원회의 예비심사와 예산결산특별위원회의 종합심사를 통해 심의한 다음 본회의에 상정한다. 지방의회는 상정된 예산안을 본회의를 통해 시·도는 회계연도 시작 15일 전까지 시·군·구는 10일 전까지 의결해야 한다.
- 지방의회의 예산안 심의·의결 과정은 조례 제·개정 과정과 대동소이하다.

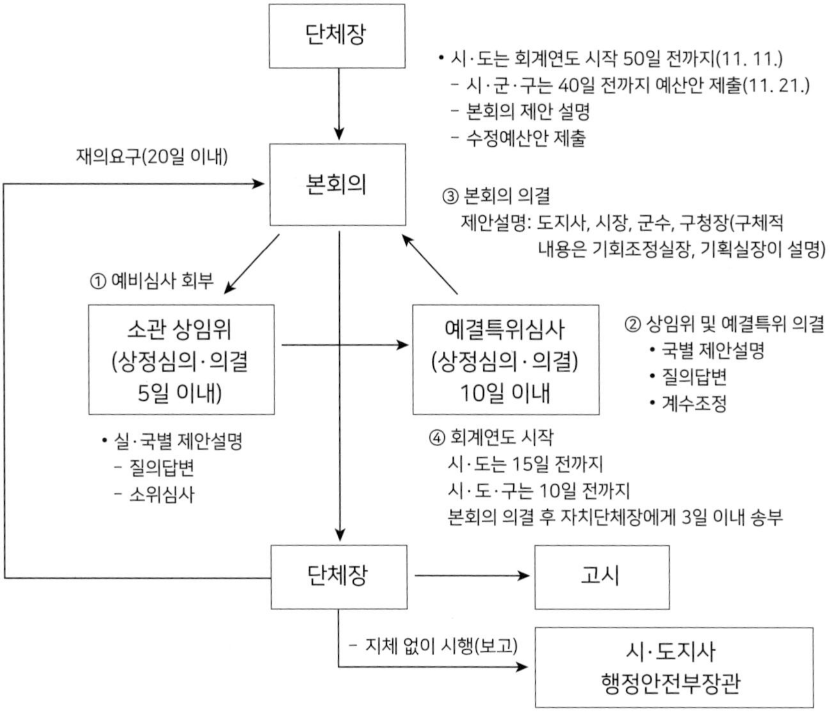

[그림 8-9] 지방의회의 예산안 심의 절차

○ 예산 이송 및 고시

지방의회의 의결을 통해 확정된 예산은 의결 후 3일 이내에 지방자치단체장에게 이송된다. 지방자치단체장은 이의가 있는 경우 예산이 이송된 날로부터 20일 이내에 의회에 재의를 요구할 수 있다. 예산에 이의가 없는 경우 지방자치단체장은 지체 없이 예산을 고시하되 시·도지사는 행정안전부장관에게, 시·군·구는 시·도지사에게 고시한다.

○ 예산 수정

정부예산과 마찬가지로, 지방예산에도 수정예산, 추가경정예산, 준예산 제도가 적용된다. 지방자치단체의 장은 예산안을 지방의회에 제출한 후 부득이한 사유로 인해 그 내용의 일부를 수정하고자 할 때는 수정예산안을 작성하여 지방의회에 제출할 수 있다.

- 법령 · 조례 등 개정으로 소요경비가 불가피하게 반영이 필요한 경우
- 국고보조금, 지방교부세 등의 내시가 변경되어 예산을 수정할 필요가 있는 경우
- 기타 제출된 예산안의 내용 중 불가피하게 변경이 필요한 경우 등

예산이 성립된 후에 여러 가지 예기치 못한 사정의 변화로 인해 당초 예산을 변경해야 할 필요가 있을 때는 지방의회의 의결을 통해 추가경정예산을 편성할 수 있다.[35] 또한 예산 불성립 시 전년도 예산에 준하여 준예산을 집행할 수 있다.[36]

5) 지방예산 배정 및 집행

(1) 예산 배정

지방예산의 배정은 일정 기간(월별, 분기별)에 걸쳐 지출원인행위를 할 수 있는 세출예산의 한도액을 통지하는 것이다. 최종예산 집행권자는 배정액을 한도로 하여 계약체결 등 집행절차를 취하게 된다. 예산 배정은 다음과 같은 절차에 따라 이루어진다.

○ 예산배정계획 및 자금수급계획 수립

지방자치단체의 각 부서의 장은 의결예산을 통지받은 직후 세입예산월별징수계획서, 세출예산월별집행계획서, 지출원인행위계획서 및 세출예산월별지출계획서를 작성하여 예산부서장과 세입부서장에게 각각 제출한다.

○ 예산부서 장의 예산배정

예산부서의 장[예산업무담당실(국)장]은 각 부서장에 제출한 세출예산월별집행계획서를 기초로 하여 세출예산 월별·분기별 배정계획서를 작성하고 기관장의 결재를 받아 확정하여 관계부서에 통지한다. 예산부서의 장은 각 부서장, 재무관 및 지출원, 세입부서에 월별 또는 분기별로 세출예산을 배정한다.

---

35) 「지방자치법」 제130조, 「지방재정법」 제45조.

36) 「지방자치법」 제131조, 「지방재정법」 제46조.

○ 예산의 재배정

예산을 배정받은 각 사업부서는 배정받은 금액의 범위 내에서 지출원인행위와 지출을 할 수 있다. 각 사업부서의 장은 배정받은 예산에 대한 지출 권한을 시·도의회사무처, 시·군·자치구, 제1관서의 재무관 및 지출원에게 위임할 수 있다.[37] 예산을 재배정받은 부서의 장은 배정된 예산의 범위 내에서 예산을 지출할 수 있다.

(2) 예산 집행

예산이 배정되면 각 부서별로 자금이 집행된다. 자금 집행은 세입의 징수와 수납 그리고 지출원인행위와 출납으로 나뉜다.

○ 지출원인행위와 출납

- 지방자치단체의 지출 원인이 되는 계약이나 그 밖의 행위인 지출원인행위는 법령·조례 및 규칙이 정하는 바에 따라 배정된 예산의 범위에서 지방자치단체의 장 또는 그 위임을 받은 공무원이 한다.
- 예산은 원칙적으로 당해 연도 예산의 범위 내에서 지출원인행위를 행하여야 하지만, 예산 집행상 부득이한 사유가 있을 때에는 세입·세출예산에 그 취지를 분명하게 밝혀 미리 지방의회의 의결을 얻은 금액은 다음 회계연도에 이월하여 사용할 수 있다(「지방재정법」 제50조). 지방자치단체의 지출업무는 행정안전부장관이 지정하는 정보처리장치를 통해 수행한다.

○ 세입의 징수와 수납

- 지방자치단체의 모든 재정수요를 충족시키기 위한 모든 재원을 징수하고 수납한다. 세입의 징수는 지방자치단체가 수입하여야 할 모든 세입을 조사 결정하여 이를 납부할 자에게 통지하는 행위이며, 수납은 징수통지에 의하여 납부의무자가 납부하는 것을 수령하는 행위이다.

37) 「지방재정법 시행령」 제85조, 「지방자치단체 재무회계규칙」 제19조 제3항.

- 세입징수사무는 지방자치단체의 장 또는 그 위임을 받는 공무원인 징수관이 담당한다. 수입금의 수납사무담당 기관으로는 지방자치단체의 장으로부터 임명받은 공무원이 직접 수납하는 경우의 수입금출납원과 수납을 위임받은 금고가 있다.

(3) 예산 집행의 신축성 유지 방안

정부예산과 마찬가지로 지방예산 역시 예산의 탄력적 집행을 위해 예산의 이용, 전용 및 이체가 가능하다.

글상자 8-12 지방자치단체예산의 이용, 전용 및 이체

- 예산의 이용: 세출예산의 정책사업 간 예산을 상호 이용하는 것으로서 이용을 위해서는 지방의회의 의결을 얻어야 함(「지방재정법」 제47조의2)
- 예산의 전용: 다른 세출예산 과목에서 잔여액 발생이 확실하고 세출의 부족한 금액이 비교적 소액일 경우, 부족한 예산을 확보하기 위해 동일 정책사업 내 단위사업 간 금액을 예산범위에서 의회의 의결 없이 상호 융통하는 것(「지방재정법」 제49조)
- 예산의 이체: 자치단체 조직 등에 관한 법령의 제정, 개정 또는 폐지로 인하여 그 직무와 권한에 변동이 있을 때 의회의 의결 없이 변경되기 전의 기관에 편성된 예산을 변경 후 기관의 예산으로 변동시키는 것(「지방재정법」 제47조의2)

출처: 국회예산정책처(2021). 2021 대한민국 지방재정. p. 120.

6) 지방예산 결산

지방예산 결산은 예산을 1년간 집행한 활동실적을 일정한 형식으로 계산하고 정리하여 계수로 나타내는 것이다. 중앙예산 결산이 국회의 행정부 활동에 대한 사후통제인 것과 마찬가지로 지방예산 결산 또한 지방의회의 지방자치단체에 대한 사후통제이다. 결산은 예산 과정의 마지막 단계이며 다음 연도의 예산편성과 재정운용에 환류(feed-back)되게 하는 것이 중요하다. 지방예산의 결산은 〈표 8-32〉의 절차에 따라 이루어진다.

지방의회의 결산승인은 중앙정부 예산의 경우와 마찬가지로 단지 그 집행책임을 정치적으로 해제받는 의미를 지니고 특정한 사항에 대한 회계적·법적 책임은 별개의 것이다. 따라서 지방자치단체장에게 정치적·도의적 책임만 물을 수 있고 징계·회계 책임을 물을 수 없으며, 결산 불승인 시에도 이미 집행한 금액은 일반적으로 유효하다고 본다.

〈표 8-32〉 지방자치단체예산 결산 절차

과정	일정	기한
출납사무 완결	전년도 12월 31일까지 출납폐쇄 후 회계장부를 마감하고 회계별 재무정보를 집계하여 출납사무를 완결	2월 10일
결산보고서 작성	각 지방자치단체의 관련 부서가 결산보고서를 작성하여 지방자치단체의 장에게 보고	출납폐쇄 후 80일 이내(3월 20일)
결산검사	작성된 결산서를 결산검사 위원회에 제출	4~5월
	결산검사 위원회가 결산서에 대해 합법성·정확성을 검사·확인하는 결산검사를 실시하여(30일 이내) 그 결과를 지방자치단체의 장에게 송부	4~5월
결산안 승인 신청	각 지방자치단체의 장이 결산안을 지방의회에 제출하여 승인 신청	회계연도 시작 후 80일(5월 31일)
지방의회 심의·의결	각 상임위원회, 예산결산위원회가 심의 및 의결	6월
	지방의회 본회의에서 심의 및 의결	
결사보고 및 고시	각 지방자치단체의 장이 결산 고시. 시·도지사는 행정안전부장관에게, 시·군·구는 시·도지사에게 고시	승인 후 5일 이내

7) 지방재정 현황

2020년 당초예산 기준 지방자치단체의 일반재정 세입예산은 253조 2,263억 원 규모이며, 구성별로는 자체수입이 115조 43억 원으로 전체 세입예산의 45.4%를 차지하고, 이전수입이 110조 1,193억 원으로 43.5%를 차지하며 나머지 11.1%는 지방채 등 기타 수입이다.

앞서 재정조정제도 부분에서 언급한 바와 같이, 지방재정의 이전재원 의존도는 총

세입예산의 43.5%를 이전수입에 의존할 만큼 아직 높은 수준에 머물고 있다. 이전수입 중 지방교부세는 49조 3,705억 원이고 보조금은 60조 7,488억 원으로 각각 이전수입의 44.8%와 55.2%를 차지한다. 세입예산의 나머지 부분은 보전수입 등 및 내부거래가 22조 5,423억 원, 지방채 5조가 5,605억 원으로 두 항목을 합하더라도 세입예산에서 차지하는 비중은 매우 낮다.

〈표 8-33〉 2020년 지방자치단체예산의 재원별 규모 (단위: 억 원, %)

구분		2018	2019		2020	증감	
		최종예산	당초예산 (A)	최종예산 (B)	당초예산	B-A	(B-A)/A
자체 수입	지방채	799,525	818,267	855,359	909,501	91,234	11.1
	세외수입	260,477	225,837	259,804	240,541	14,704	6.5
	소계	1,060,003	1,044,104	1,115,164	1,150,043	105,939	10.1
이전 수입	지방교부세	478,986	432,954	561,809	493,705	60,751	14.0
	보조금	498,643	549,698	607,212	607,488	57,790	10.5
	소계	977,629	982,652	1,169,021	1,101,193	118,541	12.1
보전수입등 및 내부거래		372,948	246,108	396,032	225,423	△20,685	△8.4
지방채		20,631	37,287	40,316	55,605	18,318	49.1
합 계		2,431,210	2,310,152	2,720,533	2,532,263	222,111	9.6

출처: 국회예산정책처(2021). 2021 대한민국 재정. p. 18.

2020년 당초예산 기준 지방자치단체 세출예산 규모는 253조 2,263억 원이다. 분야별 지출규모는 사회복지 분야가 75조 1,015억 원으로 세출예산의 29.7%를 차지해 가장 높고, 그 다음으로는 SOC 38조 1,010억 원이 15.0%, 인력운영비 31조 5,349억 원이 12.5% 등의 순서로 나타났다. 회계별로는 일반회계가 201조 5,676억 원으로 세출예산의 79.6%이고, 특별회계가 51조 6,587억 원으로 20.4%를 차지하여 일반회계 세출예산이 압도적임을 알 수 있다.

〈표 8-34〉 2020년도 지방자치단체 분야별·회계별 세출예산 규모 (단위: 억 원, %)

분야		일반회계(A)	특별회계(B)	합계(A+B)	분야별 비중
사회복지		631,365	119,650	751,015	29.7
SOC	수송 및 교통	129,265	77,025	206,290	8.1
	국토 및 지역개발	113,364	61,356	174,720	6.9
	소계	242,629	138,381	381,010	15.0
인력운영비		270,519	44,830	315,349	12.5
환경보호		102,900	154,442	257,342	10.2
농림해양수산		153,895	4,063	157,958	6.2
교육		136,723	2,786	139,509	5.5
일반공공행정		129,425	4,029	133,454	5.3
문화 및 관광		115,447	5,817	121,264	4.8
기본경비 등		73,275	6,968	80,243	3.2
예비비		54,915	7,721	62,636	2.5
산업·중소기업		32,021	13,464	45,485	1.8
공공질서및안전		28,801	14,418	43,219	1.7
보건		40,039	18	40,057	1.6
과학기술		3,722	0	3,722	0.1
합계		2,015,676	516,587	2,532,263	100.0

출처: 국회예산정책처(2021). 2021 대한민국 재정. p. 19.

참고문헌

강용기(2014). 현대지방자치론. 대영문화사.
강용기(2014). 현대지방자치론. 대영문화사.
강현호(2003). 공법인과 사법인의 구별에 대한 기초적 논의. 사단법인공법인학회, 공법연구, 32(1), pp. 431-450.

강혜규(2016). 사회보장급여의 시행과 지역사회보장 발전의 과제. 보건복지포럼, pp. 6-17.

고용노동부(2022). 2022 사회적기업 인증 업무지침.

교육부(2020). 2020 지방교육재정의 이해.

국회예산정책처(2021). 2021 대한민국 재정.

권순현(2017). 위드헌법. 박영사.

금창호(2018). 한국지방행정연구원. 광역연합제도의 도입방안 연구. pp. 59-60.

기획재정부(2021). 2021년 사회적협동조합 설립 가이드북.

기획재정부(2021). 2021년도 기금현황.

노대명 외(2019). 사회보장 2040 및 제2차 사회보장 기본계획 수립을 위한 기초연구, pp. 480-496.

문순영(2005). 한국의 민간 비영리사회복지 부문에 대한 이해, pp. 81-82.

미디어오늘(http://www.mediatoday.co.kr/news/articleView.html?idxno=136677). 오세훈은 왜 무상급식 전쟁에서 패배했나.

박영도(2011). 국민 참여와 사회적 협의에 의한 법령입안 및 정비방안.

법무부(2017). 법령 입안 · 심사기준. p. 38.

보건복지부(2022). 2022 사회복지법인 관리안내. p. 5.
송호영(2015). 법인론(제2판). 신론사.
엄영진(1989). 법학입문. 대왕사.
원구환(2012). 재무행정론. 대영문화사.
유태균(2017). 사회서비스 10년: 더 나은 미래를 위한 준비. 사회서비스 10주년 기념식 및 포럼 자료집.
유태균(2020). 사회복지학연구를 위한 논리 · 비판적 사고. 학지사
유태균(2023). 거시사회복지실천 심화편 I: 정의, 권리 그리고 분배. 학지사.
윤영진 외(2014). 새 행정학. 대영문화사.
윤영진(2010). 새 재무행정학. 대영문화사.
윤찬영(2017). 사회복지법제론. 나남.
이달곤 외(2012). 지방자치론. 박영사.
이달곤 외(2012). 지방자치론. 박영사.
이상덕(2010). 영조물에 관한 고찰. 행정법연구, 26, 281-321.
이재원(2019). 문재인 정부에서 추진하는 연방제 수준의 분권을 위한 정부가 재정관계 개편과제. 한국지방재정논집, 24(1), 33-64.
임승빈(2016). 지방자치론. 법문사.
전국경제인연합회(2016). 2016년 주요 기업 · 기업재단 사회공헌백서, pp. 1-4.
정관영(2013). 이제는 사회적경제다. 공동체.
정태인, 이수연(2013). 정태인의 협동의 경제학. 레디앙미디어.
제221회 대전광역시의회(임시회) 대전광역시의회본회의회의록(http://council.daejeon.go.kr?CLRecords).
제261회 서울특별시의회(정례회) 본회의회의록(http://ms.smc.seoul.kr/CLRecords).
주재복, 강영주(2016). 무상복지를 둘러싼 중앙-지방 간 갈등해결방안. 한국지방행정연구원.
한국사회적기업진흥원(2021). 2022 사회적기업 인증 업무지침.
행정안전부(2018). 2018 자치법규 업무매뉴얼.
행정안전부(2020). 2020 지방의회 운영 가이드북.
행정안전부(2021). 2021 지방세통계연감.
행정안전부(2021). 2021 지방자치단체 조례 · 규칙 현황.
행정안전부(2021). 2021년 4/4분기 비영리민간단체 등록현황.

행정안전부(2021). 지방자치단체 행정구역 및 인구 현황. pp. 4-5.
행정안전부(2022). 2022 자치법규 업무매뉴얼.
홍정선(2009). 新지방자치법. 박영사.
홍정선(2015). 행정법원론(하). 박영사, p. 6.

Agranoff, R., & Radin, B. (2014). Deil Wright's Overlapping Model of Intergovernmental Relations: The Basis for Contemporary Intergovernmental Relationships. *Publius: The Journal of Federalism, 45*(1), 139-159.
Gilbert, N., & Terrell, P. (2004). *Dimensions of social welfare policy* (6th ed.). 남찬섭, 유태균 공역(2007). 사회복지정책론 : 분석 틀과 선택의 차원. 나눔의 집.
Jang, J(2017). The Development of Social Economy in South Korea: Focusing on the Role of State and Civil Society. *Voluntas, 28*(6).
Nonet, P. (1990). What Is Positive Law? *The Yale Law Journal, Vol. 100*(3) (Dec. 1990), pp. 667-699.
Polanyi, K. (1944). *The Great Transformation: the political and economic origins of our time*. Beacon.

〈참고 사이트〉
고용노동부 http://www.moel.go.kr/agency/org/ministry/list.do
국가법령정보센터 http://www.law.go.kr
국가법령정보센터 http://www.law.go.kr
국회의안정보시스템 http://likms.assembly.go.kr/bill/main.do
기획재정부 열린재정(재정정보공개시스템). http://www.openfiscaldata.go.kr
네이버 지식백과 행정학사전 http://terms.naver.com/entry.nhn?docId=75574&cid=42155&categoryId=42155
대한민국 국회 http://www.assembly.go.kr/assm/assemact/committee/committee01/assmCommittee/committeeUserList.do
대한민국 청와대 https://www1.president.go.kr/about/organization
법제처 법령정보센터 http://www.law.go.kr
법제처 법제업무정보 https://www.moleg.go.kr

비영리민간단체 공익활동 지원사업 관리정보시스템 http://npas.mois.go.kr
사회공헌정보센터 http://futurechosun.com
여성가족부 홈페이지 https://www.mogef.go.kr
위키백과 https://ko.wikipedia.org/wiki
인사혁신처 http://www.mpm.go.kr
정부입법지원센터 http://www.lawmaking.go.kr
정부조직관리정보시스템 http://org.go.kr
한국법제연구원 https://elaw.klri.re.kr
행정안전부 http://www.org.go.kr
행정안전부 정부24 https://www.gov.kr
협동조합 홈페이지 http://www.coop.go.kr
GSEF2014 http://www.gsef2014.org
OECD http://stats.oecd.org

찾아보기

저자소개

유태균(Yoo Tae Kyun)

연세대학교 사회복지학과를 1988년에 졸업한 후, 미국 Oregon주 Portland State University에서 사회복지학 석사학위(M.S.W.,1990)를 받은 다음 University of California, Berkeley에서 사회복지학 박사학위(Ph.D., 1995)를 받았다. 현재 숭실대학교 사회복지학부 교수로, 주로 사회복지정책과 연구방법론에 관한 강의를 하고 있으며, 지난 2000년부터는 사회서비스보장에 깊은 관심을 가지고 연구를 진행하고 있다.

거시사회복지실천 시리즈 1

거시사회복지실천 입문편

-법, 행정 그리고 재정-

Introductory macro social welfare practice
-Law, Administration and Finance-

2024년 2월 25일 1판 1쇄 인쇄
2024년 3월 1일 1판 1쇄 발행

지은이 • 유태균
펴낸이 • 김진환
펴낸곳 • (주) 학지사
04031 서울특별시 마포구 양화로 15길 20 마인드월드빌딩
대표전화 • 02)330-5114 팩스 • 02)324-2345
등록번호 • 제313-2006-000265호

홈페이지 • http://www.hakjisa.co.kr
인스타그램 • https://www.instagram.com/hakjisabook

ISBN 978-89-997-3015-3 93330

정가 22,000원